뮤지컬 오페라의 유령

감동은 이렇게 완성된다

뮤지컬 오페라의 유령

–

제1판 1쇄 2009년 11월 15일

–

지은이–설도윤

펴낸이–강규순

–

펴낸곳–도서출판 숲
등록–2002년 12월 14일 제20–279호
주소–경기도 고양시 일산동구 백석동 1329 밀레니엄리젠시 1203호
전화–031)811–9339 팩스–031)811–9739
E–mail–booksoop@korea.com

–

ⓒ 설도윤, 2009, Printed in Seoul, Korea

ISBN 978–89–91290–31–0 13680

값 12,000원

–

*자료협조–『The Musical』, 클립서비스(주)

뮤지컬 오페라의 유령

설도윤 지음

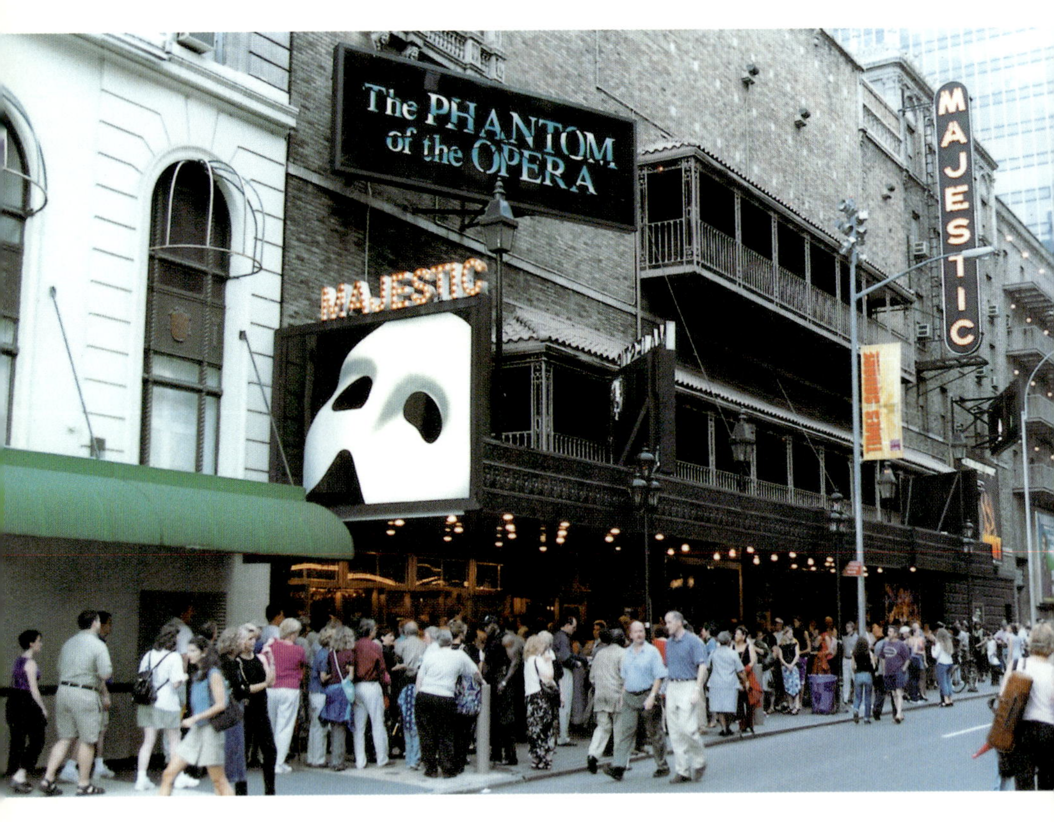
The PHANTOM of the OPERA
MAJESTIC
MAJESTIC

프롤로그
어느 날 극장 앞에서 인생이 바뀌다

지금까지 런던·뉴욕·시드니 등 여러 도시를 다니며 「오페라의 유령」을 관람했고, 2001년 12월부터 2002년 6월까지 한국 초연 때는 무려 100회 이상을 관람했다. 그러나 뉴욕에서 「오페라의 유령」을 처음 만났을 때의 감동은 십수 년이 훨씬 지난 지금도 잊히지 않는다. 그때를 떠올리면 가슴이 쿵쾅쿵쾅 방망이질하는 듯하고, 무엇이든 도전하고 시작할 수 있을 것 같은 원초적인 감동이 온몸을 휘감고 지나가는 듯하다. 「오페라의 유령」을 향한 나의 연모는 그때부터 싹텄지만, 아직도 그 잎은 파르스름하고 꽃봉오리를 맺고 있는 것만 같다.

1992년 나는 햇살이 선명하게 내리꽂히는 뉴욕의 가을 거리를 걷고 있었다. 가을 하늘은 서울과 다름없이 높고 청명한데, 내가 걷고 있는 거리의 풍광은 서울과 사뭇 달랐다. 즐비한 극장, 그것도 뮤지컬만 공연하는 극장이 눈에 밟히도록 많은 거리, 그곳은 브로드웨이였다.

44번가에 위치한 뉴욕 머제스틱 극장(New York Majestic Theatre) 앞에는 도로변까지 사람들이 길게 늘어서 있었다. 뮤지컬 「오페라의 유령」을 보기 위해 극장 앞을 장악하고 있는 관객들이었다. 1988년 이후 매일 저녁 이 극장 앞에서는 이런 광경이 펼쳐진다고 하니 잠시 어지럼증이 생기지 않을 수 없었다.

뉴욕을 방문하는 사람이라면 누구나 뮤지컬 한 편은 보고 가야지 하는 마음을 먹는다. 그뿐 아니라 뮤지컬을 보기 위해 뉴욕으로 여행하는 관광객도 엄청나게 많다. 그리하여 하루 2만 명이 넘는 사람들이 뮤지컬을 관람하려고 이곳 브로드웨이로 모여든다. 그리고 그들이 떠올리는 뮤지컬 1순위는 두말할 것도 없이 「오페라의 유령」인 듯하다. 나도 마찬가지였다. 뉴욕에 도착한 첫날부터 예약을 서둘렀지만 표는 벌써 매진이었고, 표 구하기는 하늘의 별 따기만큼이나 어려웠다. 우여곡절 끝에 귀한 표를 어렵사리 구했을 때 나는 정말 행운아라고 생각했으며, 모든 여행 일정이 순조로울 것이라고 예감했다.

요즘 우리나라 뮤지컬 마니아들은 대본을 미리 구해 읽기도 하고 공연 내용은 물론 기술적으로 세세한 부분까지 꿰다시피 한 뒤에 공연을 본다. 뿐만 아니라 국내에서 미리 인터넷으로 예매해놓고 브로드웨이로 뮤지컬 여행을 떠나기도 한다. 하지만 그때 나는 표를 손에 쥐고 소중하게 쓰다듬는 것만으로도 가슴이 벅차올랐고, 극장 앞에 길게 늘어선 대열 속에 끼는 것 말고는 다른 욕심은 없었던 것 같다. 뮤지컬계의 천재 작곡가 앤드루 로이드 웨버, 세계 최고의 프로듀서 카메론 매킨토시, 미국이 자랑하는 연출가 해럴드 프린스가 참여해 만든 뮤지컬이라는 정도가 내가 아는 전부였다. 그 무렵에는 「오페라의 유령」뿐 아니라 뮤지컬에 관한 정보를 구할 만한 곳이 어디에도 없었다. 오로지 뮤지컬만 보기 위해 해외 나들이를 한다는 것은 상상조차 할 수 없던 시절이었다. 이쯤 되면 「오페라의 유령」을 보려고 브로드웨이 극장 앞에 서 있던 나의 흥분을 독자들도 어느 정도는 이해할 수 있을 것이다.

극장에 들어서고 얼마 지나지 않아 공연이 시작되었는데, 여느 뮤지컬과는 달리 막이 열려 있고 서곡도 없이 배우들이 등장하더니 바로 대사가 시작되었다. 무언가 예사롭지 않은 느낌이었다.

　조용하고 엄숙하게 시작된 경매 장면에서 갑자기 장중한 음악이 포르테로 시작되면서 큰 보자기에 싸여 있던 거대한 샹들리에가 공개되었다. 그것은 공개와 동시에 천천히 심장을 뜨겁게 달구는 음악과 함께 내 머리 위쪽 천장으로 매달려 올라갔다. 나는 숨을 내쉬기조차 힘들었다. 모든 것이 갑작스럽고 한 번도 생각해보지 못한 것들인데, 가슴속에서는 그 무대에 깊이 공감하고 뭔가 울컥 솟아오르는 소리들이 들렸다. 시작부터 예사롭지 않더니 1막은 분노에 찬 유령의 절규와 함께 극장 천장에 매달려 있던 예의 거대한 샹들리에가 내 머리 위를 스치며 부서질 것처럼 무대 위로 곤두박질치며 끝났다. 곧바로 인터미션이었지만 나는 꼼짝없이 객석에 앉아 무대만 주시하고 있었다. 내 가슴은 소용돌이치고 있었다. 무대에 떨어졌던 큰 샹들리에가 인터미션 중 다시 서서히 매달려 올라가면서 2막이 시작되자 겨우 달래놓았던 심장의 박동 수가 또다시 높아졌다.

　뮤지컬을 감상하는 내내 꿈속에 와 있는 느낌이었다. 그러다가도 드라마틱하고 웅장한 음악이 귀에 꽂힐 때면 내가 정말 살아 있구나 하는 느낌이었다. 내가 정작 준비하지 못한 건 작품에 따라붙는 외적인 정보가 아니라 감동의 크기였다는 사실을 알게 되었다. 뭐 그리 좋은 것도 싫은 것도 없는 무미건조한 삶에 새로운 활력이 찾아와 가슴 저 밑에서 꿈틀대는 것과 합류하는 듯했다.

　드디어 공연이 끝났다. 커튼콜은 대단했다. 관객들은 우레와 같은 기립 박수를 보내며 자리를 뜰 줄 몰랐다.

　한국에 돌아온 나는 사랑의 열병처럼 몸살을 앓았다. 그러나　7

내성이 생기지 않는 「오페라의 유령」은 나를 붙들고 놓아주지 않고 거기서 벗어날 수 없게 했다. 「오페라의 유령」을 향한 나의 열병은 「오페라의 유령」만이 치유할 수 있을 것 같았다. 뮤지컬 제작자로서 모든 준비가 되어 있다고 스스로를 추켜세우던 나에게 그것은 한국 무대에 팬텀(Phantom)을 소개하고픈 욕망으로 이어졌다. 급기야 그 열병은 한국 공연계의 현실적인 환경과 여건 따위는 아랑곳하지 않고 「오페라의 유령」을 꼭 한 번 무대에 올려보겠다는 결심으로 굳어졌다. 「오페라의 유령」의 감동을 우리나라 관객들도 함께 느낄 수 있어야 한다는 게 내 소망이 되었으며, 그 소망은 나에게 꿈이 아니라 점점 현실로서 다가왔다.

국내 무대에 올려보겠다는 의지는 분명했지만 그것이 언제가 될지는 장담할 수 없었다. 그때까지 한국 무대에 올라온 공연들과는 비교할 수 없는 규모의 무대라고 생각은 하면서도, 그 규모를 감당해낸다는 것이 정확히 어떤 의미인지 가늠하지 못했다. 다만 나는 「오페라의 유령」이라는 작품을 믿었고, 관객들도 내가 그랬던 것처럼 반드시 특별한 감동을 경험하리라는 확신만 있었을 뿐이다.

나는 내 의지와 확신만으로 열망하던 「오페라의 유령」 한국 공연을 마침내 성사시켰으며, 2001년 12월부터 2002년 6월까지 7개월이라는 장기 공연을 라이선스로 제작해 공연을 성공적으로 마쳤다. 이 공연을 계기로 척박하다고만 알고 있던 한국 공연 시장이 무한한 가능성을 품고 있다는 사실을 알게 되었으며, 뮤지컬의 선진 제작 기법을 전수받는 기회를 마련하기도 했다. 그리고 2005년에는 인터내셔널 투어 공연에 공동 프로듀서로 참여하면서 공연 산업에 대한 이해의 폭을 넓히고 앞으로 우리 공연계가 해야 할 일들을 생각하게 되었다.

어떻게 하면 우리도 「오페라의 유령」처럼 훌륭한 작품을 만들 수 있을까? 어떻게 하면 우리 공연 예술도 문화 콘텐츠 산업으로 접근하여 시장을 키울 수 있을까? 고민이 깊어질수록 산적한 문제를 안고 있는 우리 공연계의 현실이 가슴을 답답하게 눌러왔다. 그때 이런 생각을 했다. 「오페라의 유령」과 관련해 일의 시작과 제작 과정, 모든 디테일을 모아 공연 산업의 사례집을 만들어보자. 관객이나 관련 종사자들이 함께 보고 이야기할 수 있다면 더없이 좋지 않을까.

이 책은 그러한 생각을 실행에 옮긴 결과물이다. 2009년 개막한 한국 공연의 소식과 그간의 다양한 변화를 담았다. 뮤지컬 「오페라의 유령」 한 작품에 관한 책이지만, 공연과 극장에 관심 있는 독자라면 그리고 무엇보다 뮤지컬에 관심 있는 독자라면 이 책을 통해 만나고 싶었지만 만나지 못했던 세계를 만날 수 있을 것이다. 「오페라의 유령」은 그만큼 다양한 이야기를 함축하고 있는 작품이기 때문이다. 「오페라의 유령」의 감동을 오래도록 간직하고 싶거나 「오페라의 유령」에 관해 더 많은 것을 알고 싶은 독자들에게는 더할 나위 없이 반가운 책이 될 것이다.

2009년 11월
프로듀서 설도윤

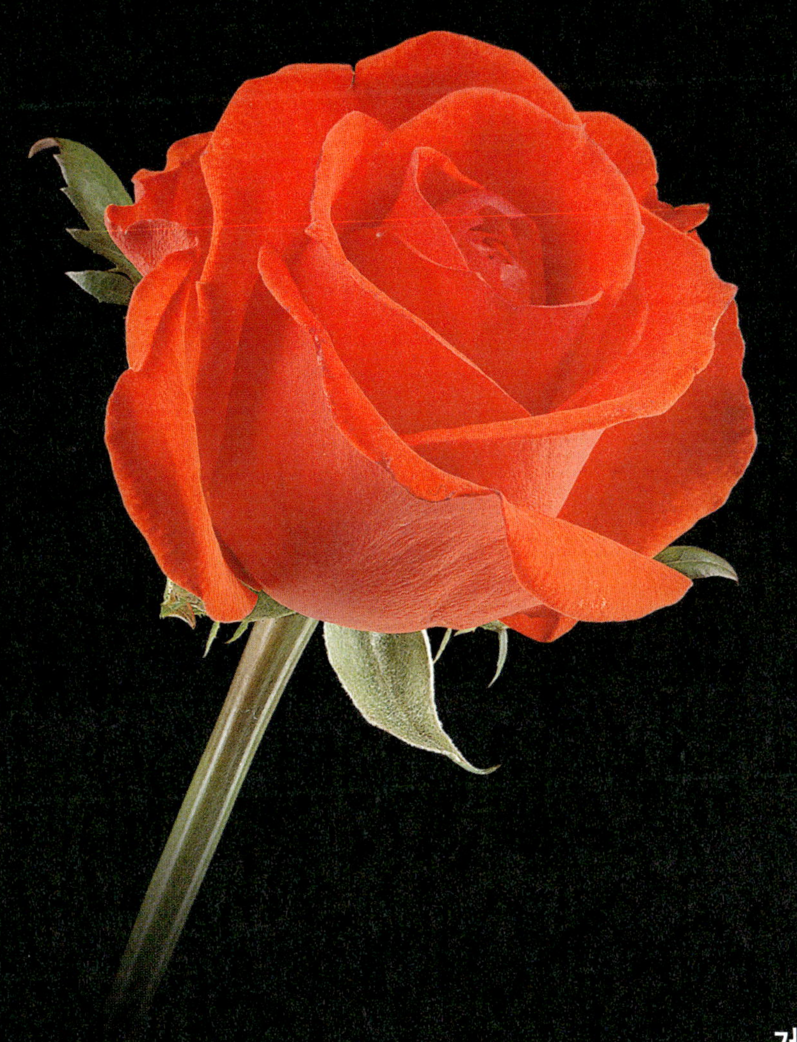

제1부
빛 바래지 않는 감동

브로드웨이에서는

뮤지컬의 본고장이라 하면 영국 런던의 웨스트엔드*와 미국 뉴욕의 브로드웨이**를 꼽지만, 그중에서도 우선적으로 주목해야 할 곳은 브로드웨이다. 세계 4대 뮤지컬인 「캣츠」(1981), 「오페라의 유령」(1986), 「레 미제라블」(1986), 「미스 사이공」(1989)이 모두 영국에서 만들어졌지만 그것들을 상업 예술로 싹틔우고 키운 곳은 바로 브로드웨이이기 때문이다. 브로드웨이는 세계 뮤지컬의 인큐베이터라 해도 과언이 아니다.

뮤지컬은 상업 예술이다. 예술 행위를 하면서도 그 목적은 흥행에 있으며 대규모 투자와 수익을 동시에 구현해야만 가능한 무대예술이다. 말하자면 뮤지컬은 문화 산업이다. 뮤지컬이 라이브 엔터테인먼트로서 가장 사랑받는 이유는 관객에게 충분한 볼거리와 이해하기 쉬운 보편적인 소재로 새로운 감동을 주는 동시에 장르에 구애받지 않는 음악과 춤으로 표현을 극대화하여 재미와 감동을 배가시키기 때문이다.

연간 티켓 매출액으로는 브로드웨이보다 영국의 시장 규모가 훨씬 크지만, 뮤지컬의 흥행은 반드시 브로드웨이를 거쳐 완성된다. 브로드웨이에서 검증받은 작품만이 전 세계 시장으로 나갈 수 있고, 브로드웨이에서 성공한 뮤지컬만이 세계 시장에서도 성공할 수 있다. 브로드웨이에서 얻은 좋은 반응은 흥행의 보증수표와 같다. 영국산 「캣츠」, 「오페라의 유령」, 「레 미제라블」, 「미스 사이공」이 영국에서 아무리 선풍적인 인기를 모았다 해도 브로드웨이에 진출해 성공을 거두지 못했다면 세계 최고 뮤지컬의 반열에는 오르지 못했을지 모른다. 「오페라의 유령」 이전에 로이드 웨버가 만든 뮤지컬 「스타라이트 익스프레스」 (1984)의 경우 영국에서 18년 동안 롱런했지만 브로드웨이에서 는 4년을 넘기지 못했다. 그다지 나쁘지 않은 성적이라고 볼 수 도 있지만 그 작품은 그 후 세계 시장 진출에 큰 어려움을 겪었 다. 브로드웨이에서의 흥행 결과가 세계 시장에 미치는 영향을 단적으로 보여주는 예가 아닐까. 그러한 영향력 때문에 브로드 웨이를 뮤지컬의 메카라고 하는 것이다.

역사적으로 뮤지컬의 발원지는 극장 문화에 익숙한 셰익스피 어의 나라 영국이라고 할 수 있을 것이다. 그러나 영국에서 건 너간 이민자들이 세운 도시 뉴욕은 100년이라는 긴 세월 동안 그것을 즐기며 정교하게 다듬어 현대적인 의미의 뮤지컬을 만 들어냈다. 이는 뮤지컬 역사에서 차지하는 미국의 영향력과 문 화 시장으로서의 규모가 얼마나 큰지를 반증하는 것이다.

미국은 100년 이상 공들여 뮤지컬의 제작 시스템을 체계화시 켰다. 세계 뮤지컬의 인큐베이터인 브로드웨이가 있고 그 주위 로 중소형 극장들(오프 브로드웨이, 오프-오프 브로드웨이)이 모여 있다. 규모와 내용, 그리고 순수예술을 지향하는가 대중예 술을 지향하는가에 따라 구분되는 극장들이 있기에 다양한 작 품을 시도해볼 수 있으며, 제작 환경과 무대의 규모에 따른 선 택의 폭도 그만큼 넓어진다.

브로드웨이 가운데에 자리 잡은 타임스 스퀘어를 중심으로 500석 이상 규모의 극장이 40여 개 정도 모여 있는데 이곳이 바 로 브로드웨이다. 전 세계의 수많은 작품들이 브로드웨이에 진

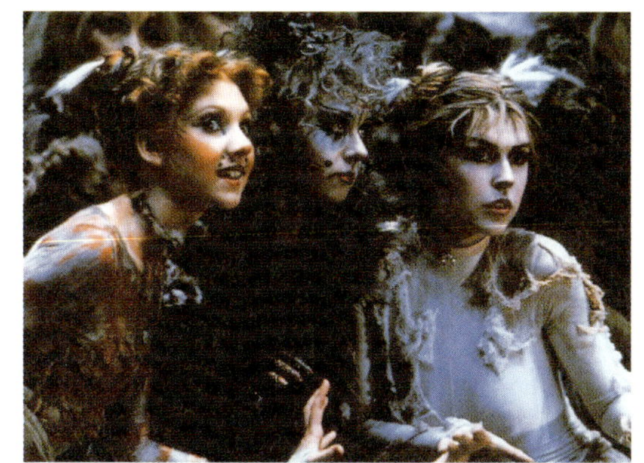

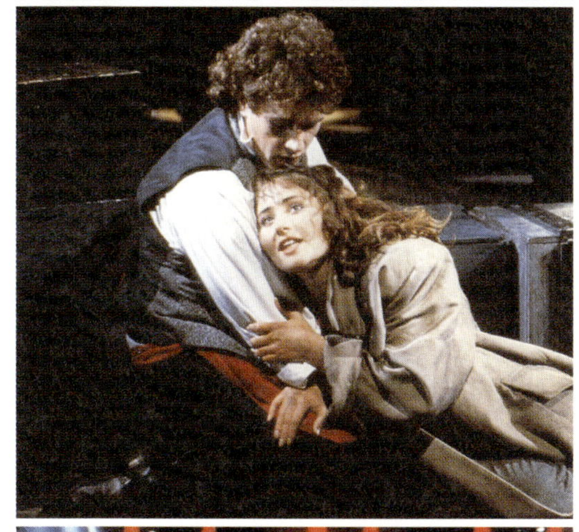

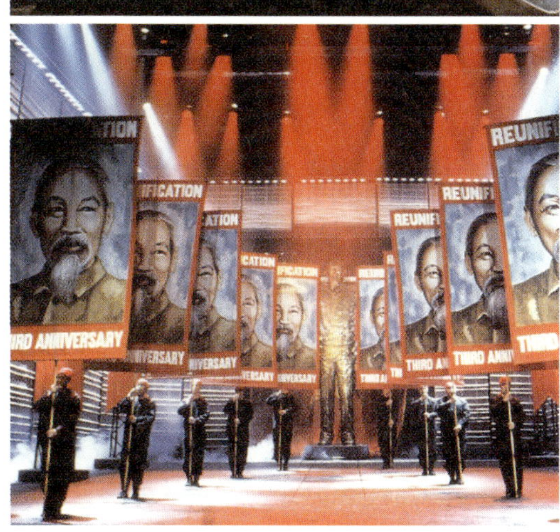

「오페라의 유령」과 함께
세계 4대 뮤지컬로 불리는
「캣츠」, 「레 미제라블」,
「미스 사이공」(위부터).

출하기 위해 노력하고 있지만 브로드웨이에 진출하는 것은 '하늘의 별 따기'라고 할 만큼 어렵다.

오프 브로드웨이*는 상업 극장과 공공 극장으로 나뉘어 있는데, 순수예술은 말 그대로 어떠한 경우에도 흥행을 목적으로 할 수 없기 때문에 정부나 재단에서 운영하는 공공 극장에서 상연한다. 이 경우 극장 대관료가 저렴할 뿐만 아니라 기업이나 정부의 후원을 통해 대중에게 티켓을 저렴한 가격으로 제공해 질 높은 작품을 보여주고 더 많은 문화 혜택을 누릴 수 있게 함으로써 예술 전반을 발전시켜나간다. 오프-오프 브로드웨이** 극장에서는 그야말로 열정적이고 진지한 예술가들이 흥행과 무관하게 예술의 절대적 독립성을 주장하며 자신의 기량과 창의력을 마음껏 살린 예술성 높은 창작 연극을 무대에 올린다. 관객들에게도 창작자에게도 프로듀서에게도 마냥 부러운 시스템 아닌가!

그러나 아무리 성공한 작품이라 해도 브로드웨이에서 하루아침에 완성된 뮤지컬은 없다. 수많은 경쟁작들을 물리치고 다양한 관객들의 기호에 맞는 흥행작을 탄생시키려면 시의적절한 작품 선정도 중요하지만, 그 위에 부단히 쌓아올리고 만들어내는 창작자들의 인고의 시간이 필수적이다. 또한 끊임없이 창작되고 있는 작품들이 모두 프로듀서를 만나기도 힘들 뿐더러 운 좋게 프로듀서가 제작에 의욕을 보인다 해도 여전히 수많은 검증 절차가 남아 있다.

브로드웨이의 프로듀서들은 두세 명씩 그룹을 이루어 오피스를 형성하고 있다. 프로듀서는 여러 가지 가능성에 대한 시뮬레이션과 시장 조사를 통해 작품의 성격을 조율하고 그에 적합하도록 작품의 방향을 다시 설정한다. 프로듀서는 크리에이티브

오프 브로드웨이
off Broadway
500석 미만의 극장 무대에
올라가는 상업적인 공연으로,
일종의 '작은 브로드웨이' 공연.

오프-오프 브로드웨이
off-off Broadway
주로 100석 미만의 극장에
올리는 비상업적이고
실험적인 공연들.

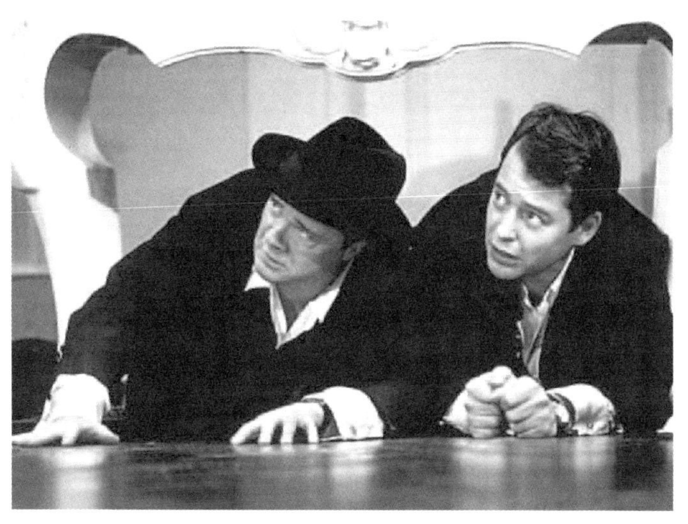

코미디 영화의 귀재인 멜 브룩스가 1968년 만든 자신의 영화를 각색한 뮤지컬 「더 프로듀서스」(2001). 브로드웨이 프로듀서의 세계를 코믹하게 다룬 뮤지컬로 2001년 초연되어 그해 토니 상에서 주연과 조연 전 배우가 노미네이트되고, 12개 부문에서 수상하는 역대 최다 기록을 세웠다.

팀과 충분히 의견을 교환하고 교감한 것들을 작품에 반영하여 수정·보완하게 한다. 대본이나 음악의 수정·보완이 끝나면 연습 배우를 기용하여 작품을 시연해본다. 이러한 작품 개발 과정을 통해 투자자를 유치하기도 하고, 그 과정에서 가능성을 인정받으면 작품 개발 전문 회사에 의뢰하여 완성도를 더욱 높이기도 한다. 그들의 검증 절차는 한계를 모른다. 무대에 올리기 전이나 올리고 난 후에도 작품에 문제가 있다고 판단되면 프로듀서는 쇼 닥터*를 투입하여 문제점을 정확히 찾아내고 그것을 해결한다. 뜨거운 가마에 넣어 굽지 않고 도자기를 만들어낼 수 없는 것과 같은 이치다. 적정 수준의 온도와 습도가 유지되지 않은 채 구워진 도자기는 가려지듯 끊임없이 작품을 테스트하고 검증하는 절차를 거쳐 최상의 뮤지컬 한 편을 무대에 올리게 된다. 심한 경우는 첫 무대와 전혀 다른 작품이 되기도 한다.

이러한 제작 시스템 덕택에 오늘날 미국의 프로듀서들은 수많은 콘텐츠를 확보하고 있으며, 대본과 음악이 완성된 작품을

쇼 닥터show doctor
완성된 작품을 보완하고 수정할 필요가 있을 때 작품을 진찰하고 처방하여 보완하는 사람.

수시로 접할 수 있다. 그 작품들은 대부분 프로듀서의 눈에 띄기 위해 최선을 다한 크리에이티브 팀들이 오랫동안 공들여 준비해온 완성도 있는 것들이다. 브로드웨이는 창작 그룹 못지않게 그들의 작품에 날개를 달아줄 프로듀서의 역할을 매우 확실하게 인지하고 있다. 아무리 좋은 작품도 프로듀서 없이는 제작이 불가능하기 때문이다.

브로드웨이에서는 작품이 완성된다고 곧장 본공연을 하지 않는다. 수정·보완을 염두에 두고 반드시 시카고·필라델피아·샌프란시스코 등지에서 먼저 트라이아웃*을 하면서 마케팅 전략을 정교하게 다듬어간다.

그 후 브로드웨이에 입성하고 나서도 상당 기간 프리뷰** 공연을 통해 작품을 점검하고서야 오픈 일정이 정해진다. 이러한 선진화한 제작 시스템은 미국 뮤지컬의 경쟁력을 높이는 원천이 되고 있다. 이런 까다로운 과정을 거치기 때문에 브로드웨이 극장에 올라가는 뮤지컬에서 10년 이상 장기 공연하는 작품이 탄생하는 것이다.

트라이아웃 Try out
브로드웨이에서 공연하기 전
지역 순회공연을 하며 작품의
완성도를 높여나가는 과정.

프리뷰 preview
본공연 전에 관객을 대상으로
시연하는 공연. 관객은
본공연보다 할인된 가격에
공연을 볼 수 있으며,
프로덕션은 관객의 반응을 보고
수정할 점을 체크하며
본공연에 대비한다.

팬텀과 앤드루 로이드 웨버의 만남

로이드 웨버가 가스통 르루(Gaston Leroux)의 소설 『오페라의 유령』을 무대에 올리기 훨씬 전부터 이 작품은 미국을 비롯한 여러 나라에서 영화 또는 드라마로 만들어지거나 무대화가 시도되었다. 1984년 무대연출가 켄 힐(Ken Hill)은 베르디와 오펜바흐의 잘 알려진 아리아를 개사해 다소 과장된 형태로 만든 오페레타˚ 스타일의 「오페라의 유령」을 런던 이스트엔드에 올렸다. 『데일리 텔레그래프』지에 실린 켄 힐의 공연 리뷰를 읽고 자극을 받은 로이드 웨버는 「캣츠」를 무대에 함께 올렸던 제작자 카메론 매킨토시에게 전화를 걸어 『오페라의 유령』을 뮤지컬로 만들자고 제안했다.

의기투합한 작곡가와 제작자는 '천의 얼굴을 가진 사나이'라 불렸던 그 유명한 론 채니(Lon Chaney) 주연의 오리지널 무성영화(1925) 카피본과 클로드 레인스(Claude Rains) 주연의 리메이크판 유성영화(1943)를 찾아 보았다. 뭔가 아쉬움을 느끼게 했지만 그러면서도 그들은 많은 결점 속에 숨어 있는 어떤 영감을 발견할 수 있었다. 볼거리 많은 켄 힐의 공연을 관람하면서 극중극으로 실제 오페라 장면이 들어간다면 웨스트엔드에서 충분히 성공할 수 있다는 확신이 생겼다.

1984년 첫 기자회견이 열리던 날, 로이드 웨버는 그동안의 작업 방식과는 달리 뮤지컬 「오페라의 유령」에는 유명한 클래

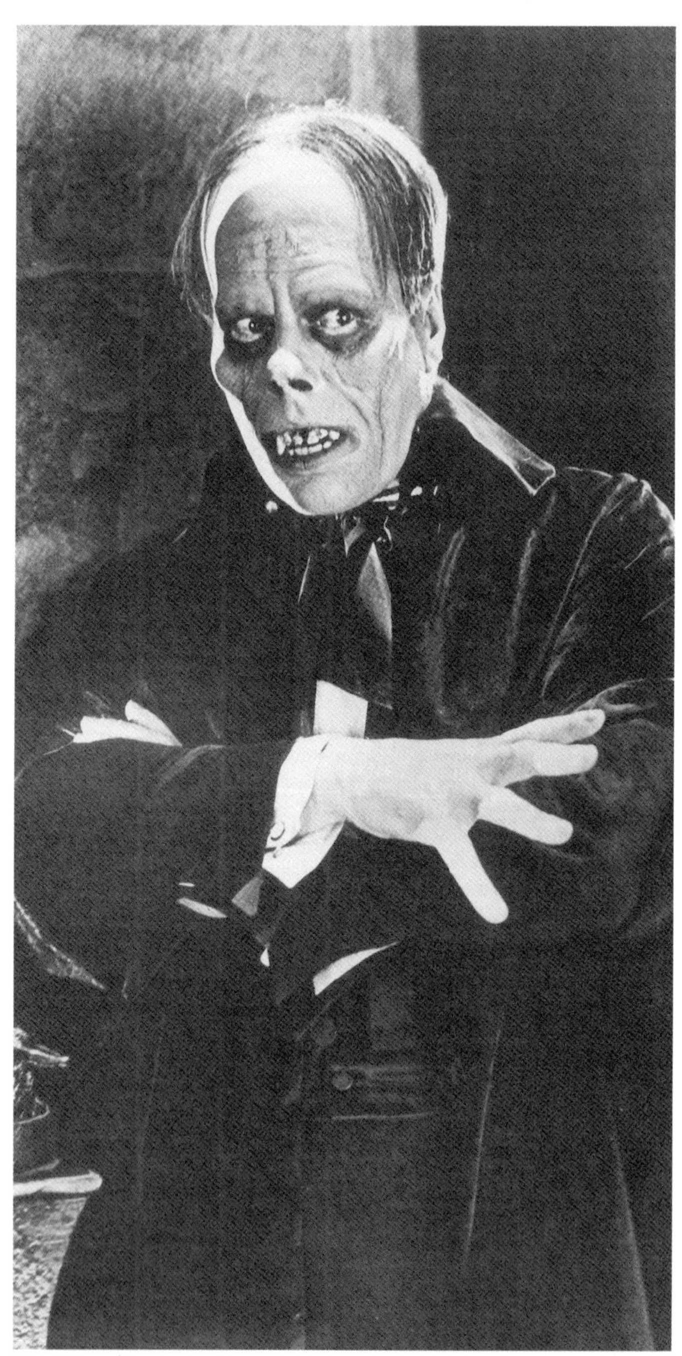

가면을 사용하지 않고
철사로 된 도구를 코에
집어넣어 팬텀의
일그러진 얼굴을
연출했던 론 채니.
원작자 르루가 등장인물에게
부여한 감정을
가장 가깝게 표현한
배우라는 평을 듣는다.

식 음악을 활용하면서 꼭 필요한 부분에서만 새로 곡을 쓸 것이라고 발표했다. 그해 가을까지 로이드 웨버와 매킨토시는 수많은 오페라에서 주옥같은 레퍼토리를 고르는 작업을 하였지만 이렇다 할 수확은 없었다.

그해 11월 말, 「캣츠」의 도쿄 공연 1주년 기념 리셉션에 초대받은 로이드 웨버와 카메론 매킨토시는 그곳에서 「록키 호러 쇼」와 「지저스 크라이스트 슈퍼스타」 런던 공연을 연출한 짐 샤먼(Jim Sharman)을 만난다. 두 사람은 짐 샤먼에게 지하 미로를 통한 추격을 소재로 하는 뮤지컬 「오페라의 유령」에 대한 확신을 심어주기 위해 노력했다. 그러나 당시 주류적인 오페라 작업에 열중하던 짐 샤먼은 "당신은 로맨스라는 위대한 주제를 빠뜨렸군요. 그리고 새로운 음악을 작곡하는 것이 어떻겠소?"라며 정중히 거절 의사를 밝힌다.

로이드 웨버는 짐 샤먼의 코멘트를 곱씹다가 원작 소설을 읽어봐야 한다는 데 생각이 미친다. 하지만 1911년에 출판된 르루의 소설은 이미 절판되어 복사본조차 구하기 어려운 상황이었다. 로이드 웨버는 뉴욕의 어느 헌책방에서 출판사도 저자도 알 수 없을 만큼 훼손된 소설책 『오페라의 유령』을 겨우 구할 수 있었고, 매킨토시는 친척집 창고에 쌓여 있던 책더미 속에서 우연찮게 『오페라의 유령』 찾아냈다.

원작 소설을 읽은 후 로이드 웨버의 작품 구성은 달라졌다. 죽음을 맞이하는 팬텀에게 크리스틴이 약속대로 반지를 돌려주었다는 대목에서 특히 감명을 받은 그는 소설 속 로맨스를 그대로 따르기로 결심하고, 그에 걸맞은 곡을 새롭게 써야 한다는 결론을 내린 것이다.

전설의 오페라 하우스

『오페라의 유령』이 꾸준히 버전을 바꾸어가며 새로운 날개를 달 수 있는 것은 그것이 오페라 하우스가 품고 있는 수많은 사건이 빚어낸 상상력의 결정체이기 때문이다. 작품의 배경이 된 파리의 오페라 하우스는 건축사에 길이 남을 역사적인 건축물로, 정식 명칭은 국립오페라극장이며 그 위용은 소설에 묘사된 것과 거의 같은 모습이다. 작가는 1880년 오페라 하우스에서 발생한 기묘한 사건들에 대해 자신이 품고 있는 의구심을 독자에게 소개하려는 의도를 가지고 이 소설을 썼다고 한다.

19세기 급변하는 프랑스의 파리 한가운데에 세워진 이 건축물은 지어지기 전부터 무수한 사연을 간직하고 있었다. 흔히 파리의 오페라 하우스를 말할 때면 건축가 샤를 가르니에(Charles Garnier)를 떠올리지만 그에 앞서 천재적인 도시계획가 오스만(Baron Haussmann)을 언급하지 않을 수 없다. 오스만은 나폴레옹 3세가 채용한 도시계획가로, 오늘날 전 세계로부터 동경을 받고 있는 파리의 전형적인 도시 풍경을 만들어낸 장본인이다. 철거 권한까지 부여받은 그는 파리를 넓고 곧은 도로의 현대적인 도시로 정비하였다. 튈르리 정원과 루브르 박물관 사이의 슬럼가를 철거하고 센 강을 가로지르는 새로운 다리를 만든 것도 그였다. 배수로와 하수구를 설치하고 불로뉴 숲을 공원으로 변모시킨 것도 그의 아이디어였다.

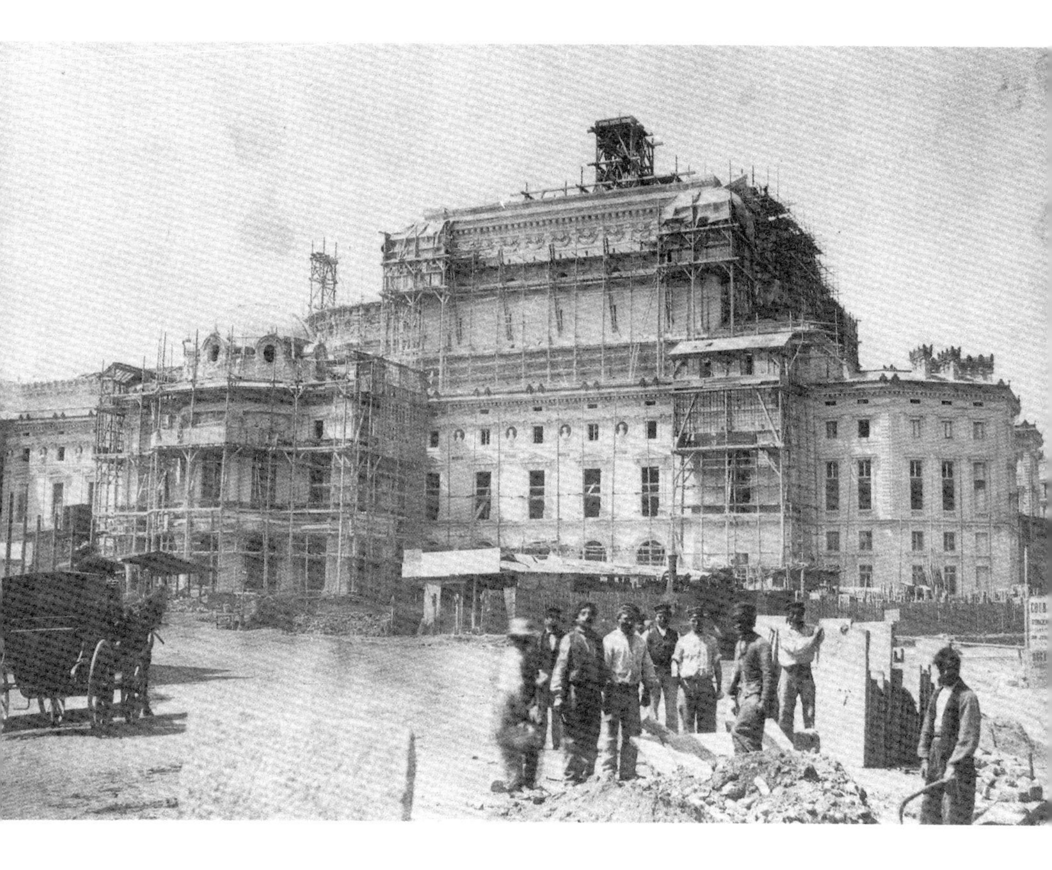

공사 중인 오페라 하우스의 모습. 건물을 완성하는 데 14년이 걸렸다.
지금은 파리 중심가의 최대 관광 명소로
공연이 없는 날에도 유료 방문객 인파가 끊이지 않는다.

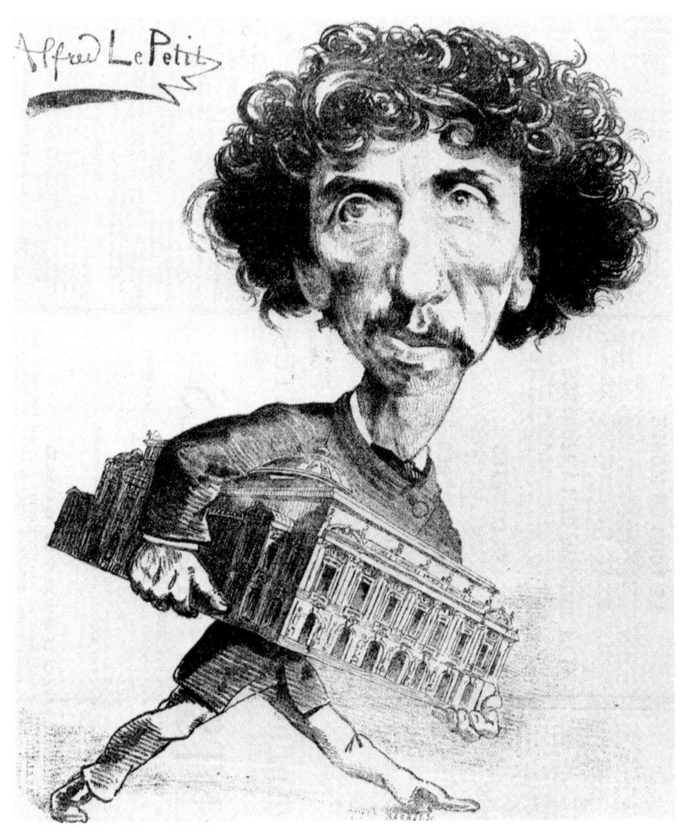

오랜 공사 기간 보여준
불같은 성격과 고집스러움
덕분에 자주 캐리커처의
주인공이 되었던 샤를 가르니에.

1858년 1월, 나폴레옹 3세는 당대 최고의 가수였던 마솔의 고별 공연을 보러 갔다. 공연장인 펠티에(Pelletier) 가의 오페라 하우스에서 공연 관람을 마치고 황제의 마차가 좁은 골목길을 빠져나오고 있을 때 귀를 찢는 듯한 폭발음이 들렸다. 나폴레옹 3세를 노린 테러로 150명의 사상자가 발생한 큰 사건이었지만, 다행히 황제 부부는 조금 놀랐을 뿐 큰 부상을 입지는 않았다.

이 일을 계기로 새로운 오페라 하우스를 지으라는 황제의 명을 받은 오스만은 그 일대를 전 세계의 부러움을 살 만한 훌륭한 도시로 만들 포부를 품게 된다. 오스만은 웅장한 위용을 갖

춘 신축 오페라 하우스를 도시계획의 구심점으로 삼아야겠다고
생각했다. 그는 오페라 광장에서 시작해 일곱 방향으로 뻗어 나
가는 직선 도로를 구상했으며, 그 구상에 장애가 되는 낡은 건
물과 골목은 과감하게 제거했다.

오페라 거리(Avenue de La Opera)의 화룡점정인 오페라 하
우스의 설계는 공모에 부쳐졌다. 171건의 응모작 가운데 가장
특출한 설계가 바로 가르니에의 작품이었다. 당시 가르니에는
낭만주의 건축으로 명성을 얻고 있었지만 국책 사업을 맡기기
에는 아직 경험이 부족해 보이는 서른다섯 살의 젊은 건축설계
사였다.

외제니 황후는 가르니에의 설계에 경악하며 자신의 친구이자
그 당시 최고의 건축가였던 비올렛이 이 사업을 맡아주길 바랐
다. 그러나 가르니에는 외제니 황후 앞에 나아가 "이것은 나폴
레옹 3세 스타일입니다"라고 당당하게 말하며 네오바로크 스타
일의 화려함 속에 전통적인 스타일의 극장을 세울 포부를 밝혔
다. 결국 그의 창의적인 설계가 선택되었고, 작업이 진행될수록
그들은 자신의 선택이 틀리지 않았다는 것을 확신하게 되었다.

1861년 공사가 시작되고 얼마 지나지 않아 오페라 하우스는
난관에 부딪혔다. 굴착 작업을 하던 중 부지 밑으로 지하수가
흐르고 있음을 알게 된 것이다. 지반이 진흙처럼 물러져 기초
공사를 하기에 부적합한 것으로 판명되었지만 가르니에는 이러
한 문제를 피해가지 않고 정면돌파한다. 주변에 고인 물을 모두
퍼내기 위해 8개월 동안 밤낮 없이 펌프를 돌렸으며, 그런 다음
이중으로 콘크리트 기초를 다지고 수맥의 유출을 막기 위해 그
위를 역청*으로 봉했다. 그 결과 오페라 하우스는 지하에 호수
를 가진 건축물이 되었다.

역청
천연 아스팔트 또는
탄화수소 화합물을 태울 때
생기는 흑갈색이나
갈색의 타르 같은 물질.

　　1867년에 오페라 하우스는 정면 외관 공사를 시작하지만 당시 정권이 힘을 잃으면서 재정난으로 잠시 공사가 중단되기도 했다. 건물을 완성하는 데에는 수많은 세월이 소요됐다. 1870년 프랑스-프로이센 전쟁*의 패배로 나폴레옹 3세는 왕좌에서 물러나 영국으로 추방당했으며, 결국 오페라 하우스의 개막 공연도 보지 못한 채 그곳에서 눈을 감는다.

　　이것이 전부가 아니었다. 전쟁에 뒤이은 파리코뮌**의 회오리 속에서 미완의 오페라 하우스는 화약 창고와 군사 감옥으로 사용되기도 했다. 깊은 미로를 따라 내려가면 나오는 지하 방들은 모두 적군을 감금하는 공간으로 쓰였다. 프로이센과 결탁한 정부군은 '피의 일주일'이라 불리는 7일 동안의 시가전 끝에 파리코뮌을 붕괴시키고 3만 명의 시민을 처형하거나 유형시켰다. 또한 군사재판에 회부된 4만 명 가운데 1만여 명이 사형·무기징역 그리고 그 밖의 유죄 선고를 받았다. 이 피의 광란은 오페라 하우스가 채 완성되기도 전에 이 공간에 지워지지 않을 흔적을 남겼다. 유령의 출현이라든가 건물과 연관된 무시무시한 괴담은 이러한 역사적인 사건을 바탕으로 만들어졌다.

　　14년 동안의 공사를 마치고 1875년 1월 5일 오페라 하우스의 웅장한 중앙 계단이 공개되었다. 오페라 하우스 개관식에는 각국의 유명 인사들이 황금빛 극장에 어울릴 법한 화려한 전통 의상을 차려입고 나타나 역사적인 건축물의 탄생을 축하하며 문화적인 흥분을 함께 나누었다. 개막 공연도 나름대로 멋졌지만 웅장한 건물 자체가 한 편의 공연이었다. 그러나 오페라 하우스는 개관 당시에 완성된 상태가 아니었다. 나폴레옹 3세를 위해 만들었던 VIP 룸도 마지막 장식이 필요했고, 보수와 완성을 기다리는 공간이 여러 군데 남아 있었다.

프랑스-프로이센 전쟁
1870년 에스파냐의 국왕 선출 문제로 이견을 빚은 프로이센과 프랑스의 전쟁. 군사력이 강한 프로이센이 6개월 만에 프랑스를 무너뜨렸다. 파리 시민들의 농성에도 불구하고 프랑스 정부군이 휴전조약을 체결하여 결국 파리코뮌의 원인이 되었다.

파리코뮌
Commune de Paris
1871년 3월 28일~5월 28일 파리 시민과 노동자들이 정부에 항거하여 세운 혁명적인 자치 정부. 이때 노동자의 이익을 대변하는 법률이 다수 제정되었다.

오페라 하우스의 장중한 나선형 중앙 계단은 두 갈래로 나누어져 포물선을 그리며 뻗어가다가 홀 입구로 이어진다. 이 중앙 계단은 사방이 모두 거대한 거울로 만들어진 방으로도 이어지는데, 이 방 천장에는 화려한 빛의 크리스털 샹들리에가 매달려 있다.

화려함에 치중한 가르니에의 오페라 하우스를 비난하는 사람들도 있었다. 작곡가 클로드 드뷔시는 "밖에서 보면 무슨 철도역처럼 딱딱하고 안으로 들어가면 터키탕 같은 사치스러운 기분이 든다"고 비난했고, 고티에는 "세속적 문명의 성당"이라고 비하했다. 빅토르 위고는 "가르니에의 십자형 무대 바닥 설계는 노트르담 성당 디자인을 흉내낸 것에 불과한 불경스런 이교도적 아이디어"라고 비난했다.

그러나 이 건축물은 건축사에서 19세기 낭만주의 건축 양식을 대표하는 성공작임에 분명하다. 무대 크기°가 객석보다도 크며 복도·라운지·중앙 계단처럼 관객을 위한 공간들이 객석보다도 훨씬 많은 부분을 차지하고 있다. 오페라 하우스는 공연뿐 아니라 국가의 큰 행사, 축제, 무도회 등 다양한 목적을 위해 설계되었다. 이곳은 문화와 사교를 위한 궁전이었으며, 그 무렵 고급 문화를 향유하는 상류층이 자신의 부를 과시하고 그들만의 정보를 주고받는 사교장 역할을 톡톡히 했다.

3에이커(약 1,224평)에 17층으로 이루어진 이 새 극장은 7층까지는 무대 아래쪽에 위치하고 앞마당에는 무대 출연용 말을 위한 자체 마구간이 완비되어 있었다. 1,500명의 고정 직원들의 삶의 터전으로서 지하에는 의상실과 소품실, 워크숍 룸 등 다양한 공간이 방대하게 자리 잡고 있었다. 오페라 하우스 안에는 주연 배우들을 위한 분장실이 80여 개나 되고 엑스트라나 오

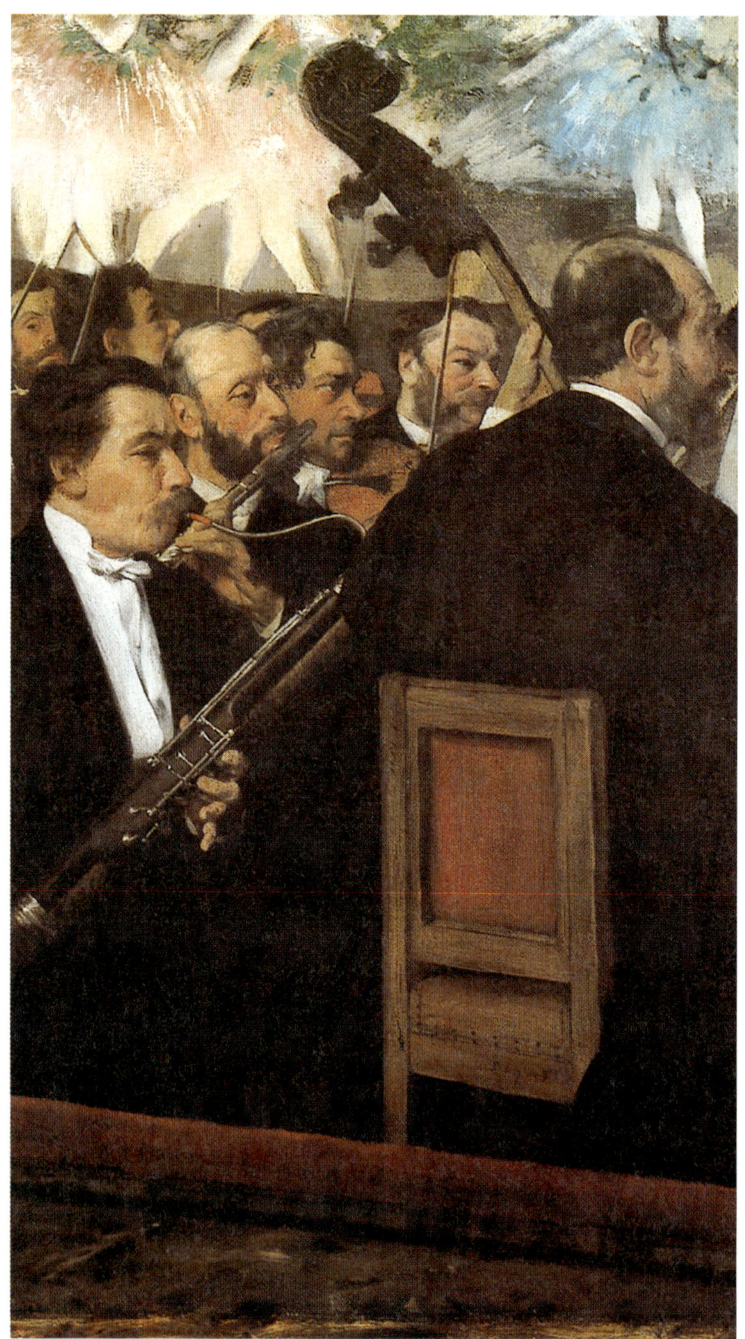

〈오페라 하우스의 관현
드가, 1877.

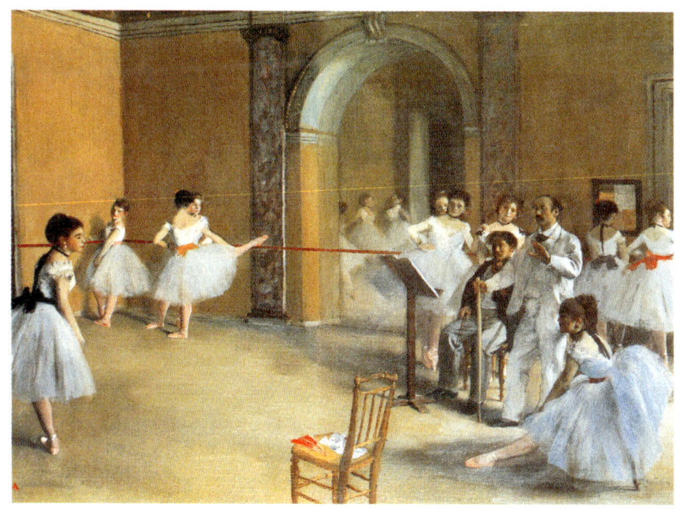

케스트라를 위한 대형 분장실이 8개가 있다. 가장 큰 분장실은 200명까지 수용할 수 있을 정도다. 또한 가로 10미터, 세로 7미터의 거대한 거울로 둘러싸인 휴게실이 있는데, 긴 바가 설치된 이곳에서는 VIP 고객들이 무용수들을 만나기도 하고 그들이 몸 푸는 모습을 지켜보기도 했다. '무희의 화가'라고 불리는 인상주의 화가 드가는 이곳에서 발레하는 무희들을 스케치했다. 「오페라의 유령」의 시대적 배경이 되던 당시에는 수많은 공연 관계자와 문화 인사들이 이곳을 드나들며 문화적인 권력 암투를 벌였을 것이다.

파리 오페라 하우스에서 공연되는 오페라에는 보통 3막 도입부에 젊은 발레리나로 구성된 발레 간주곡을 삽입시켰다. 남성 관객을 유치하려는 이러한 시도는 적중했다. 남성 관객들은 오페라는 놓쳐도 이 장면만큼은 꼭 챙겨 보려고 했다. 바그너의 「탄호이저」 공연 때는 발레 간주곡의 차례를 임의로 옮기는 바람에 식사를 마치고 천천히 발레를 보러 갔던 젊은 남성들이 난

33

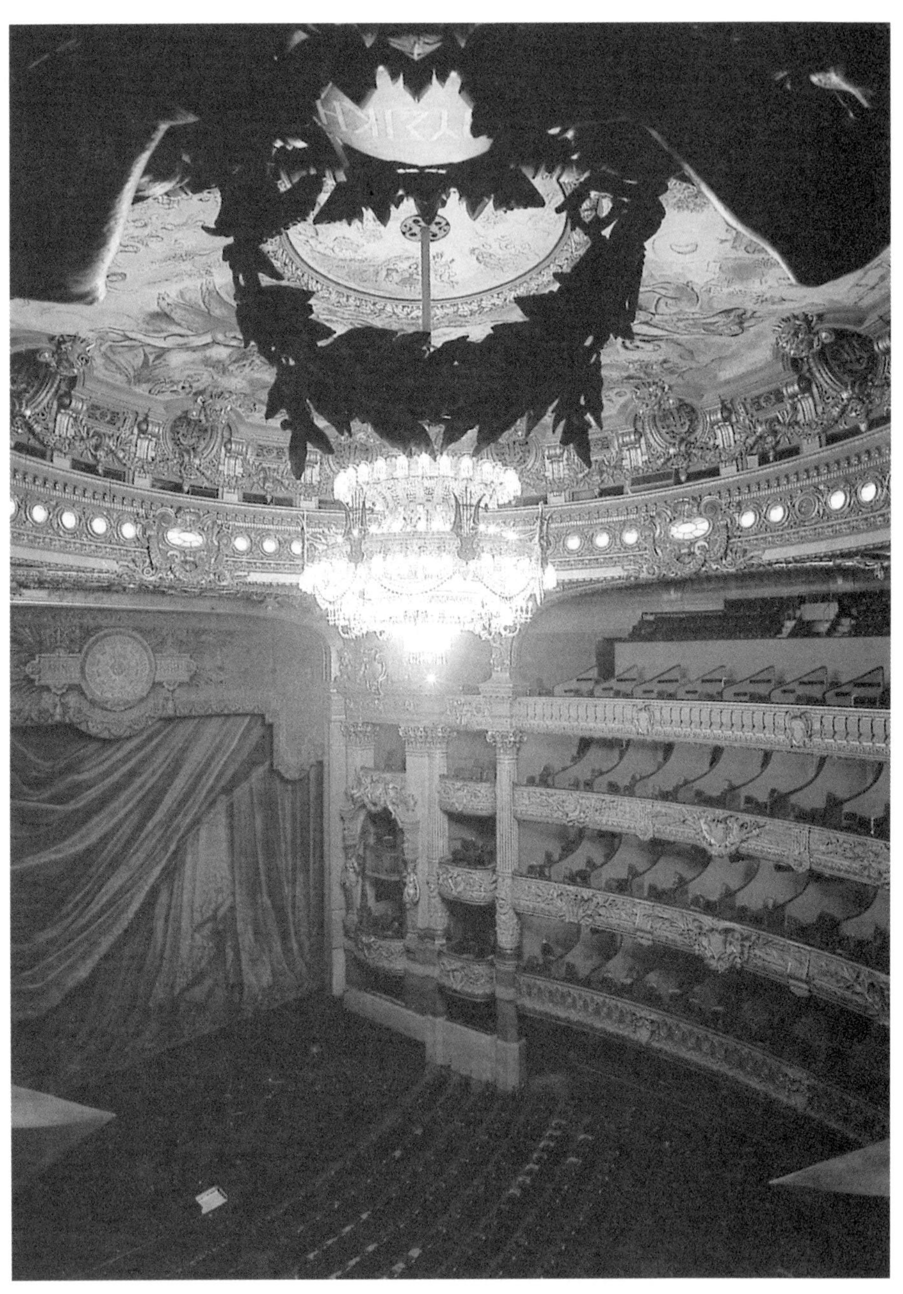

샹들리에가 걸려 있는 오페라 하우스의 내부.

동을 벌이기도 했다.

새로 발명된 전기에 고무되어 개관 때 전기를 이용한 특수효과를 보여주었던 가르니에는 객석 천장에 설치한 샹들리에의 가스등—16킬로미터도 넘는 파이프로 연결된 9천 개의 가스등—을 1881년에는 모두 전구로 대체했다. 그 후 세월이 흘러 1896년 끔직한 사고가 발생했다. 거대한 샹들리에를 받치고 있던 8개의 평행추 중 하나가 전기 누전으로 부식되면서 무게를 지탱하지 못하고 4층 11번과 13번 자리로 떨어져내린 것이다. 이 사고로 중년 부인 한 명이 지하로 떨어져 죽었다. 이 끔직한 사고는 당시 신문에 대서특필되면서 센세이셔널한 반응을 불러일으켰다.

원작자와 원작 소설의 힘

가스통 르루

극장에 대해 관심이 많았던 작가 가스통 르루는 당시 프랑스의 대표적인 문화 공간이었던 오페라 하우스를 배경으로 이색적인 미스터리물을 써서 문화사적으로 큰 유산을 남겼다. 오페라 하우스 소속의 무명 여가수가 아무도 모르게 유령의 도움을 받아 성공을 거둔다는 소설의 설정만큼이나 르루는 재미있는 이력의 인물이었다. 지금은 『오페라의 유령』 말고는 작품이 널리 알려져 있지 않지만 그는 당대에 손꼽히는 인기 소설가였다. 그는 출생부터가 남달랐다. 아버지 쥘리앵 르루(Julien Leroux)와 어머니 마리 알퐁시네(Marie Alphonsine)는 뱃속의 아기가 잘 참아주기를 바라며 파리에서 고향 노르망디로 가는 길이었는데, 그새를 참지 못하고 부모의 여행길에 세상으로 나온 것이다.

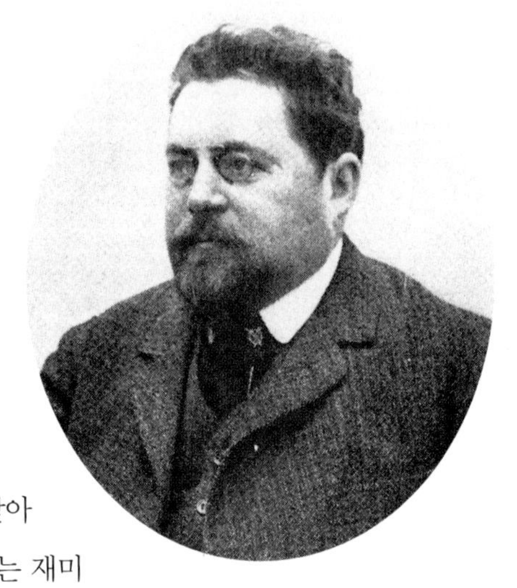

저널리스트로서 전성기를 누릴 무렵의 가스통 르루(Gaston Leroux, 1868~1927).

　노르망디에서 자란 가스통 르루는 중학교 시절 이미 문학적 감수성과 소양을 보이며 시간이 날 때마다 시를 쓰는 문학청년이 되어 있었다. 캉(Caen)에서 학사 학위를 받고 부모의 뜻을 따라 법학을 공부하기 위해 파리로 갔을 즈음에는 그의 단편소설과 시들이 잡지에 소개될 정도였다. 그 후 변호사 시험에 합격하고 견습생으로 일하게 되었지만 법조인의 삶은 그에게서 점점 멀어져 갔다. 1889년 그의 아버지가 죽으면서 백만 프랑의 유산을 남기는데, 변호사가 되기를 바랐던 아버지의 기대에서 자유로워지고 거액의 유산을 수중에 넣게 된 그는 매일 파티를 열고 술과 도박 속에 빠져 살았다. 흥청망청 물 쓰듯 돈을 쓰는 그의 주변은 항상 친구들로 시끌벅적했다. 그는 언제나 든든한 물주였으며 재치와 유머까지 겸비한 친구였다.

여섯 달 후, 그의 수중에는 유산이 한 푼도 남아 있지 않았다. 다시 생계를 위해 일을 해야만 했다. 방탕한 생활을 통해 법조인의 삶이 자신과는 맞지 않는다는 것도 충분히 깨달은 후였다. 그는 변호사 생활을 정리하고 잡지『에코 드 파리』에 취직했다. 남다른 글쓰기 감각, 변호사로서의 경력 그리고 모험적인 성격 등이 어우러져 그는 기자로 맹활약했다. 얼마 지나지 않아 주요 일간지『르 마탱』에 스카우트 된 그는 특파원으로 유럽 전역뿐 아니라 러시아, 아시아, 아프리카 등 먼 지역으로 여행을 거듭하면서 특종이 즐비한 역사적인 현장에 때론 익명으로 때론 변장을 하고 잠입하는 모험을 즐겼다.

그는 일명 '드레퓌스 사건'＊의 중심에 있던 드레퓌스 대령의 2차 공판을 기사로 쓰면서 그의 무죄를 주장했고, 러시아 차르와 독일 빌헬름 2세의 비밀 회담을 세상에 폭로했다. 그는 기자직을 하늘이 내려준 천분으로 여겼다. 자신의 주장을 펴기 위해 거짓 증언을 토대로 기사를 작성하여 유죄선고를 받은 적도 있었다. 그만큼 그는 기사 작성에 열성적이었다. 하지만 새벽 3시에 취재를 떠나라는 편집장의 전화에 그는 짧고 강한 욕을 내뱉고는 기자 생활에 종지부를 찍었다. 1907년이었다.

사실 그는 몇 년 전부터 소설을 다시 쓰고 있었다. 『르 마탱』

지에 연재하던 것으로, 파리 시내 곳곳에 보물을 숨겨둔 채 죽은 루이 카르투슈라는 강도의 실제 사건을 다룬 그의 처녀작 『아침 보물을 찾아서』를 출간한 것은 1903년이었다. 이 소설을 잘 짜맞추면 강도가 숨겨둔 보물을 발견할 수 있을 것 같은 치밀한 구조였다. 1907년 발표한 『노란 방의 비밀』은 모든 입구가 봉쇄된 방에서 일어난 살인 사건을 다룬 것으로, 폐쇄 공간을 배경으로 하는 미스터리물의 초기 모델이 되었다. 이 작품에 나오는 탐정 룰르타비유는 코넌 도일의 셜록 홈스처럼 고정 캐릭터로 이후 일곱 편의 소설에 등장한다. 이 소설은 셜록 홈스로 유명한 코넌 도일과 탐정소설의 선구자 에드거 앨런 포의 영향을 받은 작품으로 논리적 구조가 완벽하다는 평을 받게 된다. 문맹의 인물을 가장 훌륭한 의원 후보로 내세운 작품 『귀신 붙은 의자』는 프랑스 정치계에 대한 비판적 메시지를 담고 있다.

이즈음 그는 이미 유명한 문인이었지만 경제적으로는 그다지 부유하지 못했다. 그는 돈이 있으면 늘 도박을 했고, 돈이 없어도 도박을 해서 원고료를 저당 잡혔다. "나는 계약을 해야만 글이 나온다"고 할 정도였다. 그의 아들에 따르면, 그는 원고를 다 쓰고 나면 발코니에 나가 총을 발사하는 황당한 습관도 있었다고 한다. 탐정소설 외에도 로맨스, 판타지, 호러 소설 등을 1년에 한 편 정도는 발표했고 극작가로도 활동했다. 그중 『노란 방의 비밀』을 희곡으로 각색한 작품은 좋은 반응을 얻었다. 그의 작품들은 출간되면 바로 영어로 번역되곤 했으며 몇몇 작품은 무성영화로 만들어졌다. 1919년에는 친구들과 '시네로망'이라는 영화사를 만들기도 했다. 사장과의 잦은 의견 충돌로 3년을 넘기지 못했지만 영화 일은 그에게 명성을 되찾아주고 말년을 평온하게 보낼 자금을 마련해주었다. 또한 그의 딸 마들렌은 그가 제작한 몇몇 작품에 출연하기도 했다.

그의 작품은 대개 책으로 출판되기 전에 신문에 연재되었는데, 『오페라의 유령』은 오르간을 연주하는 팬텀이나 샹들리에를 타고 있는 팬텀의 이미지 컷이 함께 실리면서 대중의 관심을 모으게 되었다. 뜬소문이 무성하던 복잡한 구조의 오페라 하우스를 둘러싼 일련의 사건을 역추적하여 사건의 실마리를 찾는 『오페라의 유령』은 집착과 불멸의 사랑, 천재성과 광기, 그랜드 오페라*의 웅장한 테마와 판타지, 공포 등이 어우러져 대중에게 지속적인 인기가 있었다.

그러나 유니버설 픽처스가 론 채니를 기용해 제작한 무성영화가 완성될 즈음 가스통 르루의 건강은 악화되고 있었다. 1927년 4월 15일 그는 영화 『오페라의 유령』을 보지 못한 채 수술 후 요독증으로 죽음을 맞았다. 그의 나이 59세였다.

마들렌은 한 인터뷰에서 아버지가 매우 자상하고 유머가 풍부했으며 하루에 적어도 몇 시간은 꼭 글을 썼다고 회상했다. 전쟁터를 오가는 종군 기자로 또한 사회문제에 관해 신념 있는 기사를 쓰던 법원 출입 기자로 생활하며 술과 도박으로 재산을 거덜냈지만, 집에서는 너무나 점잖아 그의 그런 이력이 믿기지 않을 정도라고 했다.

원작의 힘

얼핏 단순해 보이기도 하는 『오페라의 유령』 스토리가 끊임없이 재창조되는 까닭은 그것들이 원작 소설의 디테일과 심리적인 스텍트럼을 다 담아낼 수 없었던, 원작의 일부였기 때문일 것이다. 『오페라의 유령』은 추리소설의 묘미와 더불어 인간이 겪는 원형적인 갈등, 미와 추, 선과 악, 생과 사의 문제를 심도 있게 다루고 있다. 또한 마치 작가 자신이 개입된 사건처럼 써내려가면서 박진감 넘치는 드라마를 제시한다.

르루는 국립음악기록보관소의 문서들을 점검하면서 일련의 괴사건을 발견한다. 젊은 여가수 크리스틴 다에의 납치, 샤니 자작의 실종 그리고 그의 형 필리페 백작이 오페라 하우스의 지하실 아래에 있는 호수에서 주검으로 발견된 사건들을 접하면서 오페라 하우스 지하에서 발견된 유골들은 파리코뮌 시대의 흔적이 아니라 누군가에 위해 살해된 시체라는 사실을 추리한다. 그리고 그 배후에는 오페라 하우스에 살고 있다고 여겨지던 유령이 관여되었다고 믿는다.

사건을 맡았던 검사에게서 '페르시아인'이라고 알려진 목격자가 존재했다는 사실을 들은 르루는 '페르시아인'의 행방을 수소문한 끝에 낡은 침대에서 죽음을 기다리고 있는 그에게 당시의 정황을 듣게 된다. 그가 들려준 사건의 전말을 토대로 구성한 이야기의 내용은 다음과 같다.

오페라 하우스의 괴존재에 대한 풍문은 발레리나들에 의해 퍼졌다고 한다. 유령은 5번 박스석에 앉으며 무대장치 담당자인 부케가 목이 매달린 채 죽음을 당한 것도 그의 짓이라는 것이다. 그러던 중 프리마돈나인 칼롯타가 병이 나자 그녀를 대신해 무대에 선 크리스틴이 필리페 백작과 그의 동생 라울 자작의 눈에 들게 된다. 라울은 그녀가 어린 시절을 함께 보낸 소녀였음을 알아보고 무대 뒤로 찾아갔다가 그녀의 분장실 문 앞에서 이상한 소리를 듣는다.

그리고 오페라 하우스에 새로 온 지배인들에게 한 통의 편지가 전달되었다. 환영의 인사말과 함께 5번 박스석을 비워둘 것과 매달 2만 프랑의 수당을 요구하는 내용이었다. 먼저 일하던

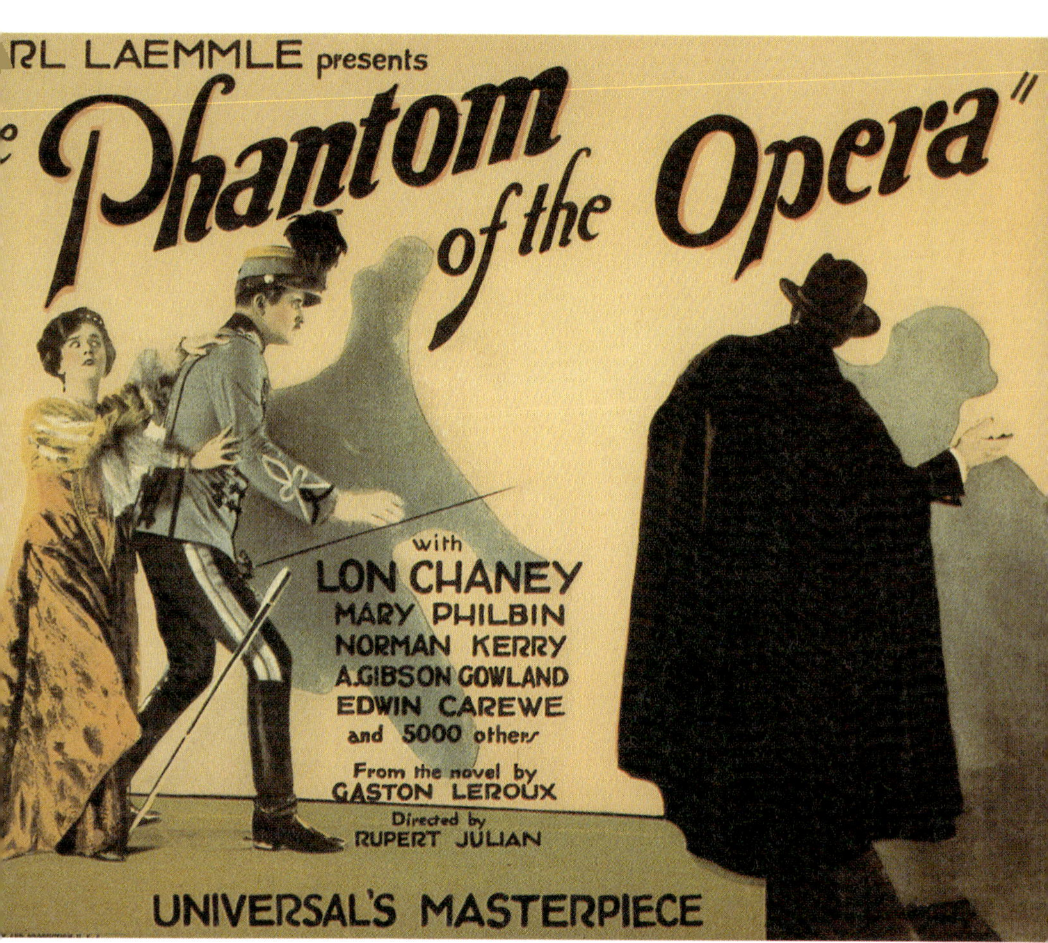

유니버설 픽처스가 제작한 론 채니 주연의 무성영화
「오페라의 유령」 포스터(1925).

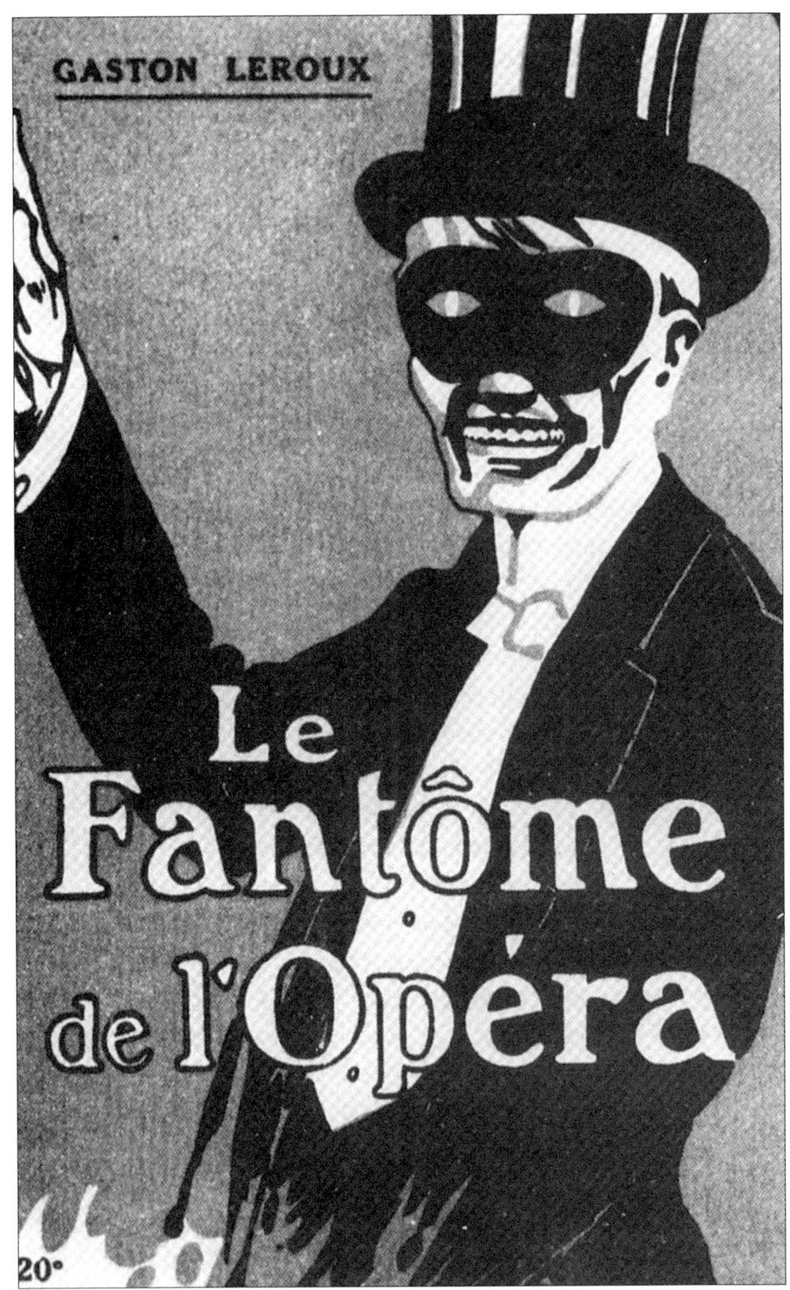

가스통 르루의 소설 『오페라의 유령』 초판본 표지(1910).

지배인들의 장난이라며 이들은 대수롭지 않게 여긴다. 유령의 존재와 관련해 가장 많은 것을 알고 있는 마담 지리는 새 지배인에게 유령의 존재를 언급하며 주의를 주지만, 그들은 그녀의 충고를 무시해버리고 그녀를 해고한다.

그러자 유령에게서 또 다른 편지가 온다. 유령은 앞서 보낸 편지의 내용을 지킬 것과 마담 지리를 복귀시킬 것, 칼롯타 대신 크리스틴을 프리마돈나로 기용할 것 등을 제시하고, 만일 이것이 지켜지지 않는다면 큰 불행이 닥칠 거라고 경고한다.

한편 크리스틴 다에는 음악의 천사를 보내주겠다고 했던 아버지를 떠올리며 아버지의 묘지에 가고, 라울은 그녀의 뒤를 쫓는다. 라울은 크리스틴이 어린 시절 그녀의 아버지가 바이올린을 연주하며 함께 공연을 했다는 것을 생각해낸다. 크리스틴은 라울에게 자신에게 음악의 천사가 왔으며 그것은 아버지의 영혼이라는 알쏭달쏭한 얘기를 한다. 그날 저녁 크리스틴은 환각에 빠져 이상한 음악을 따라 아버지의 무덤으로 들어가려 하고, 그녀를 뒤쫓던 라울은 가면을 쓴 존재의 공격을 받는다.

오페라 하우스에서는 흰 말 한 마리가 없어지고 칼롯타에게도 공연에 참가하지 말라는 편지가 전해진다. 크리스틴의 음모라고 생각한 칼롯타는 대수롭지 않게 여기고 무대에 섰다가 공연 도중 두꺼비 같은 소리만 내지르게 된다. 그리고 굉음과 함께 천장에서 샹들리에가 떨어져 한 여인이 목숨을 잃는데, 이 사고 이후 크리스틴은 갑자기 실종된다. 다시 가면무도회에 모습을 드러낸 크리스틴은 겁에 질려서 라울을 지붕으로 데려가 그동안 겪은 일들을 이야기한다.

'음악의 천사' 이름은 에릭이며, 그가 사라진 백마를 타고 지하 호수에 있는 은신처로 자신을 데려갔다는 것이다. 에릭이 들려준 '돈 주앙의 승리'의 연주는 황홀했으며 자신에게 아름다운 사랑 고백을 했지만, 가면을 낚아챘을 때 드러난 그의 얼굴은 너무나도 흉물스러웠다고 했다. 그러나 지붕* 위에는 그들만 있었던 것이 아니었다. 아폴로상 뒤에는 사랑의 배신에 치를 떨고 있는 에릭이 있었다.

「파우스트」 공연 중 다시 크리스틴이 사라지고 이때 페르시아인이 나타나 그녀가 오페라 하우스 지하 어딘가에 에릭과 함께 있다는 것을 알려준다. 페르시아인은 라울을 데리고 크리스틴의 분장실로 가서 거울**이 어떻게 비밀 통로로 통하는 문이 되는지를 보여준다. 비밀 통로를 걷는 동안 그들은 시뻘건 얼굴이 공중에 떠서 다가오는 환영과 무서운 소음에 시달린다. 그들은 부케를 죽음으로 몰고 갔던 마법의 올가미를 피하기 위해 손을 눈높이 정도로 들고 있어야 하는 것도 잊고 허둥댄다. 그때 "움직이지 마시오" 하는 소리와 오페라 하우스 지하에서 생활하는 쥐잡이꾼이 나타난다. 그의 도움으로 다행히 위기에서 벗어나지만 은신처로 숨어든 라울과 페르시아인은 에릭의 기척에 고문실로 들어가 갇히고 만다.

고문실 옆방에는 크리스틴이 감금되어 있다. 둘은 벽을 통해 그녀와 대화를 나눈다. 하지만 그녀는 그들을 도울 수 없다. 에릭은 크리스틴에게 전갈과 베짱이 장식 중 하나를 선택하면 그들을 구할 수도 있고 죽일 수도 있다며 선택을 강요한다. 그사이 고문실에 갇힌 그들은 사막에 온 듯한 고열과 환상에 시달린다. 크리스틴이 전갈을 선택하자 고문실에는 물이 쏟아져 들어오고, 라울과 페르시아인은 정신을 잃고 만다.

페르시아인이 깨어난 곳은 에릭의 방. 크리스틴이 그를 보살피고 있고 에릭은 그녀를 자신의 부인이라고 소개한다. 그들이 전 세계 팬들의 마음을 사로잡은 가면 속 한 남자의 이야기. 1925년부터 2005년 현재까지 공식적으로 총 아홉 편의 각기 다른 작품으로 제작된 스크린 속 「오페라의 유령」 역사를 살펴보자.

뮤지컬의 오리지널 크리에이티브 팀들이 가장 큰 영감을 받았다고 앞다투어 말하는 영화 「오페라의 유령」은 1925년 루퍼트 줄리안 감독에 의해 제작되었다. 무성영화의 묘미를 한껏 살린 수작으로 평가받는 이 작품은 론 채니, 메리 필빈이 주연을 맡았으며, 「오페라의 유령」 영화의 원조라고 할 수 있다.

뒤이어 1943년 아서 루빈 감독에 의해 제작된 영화 「오페라의 유령」은 최초의 유성영화 버전이다. 멜로드라마의 성격을 극대화시킨 이 작품은 영상과 음향의 조화로운 작업을 인정받아 아카데미 촬영상의 영광을 안기도 했다. 반면 영화로는 세 번째로 제작된 1962년 테렌스 피셔 감독의 작품은 전작들보다 단조로운 구성과 표현으로 다소 진부하다는 평가를 받았다.

1974년 제작된 네 번째 작품 「오페라의 유령」은 흥미롭게도 록 버전이었다. 세계적으로 명성이 자자한 브라이언 드 팔마 감독이 연출을 맡았던 이 작품은 컬트 관객들을 주요 타깃으로 한 만큼 이색적인 연출과 독특한 표현 기법으로 화제를 불러일으켰다.

1983년에 제작된 다섯 번째 영화 역시 독특했다. 본래 스크린용이 아닌 TV 프로그램용으로 제작된 이 작품은 로버트 마코비츠 감독의 연출로 가스통 르루의 원작과는 상당히 다른 각도와 스토리 라인을 기반으로 제작되었는데, 원작에 충실한 전작들과는 사뭇 다른 시도였다.

그러나 1989년에 제작된 여섯 번째 영화에서는 다시금 원작에 충실해진 내용을 만나볼 수 있다. 한 가지 주목할 만한 것은 작품의 배경을 오리지널 무대인 파리에서 런던으로 재설정했다는 점이다. 이 밖에도 1990년 아서 코피트의 연극 버전을 바탕으로 한 토니 리처드슨 감독의 작품이 있으며, 1998년에도 다리오 아르가토 감독에 의해 「오페라의 유령」이 스크린에 소개되었다.

그중 가장 돋보인 작품은 단연 2004년 12월에 개봉된 「오페라의 유령」으로, 작곡가 앤드루 로이드 웨버가 직접 제작 일선에 참여해 예술적 완성도를 한층 높였다는 호평을 받았다. 조엘 슈마허 감독이 메가폰을 잡은 이 작품은 2005년 골든 글로브와 아카데미상에서 각각 세 부문에 노미네이트되었다.

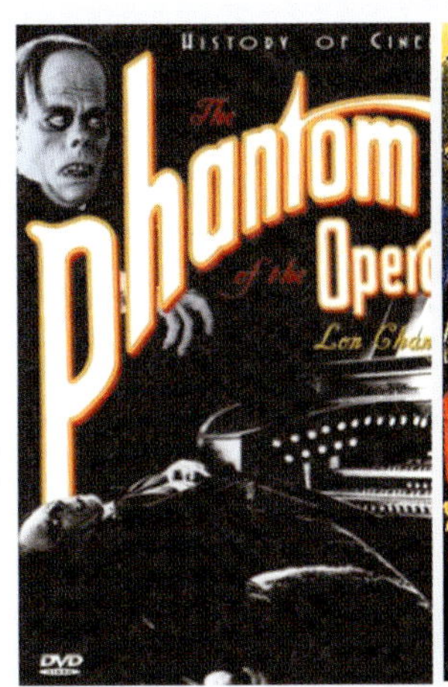

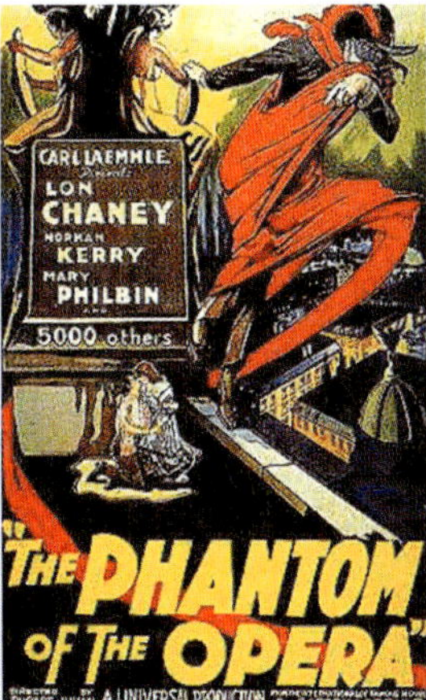

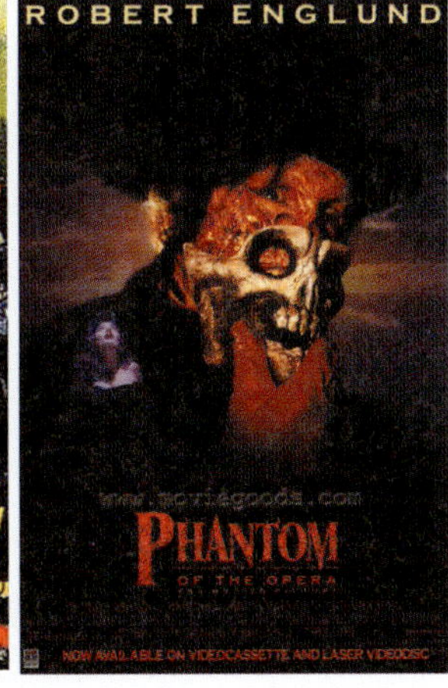

위기 상황에서 살아날 수 있었던 것은 크리스틴 다에의 숭고한 희생 덕분이었다. 얼마 후 정신을 차리자 페르시아인은 집으로 돌아와 있다. 라울의 안부를 물으러 갔으나 그는 자리에 없고 그의 형 필리페 백작은 숨진 뒤였다. 페르시아인은 필리페 백작의 죽음에 에릭이 개입되었음을 알아챈다.

그때쯤 에릭이 그를 찾아온다. 에릭은 자신이 죽어가고 있으며 크리스틴이 자신에게 입맞춤을 허락한 유일한 여인이었음을 고백한다. 에릭은 자신의 아픈 과거를 들려준다. 어려서부터 기형으로 태어난 에릭에게는 아무도 키스를 허락하지 않았으며 어머니마저도 그에게 가면을 던져주었을 뿐이다.

크리스틴의 키스에 감동한 에릭은 그녀의 사랑을 위해 라울을 풀어주고 자신의 사랑을 간직해줄 것을 부탁하며 반지를 준다. 그리고 자신은 곧 죽을 것이며, 그 소식이 전해지거든 약속된 장소에 반지와 함께 자신을 묻어달라고 부탁한다. 그 후 얼마 지나지 않아 한 신문의 귀퉁이에 한 줄의 부고가 실린다. '에릭 사망.'

에필로그에서 밝혀지는 바에 따르면, 루앙 근처 벽돌공의 아들로 태어난 에릭은 괴이한 형상으로 태어나 모두에게 버림을 받았다. 끔찍한 구경거리였으나, 유라시아 대륙을 여행할 때는 이미 뛰어난 음악가였다. 또한 복화술과 마술을 연습했고, 페르시아에서는 비밀 통로와 통풍구의 설계에 뛰어난 건축가가 되었다.

르루는 자신이 에릭의 유골을 지하실에서 발견했다는 말로 끝을 맺는다. 유골이 흉측해서 알아본 것은 아니었다. 흉측한 육체나 그렇지 않은 육체도 썩으면 모두 똑같지만, 그의 손가락에는 크리스틴 다에가 끼워준 반지가 빛나고 있었던 것이다.

드림팀 탄생

로이드 웨버는 해마다 6월이면 시드먼턴(Sydmonton)에 있는 자신의 집에서 음악 페스티벌을 열어 자신이 작곡한 곡들을 미리 선보였는데, 1985년에는 「오페라의 유령」 1막 초안을 연주하였다. 초안의 가사는 「스타라이트 익스프레스」에서 가사를 담당했던 리처드 스틸고어(Richard Stilgoe)가 작업했다. 콤 윌킨슨(Colm Wilkinson)이 팬텀 역을, 세라 브라이트먼이 크리스틴 역을 맡아 시연을 보였다.

영국 국립 오페라나 로열 셰익스피어 컴퍼니*와 함께 작업하던 무대 디자이너 마리아 비요른슨(Maria Björnson)이 로이드 웨버의 영지에 있는 작은 예배당에 무대를 만들었다. 천과 휘장을 사용해 감성적인 분위기를 이끌어내는 데 성공한 그녀는 상업적인 무대를 위해 일해본 적이 없는 인재였다. 재기발랄한 그녀는 샹들리에가 떨어지는 장면을 멋지게 연출해 많은 사람들의 관심과 호응을 불러일으켰다. 비록 공연의 초안을 선보이는 자리였지만, 그날의 음악 축제는 「오페라의 유령」이 아주 로맨틱한 뮤지컬이 될 수 있다는 가능성을 보여주었다.

시드먼턴 공연을 통해 「오페라의 유령」 제작에 확신을 얻은 로이드 웨버는 해럴드 프린스(Harlod Prince)야말로 이 작품에 꼭 맞는 연출자라고 믿어 의심치 않았다. 1950년대 이후 「파자마 게임」, 「웨스트사이드 스토리」, 「지붕 위의 바이올린」, 「카바

로열 셰익스피어 컴퍼니
Royal Shakespeare Company
세계적으로 유명한 영국의 극단. 1961년부터 지금의 이름을 사용하고 있는데, 그 근원은 1875년까지 올라간다.

47

레」 그리고 팀 라이스, 로이드 웨버와 함께 작업한 「에비타」 등 수많은 뮤지컬을 제작 또는 연출한 풍부한 그의 경험은 자신이 표현하고자 하는 특별한 로맨스를 구현해내리라 믿었던 것이 다. 1985년 7월 로이드 웨버는 토니 상 시상식에서 해럴드 프린스를 만나 「오페라의 유령」에 대해 이야기했으며, 그는 마침 로맨틱 뮤지컬을 구상 중이었다면서 흔쾌히 승낙했다.

이리하여 「오페라의 유령」 드림팀이 탄생했다. 로이드 웨버, 카메론 매킨토시, 해럴드 프린스 그리고 마리아 비요른슨이 원작 소설을 읽어가며 제작 회의를 발전시켜나갔다. 회의를 거치면서 팬텀의 마술 가방을 묘사할 수 있는 간단한 검정 에나멜 가방이 필요하다는 것까지 의견을 나누며 그들만의 색깔로 살아 있는 팬텀을 탄생시켰다.

그들은 빅토리아 극장의 소품들을 알아보고 이용 목록을 만드는 한편, 극의 심리적인 토대를 세워줄 시각적 메타포를 찾기 위해 BBC의 '더 스킨 호스'(The Skin Horse)라는 45분짜리 다큐멘터리를 함께 보았다. 장애인들과의 인터뷰를 다룬 다큐멘터리로, 사지가 마비되거나 복합 경화증으로 언어 장애를 겪는 사람의 발음은 자막으로 처리되어 있었다. 수면제 과다복용자의 희생자로 손발이 없이 태어난 여성도 있었는데, 경화증으로 인한 심각한 장애가 있는 그녀의 남자 친구와의 인터뷰에서는 고전 영화 「프릭스」(1932)와 「엘리펀트 맨」(1980)에서 여배우가 키스하는 유명한 장면을 부분적으로 비쳐주었다.

해럴드 프린스는 이 다큐멘터리를 보고 아이디어를 얻어 장애 때문에 왜곡된 팬텀의 인간성과 더불어 팬텀의 정상적인 성적 관심과 낭만적인 충돌을 강조하자는 제안을 내놓는다.

작업을 진척시키기 위한 여행도 빈번해졌다. 해럴드 프린스

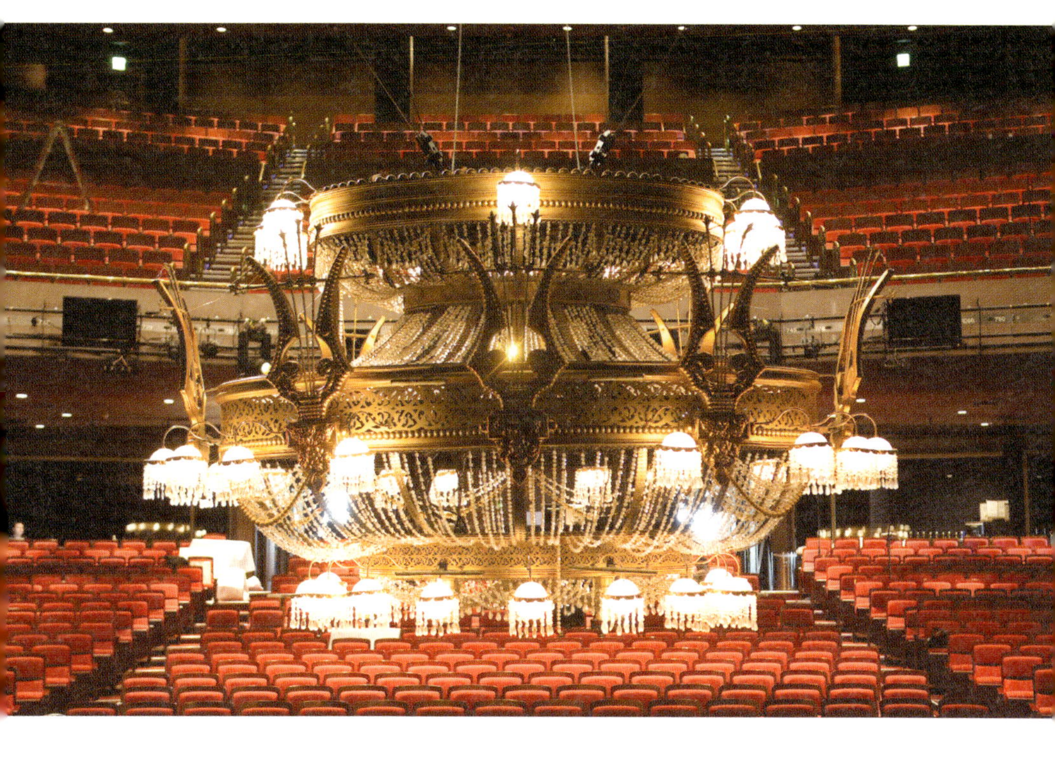

철근 골조에 화이버 글라스로 제작한 샹들리에의 무게는 1톤에 달한다.
샹들리에의 유리 장식은 방화 플라스틱으로 만들었는데,
세 명의 디자이너가 모든 조각 하나하나를 손으로 장식하며 3주 동안 만들었다.

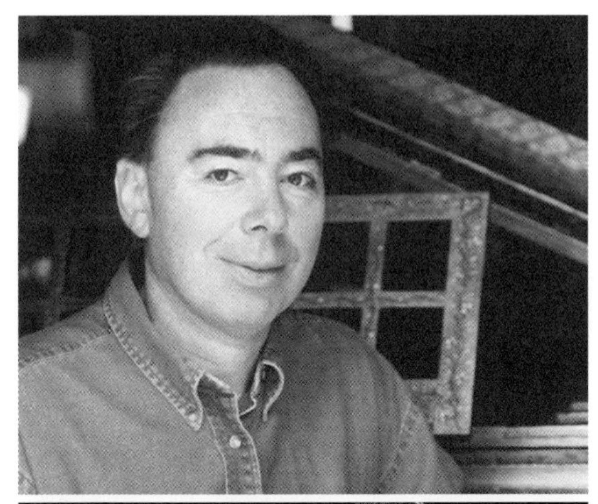

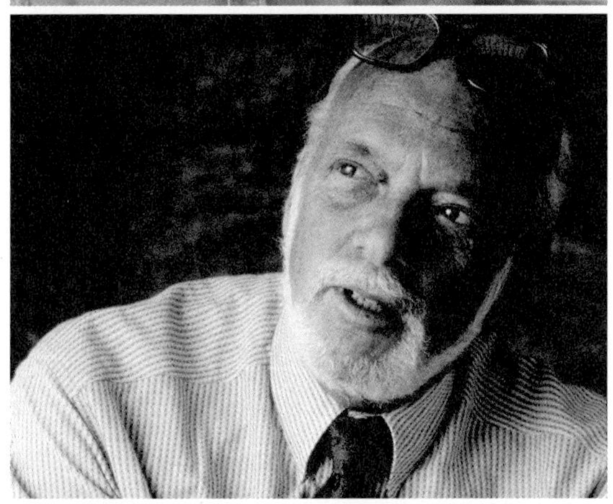

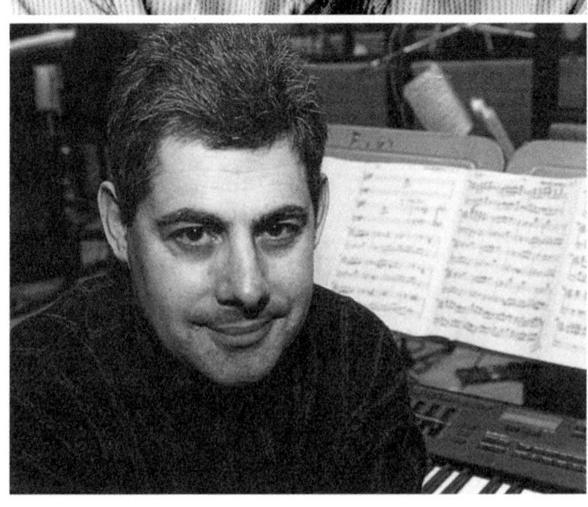

「오페라의 유령」의
작곡가 앤드루 로이드 웨버,
연출가 해럴드 프린스,
프로듀서 카메론 매킨토시
(위부터).

50

는 파리로 여행을 떠나 오페라 하우스의 지하 호수에서 꼭대기 첨탑까지를 오르내리며 많은 시간을 보냈다. 손잡이도 없는 좁은 통로를 따라 걷기도 하고, 높은 지붕 위에 올라가 아래를 내려다보기도 했다. 마리아 비요른슨 역시 그녀의 조수와 함께 답사길에 올라 세트 디자인에 참고할 수백 장의 폴라로이드 사진을 찍으며 모험을 강행했다. 「캣츠」 호주 공연 개막식에 참석한 로이드 웨버는 2막 구상을 위해 배리어 리프(Barrier Reef)에서 한참을 더 들어가야 하는 한적한 섬으로 가서 작품 구상에 매달렸다. 닷새 만에 4.5킬로그램 가까이 불어난 체중으로 그가 2막을 완성하고 돌아오는 길에 이륙하던 헬기가 추락하는 사고를 당하지만 다행히 인명 피해는 없었다. 사고는 그에게 오히려 떨어지는 샹들리에의 느낌을 어떻게 담아낼 것인가를 구상할 수 있는 계기를 마련해주었다.

제작을 순조롭게 하기 위해 로이드 웨버는 원작의 스토리를 요약할 수 있는 뮤직 비디오를 제작하기로 결심했다. 연출은 켄 러셀(Ken Russell)이 맡았고, 록 그룹 코크니 레벨의 리드 싱어 스티브 할리(Steve Harley)가 팬텀을 연기했다. 특별히 가사를 다시 쓴 아리아 '더 팬텀 오브 디 오페라'(The Phantom of The Opera)는 록의 선율을 따랐으며, 싱글 차트 7위에까지 올랐다.

작품의 나머지 부분을 위한 곡을 쓰고 마지막 장면을 결정하는 순간, 로이드 웨버는 리처드 스틸고어와 함께 원작 소설의 내용을 이어줄 또 다른 작사가를 찾아야만 했다. 리처드 스틸고어도 재능 있는 작사가였지만, 로이드 웨버는 지금까지의 작업 과정에서 나오지 않은 새로운 것이 필요하다고 판단했기 때문이다. 로이드 웨버는 오랜 친구인 앨런 제이 러너*에게 도움을 청했다. 그는 음악과 내용을 들은 후 감탄과 함께 통찰력 있는 비판을 내놓으며 의욕을 보였지만, 얼마 후 암으로 세상을 떠나고 말았다. 로이드 웨버는 친구이자 「에비타」에서 함께 작업했던 팀 라이스에게 작사를 요청했지만, 그는 1986년 5월 개막을 앞둔 새로운 뮤지컬 「체스」를 준비 중이라 동참할 수 없었다.

1986년 4월, 오랜 토론 끝에 로이드 웨버와 카메론 매킨토시는 '비비언 엘리스 뮤지컬 작사가 대회'에서 눈여겨보았던 재능 있는 신인 작사가를 만나보기로 했다. 경험 없는 스물다섯 살의 찰스 하트(Charles Hart)는 소설의 심도 있는 로맨스를 무리 없이 이해하고 받아들였다. 한 여인이 세 남자, 즉 팬텀, 죽은 아버지, 좋은 가문의 연인 라울에게 이끌려 다니는 상황의 특별한 구도에도 호감을 보였다. 그는 로이드 웨버와 프로듀서 카메론 매킨토시의 후광에 힘입어 뉴욕 맨해튼 빌딩 사무실에서 몇 달 동안 혼자 노랫말을 써나간 끝에, 최고의 작품에 걸맞은 결과를 내놓게 된다. 그는 3개월 만에 모든 가사를 완성했다. 경험은 부족했지만 로이드 웨버의 멜로디에 어울리는 날카롭고 적절한 단어를 구사할 줄 아는 재주가 있었기에 그는 마침내 「오페라의 유령」의 작사가로 채택되었다.

로이드 웨버의 부탁으로 안무가 질리언 린(Gillian Lynne)이 뮤지컬 무대와 안무 구성을 위해 뒤늦게 드림팀에 합류했다. 그녀는 새들러스 웰스 발레단(Sadler's Wells Ballet)의 리딩 솔로이자 런던 팰러디움 극장의 주연 댄서였다. 뛰어난 안무 능력으로 영국 재즈댄스 발전에 기여한 인물로 평가받는 질리언 린은 해럴드 프린스와의 작업에서도 연출자를 돕는 이상의 역할을 수행했다. 맡은 일 이상으로 능력이 출중했던 질리언 린의 손길을 거치면서 애초 춤의 비중이 많지 않았던 「오페라의 유령」은 점점 볼거리가 풍성한 뮤지컬이 되어갔다.

앤드루 로이드 웨버의 「오페라의 유령」과는 다른 팬텀 이야기를 다룬 몇 개의 「오페라의 유령」 가운데 흥미로운 작품이 있다. 작곡가 모리 예스턴(Maury Yeston)과 극작가 아서 코핏(Arthur Kopit)에 의해 완성된 뮤지컬 「오페라의 유령」은 중심 인물 간의 갈등 구조와 사건의 개연성을 명확하게 그려냄으로써 관객들로 하여금 '가면 속의 남자' 유령을 더욱 이해하고 애정을 느끼게 만들었다.

1982년 토니 상 최우수 뮤지컬 상을 받은 뮤지컬 「나인」(NINE)의 모리 예스턴과 아서 코핏은 이듬해인 1983

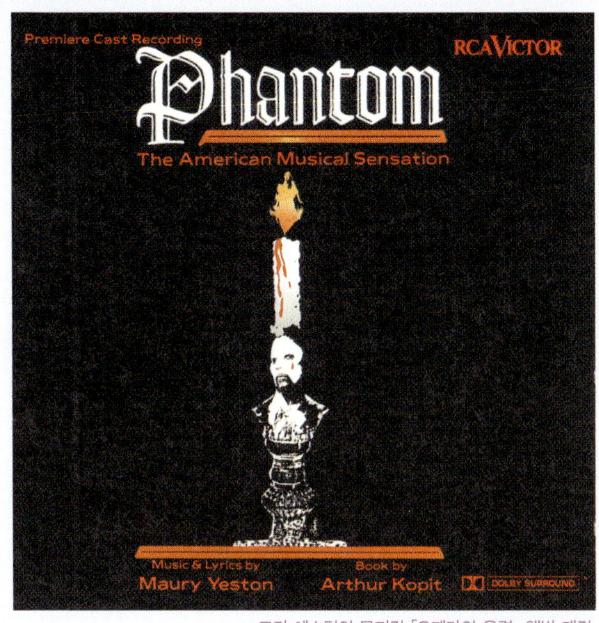

모리 예스턴의 뮤지컬 「오페라의 유령」 앨범 재킷.

년 가을, 동명의 소설 『오페라의 유령』을 바탕으로 한 뮤지컬을 계획하고 작품의 기본 작업에 들어갔다. 이때 예스턴과 코핏은 예상치 못한 소식을 접하게 되는데, 영국에서 작곡가 로이드 웨버 역시 소설 『오페라의 유령』을 뮤지컬로 제작한다는 계획을 발표했다는 것이다.

결국 로이드 웨버의 「오페라의 유령」이 런던에서 먼저 선을 보여 흥행에 큰 성공을 거두며 브로드웨이에 입성했다. 이에 반해 예스턴과 코핏의 뮤지컬 「오페라의 유령」은 투자자 유치에도 어려움을 겪으면서 공연 기회를 놓치고 말았다.

얼마 후 뉴욕에서 로이드 웨버의 「오페라의 유령」을 관람하게 된 아서 코핏은 작품의 구조나 전개방식에서 로이드 웨버의 「오페라의 유령」과 자신들의 작품이 판이하게 다르다는 사실을 확인하고 다시 한 번 희망을 품었다. 비록 동일한 소재를 바탕으로 했으나 전혀 다른 전개와 구성이라면 분명 자신들의 뮤지컬을 선호하는 관객들도 있으리라는 기대감을 가진 것이다. 사실 그들의 『오페라의 유령』은 크리스틴의 목소리가 팬텀의 어머니 목소리와 비슷하기 때문에 그가 크리스틴을 사랑하게 된다는 설정이라든가 팬텀이 아버지인 카리에르의 총에 맞아 목숨을 잃게 되는 결말 구도는 인물 간의 관계성과 스토리의 디테일을 최대한 살림으로써 로이드 웨버의 「오페라의 유령」과는 다른 매력이 있었다.

비운의 작품으로 남을 뻔한 예스턴과 코핏의 뮤지컬 「오페라의 유령」은 NBC의 2부작 TV 미니시리즈를 거쳐 작품이 계획된 지 10년 만인 1991년 1월 휴스턴의 한 극장에서 세계 초연의 꿈을 이루게 되었으며, 이후 10년 동안 미국 투어 공연을 통하여 또 다른 매력을 가진 「오페라의 유령」으로 좋은 반응을 얻었다.

다시 생명을 얻은 팬텀

모든 작품이 그렇듯이 뮤지컬 「오페라의 유령」은 뚜렷한 이유도 없이 더디게 진행되는 듯이 보였으며, 여러 가지 시도와 우여곡절을 거치면서 뮤지컬은 더욱 오페라적인 방향으로 변화해 갔다.

로이드 웨버는 뮤지컬적인 치밀한 구성이야말로 성공의 가장 중요한 요소라 믿었다. 팬텀의 내면적인 성향, 아버지를 향한 크리스틴의 애정, 유년 시절 크리스틴과 라울의 관계 등을 극의 흐름 속에 간접적으로 드러내야 했다. 원작 소설의 로맨틱한 흐름을 따라 라울과 크리스틴, 팬텀의 3중주로 뮤지컬의 대단원을 구성하도록 이야기를 바꾸었다. 이러한 결정에 따라 원작에 등장하는 인물 가운데 페르시아인, 라울의 형 등 일부 캐릭터를 없애고 극의 흐름을 세 명의 주인공에게 집중시켰다. 뮤지컬 「오페라의 유령」은 어떤 영화보다도 원작 소설과 가까운 정서를 지녔으면서도 무대 위에서의 극적인 효과를 위해 상당 부분 각색되어야 했다.

가장 오랫동안 고심한 부분은 팬텀의 마스크를 벗기는 장면이었다. 영화는 클로즈업을 통해 충격적인 효과를 연출할 수 있었지만 거대한 뮤지컬 극장에서는 살릴 수 없는 효과였다. 로이드 웨버는 크리스틴이 홀로 팬텀의 마스크를 벗기는 원작 소설과 달리 더 많은 사람들이 반응할 수 있는 적절한 공간을 만들어내기로 결심했다. 로이드 웨버는 '만일 팬텀이 크리스틴을 위해 특별히 작곡한 오페라 공연을 극중에 포함시킨다면 무대는 훨씬 더 현대적인 뮤지컬을 보여줄 수 있을 뿐 아니라 많은 인물들 앞에서, 그의 오페라 하우스 무대에서, 자신의 오페라에서, 승리의 밤이 될지도 모를 그곳에서 팬텀이 마스크를 벗는 상황을 만들 수 있을 것'이라고 생각했다.

해럴드 프린스는 팬텀과 크리스틴을 성적 끌림과 신비주의적 결합으로 연결해주었다. 호기심이 많으면서도 두려워하는 크리스틴이 팬텀의 가면을 쓰다듬는 장면을 보라. 크리스틴이 마스크를 벗은 팬텀의 얼굴에 부드럽게 키스할 때 육체적 불균형에서 느끼는 성적 매력을 인정하는 그녀의 몸짓은 극의 나머지 부분을 머릿속에 그리게 하며, 극의 클라이맥스에 이르게 하는 에로틱한 향기를 뿜어낸다. 또한 마치 전설 속 이야기처럼 그녀의 너그러움은 그녀를 사로잡고 있던 마법을 풀리게 한다. 팬텀은 크리스틴의 음악적 카운슬러며, 대리인이며, 자칭 애인이다. 그리고 팬텀에 대한 그녀의 감정은 라울에 대한 감정보다 더 로맨틱하게 흐르도록 했다.

1986년 8월 18일 「오페라의 유령」의 런던 리허설을 위해 해럴드 프린스와 질리언 린은 최고의 주역을 캐스팅했는데, 마이클 크로퍼드와 세라 브라이트먼이 바로 그들이다.

세라 브라이트먼이 폭넓은 음역으로 로이드 웨버의 음악적 영감을 더해주었다는 것은 이미 알려진 사실이지만 그녀가 애초부터 크리스틴 역에 내정되어 있었던 것은 아니다. 크리스틴은 상당히 오랜 시간 동안 음역이 아주 넓은 노래를 불러야 할 뿐만 아니라, 발레 무용수로서 매순간마다 춤을 출 수 있어야 했다. 오랜 기간 훈련을 하고 있었던 세라 브라이트먼은 다른

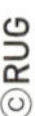

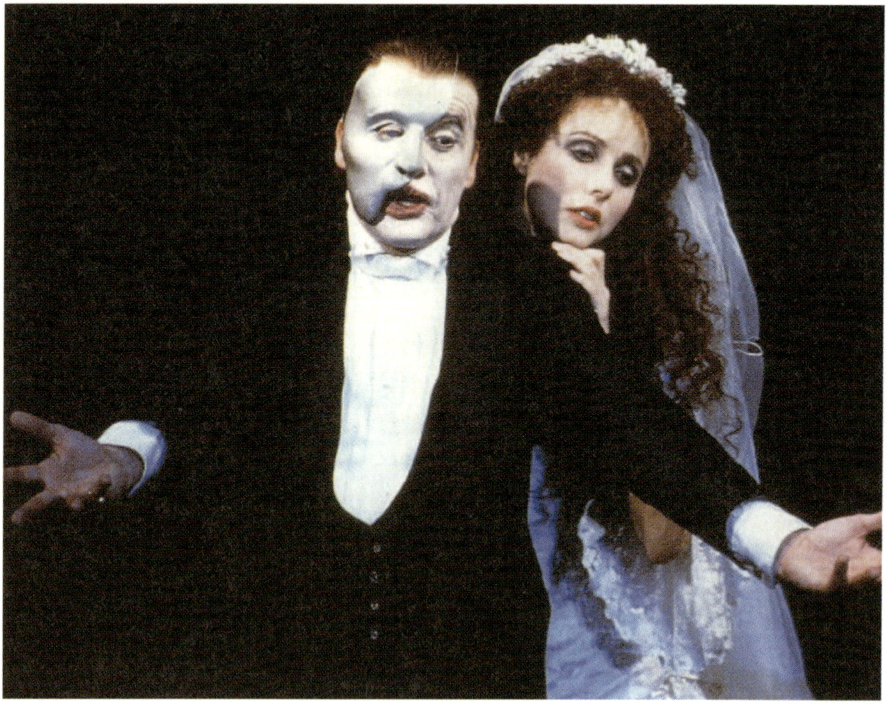

「오페라의 유령」으로 세계적인 스타가 된 마이클 크로퍼드와 세라 브라이트먼.

여배우들과 함께 오디션에 참여해 당당히 크리스틴 역에 캐스팅되었다.

마이클 크로퍼드는 우연한 기회에 팬텀 역에 캐스팅된 행운아였다. 노래 지도를 받으러 간 세라 브라이트먼을 데리러 갔던 로이드 웨버가 우연히 그의 노래를 듣고 그의 엄청난 음역에 사로잡힌 것이다. 결국 뮤직 비디오에서 팬텀 역을 맡았던 스티브 할리 대신 마이클 크로퍼드가 팬텀 역에 전격 기용되었다. 마이클 크로퍼드는 흉측한 모습의 분장과 마스크를 쓰고도 기민하게 움직일 수 있을 만큼 민첩성이 뛰어났을 뿐 아니라, 겁 없는 스턴트 연기자처럼 주저없이 관객들의 머리 위로 날아다녔으며 위험한 무대장치 사이로 솟구쳐오르는 연기도 마다하지 않았다.

라울의 역할은 질리언 린의 착상에 의해 캐스팅되었다. 서너 명의 배우가 오디션을 봤지만 적격이라고 판단되는 사람이 나타나지 않자, 그녀는 자신의 지난 작품에서 댄스 캡틴*이었던 젊은 미국인 무용수 스티브 바튼(Steve Barton)을 생각해냈다. 빈과 베를린에서 활동을 시작한 그는 질리언 린의 전화를 받고 바로 런던으로 날아와 오디션을 받았다. 그는 「새장 속의 광대」(La Cage aux Folles) 중 ‘나는 나’(I Am What I Am)를 독일어로 불렀는데, 절반쯤 불렀을 때 해럴드 프린스는 그를 팀에 합류시키기로 결정했다.

로이드 웨버는 빅토리아 시대의 극장인 팰리스 극장(Palace Theatre)에서 공연을 올리고 싶어했지만, 그곳에서는 이미 「레미제라블」의 장기 공연이 내정되어 있었다. 결국 「오페라의 유령」은 그보다 조금 작은 규모의 허 매저스티 극장(Her Majesty's Theatre) 무대에 올려졌다. 1897년 배우 매니저인 허버트 트리를 위해 지어진 이 극장은 빅토리아 시대 말기 극장 건축물의

57

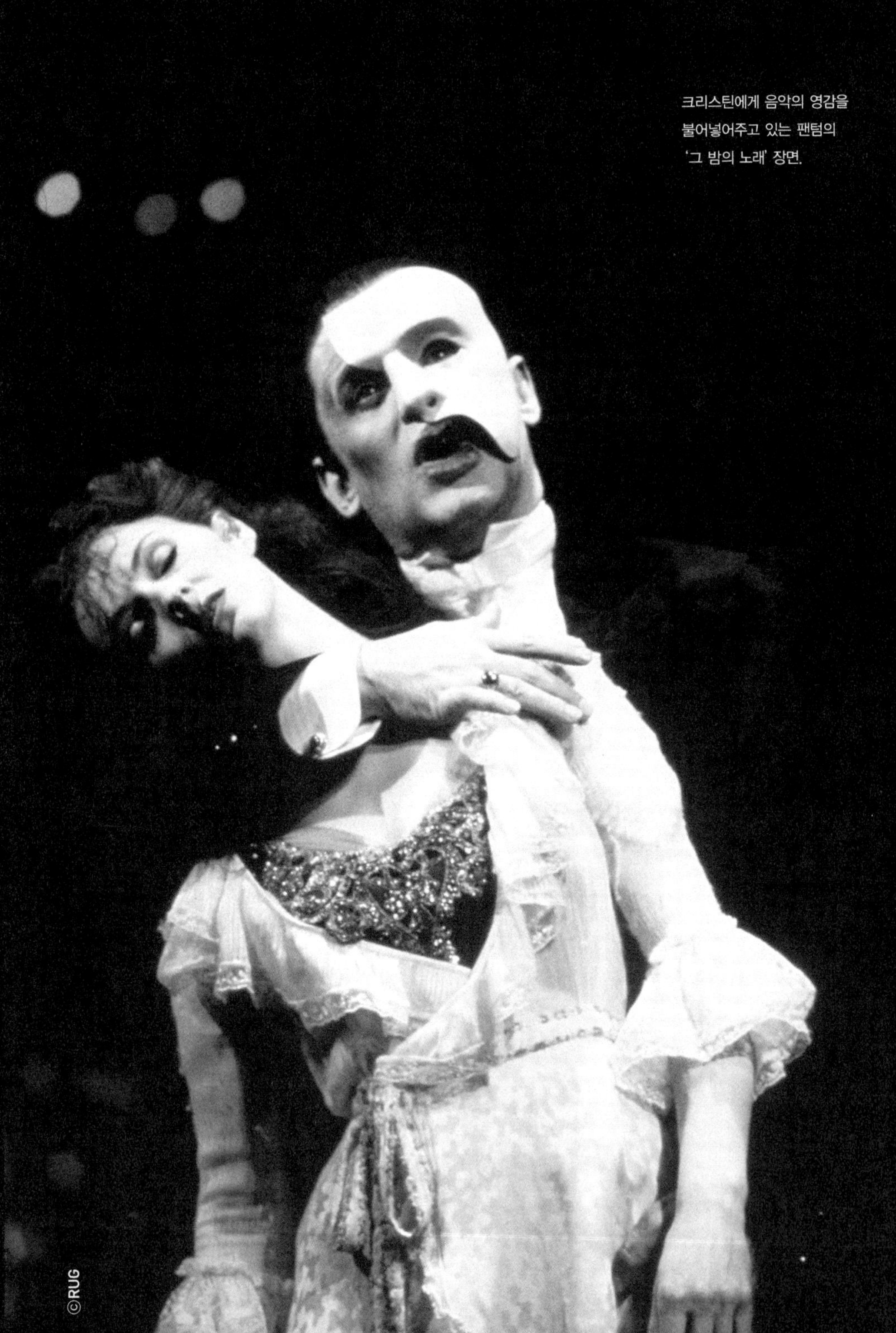

크리스틴에게 음악의 영감을
불어넣어주고 있는 팬텀의
'그 밤의 노래' 장면.

훌륭한 모범이며, 웨스트엔드에서 유일하게 무대 아래의 목조 구조가 그대로 남아 있는 공연장이었다.

첫 장면에서 무대 전체를 뒤덮고 있는 먼지 덮인 장례용 천을 거두어내면 죽어 있는 극장이 일순간 살아 숨쉬는 극장으로 변할 수 있도록 어마어마하게 큰 금장식의 프로시니엄 무대*를 구상해보라는 연출자의 의견에 따라 「오페라의 유령」의 분위기와 완벽하게 어울리는 극장 무대가 만들어졌다.

샹들리에 효과는 조심스럽게 완성되었다. 프롤로그 동안 관객들은 파리 오페라 하우스 무대에서 경매를 위해 다시 오른 부서진 유리와 청동 조각 덩어리의 낡은 샹들리에를 보게 된다. 다시 장면이 바뀌어 10년 전, 미스터리한 사건이 일어나기 전 화려하고 오색찬란한 샹들리에 아래 오페라 하우스 무대에서는 공연이 무르익고 있다. 그렇게 1막이 절정에 이르렀을 때 1톤 남짓한 샹들리에가 객석 천장에서 무대 위로 곤두박질친다. 팬텀이 자신의 감정과 분노를 표출시킨 것이다. 샹들리에는 전동 모터에 의해 끌어 올려지도록 했고 무대 위 정확한 지점으로 떨어질 때는 무대에서 두 명의 기술자가 그것을 붙잡아주도록 했다. 그러나 암전 직전 빛의 스파크를 일으켜 관객들의 시선을 순간적으로 차단함으로써 관객들이 무대 위의 기술자를 보지 못하게 했다.

1986년 10월 9일, 「오페라의 유령」의 첫 번째 공연이 시작되었다. 마이클 크로퍼드와 세라 브라이트먼의 캐스팅에 대한 염려는 첫 공연에서 눈 녹듯 말끔히 사라졌다. 그들의 이중창은 완벽했다. 크로퍼드의 부드러운 목소리와 고통스러운 몸짓은 무대 전체를 압도했고, 심지어는 무대에 있지 않을 때에도 그는 관객들의 분위기를 사로잡았다. 세라 브라이트먼 역시 작곡가

프로시니엄 무대
proscenium
무대와 객석을 구분하기
위해 액자나 틀을
가진 무대로, 막을 이용해
무대 공간을 관객으로부터
구분할 수 있는 구조다.

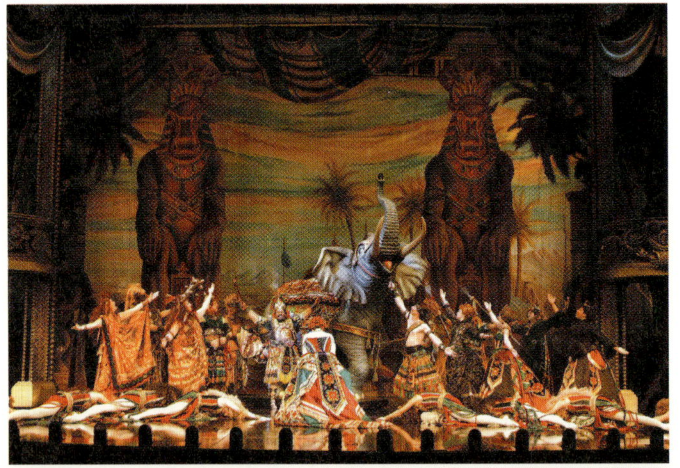

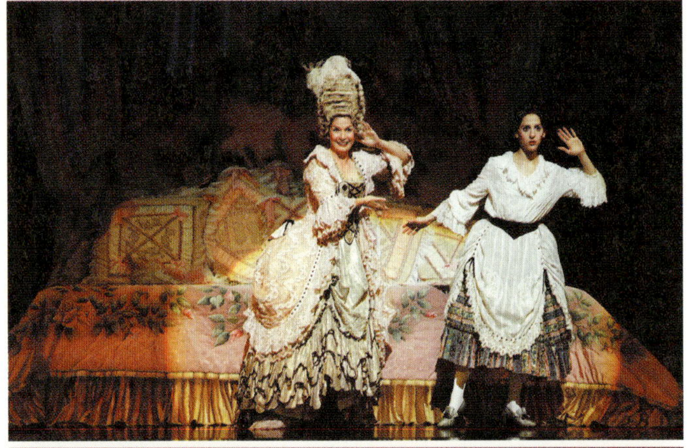

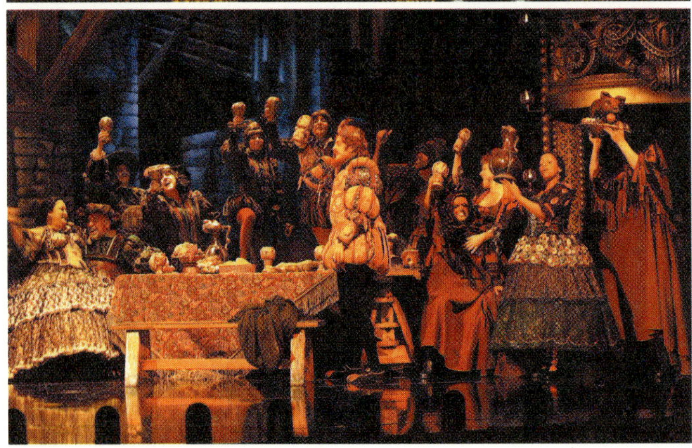

「오페라의 유령」의 재미를
더해주는 극중 오페라 장면.
「한니발」, 「일 무토」,
「돈 주앙의 승리」
(위부터).

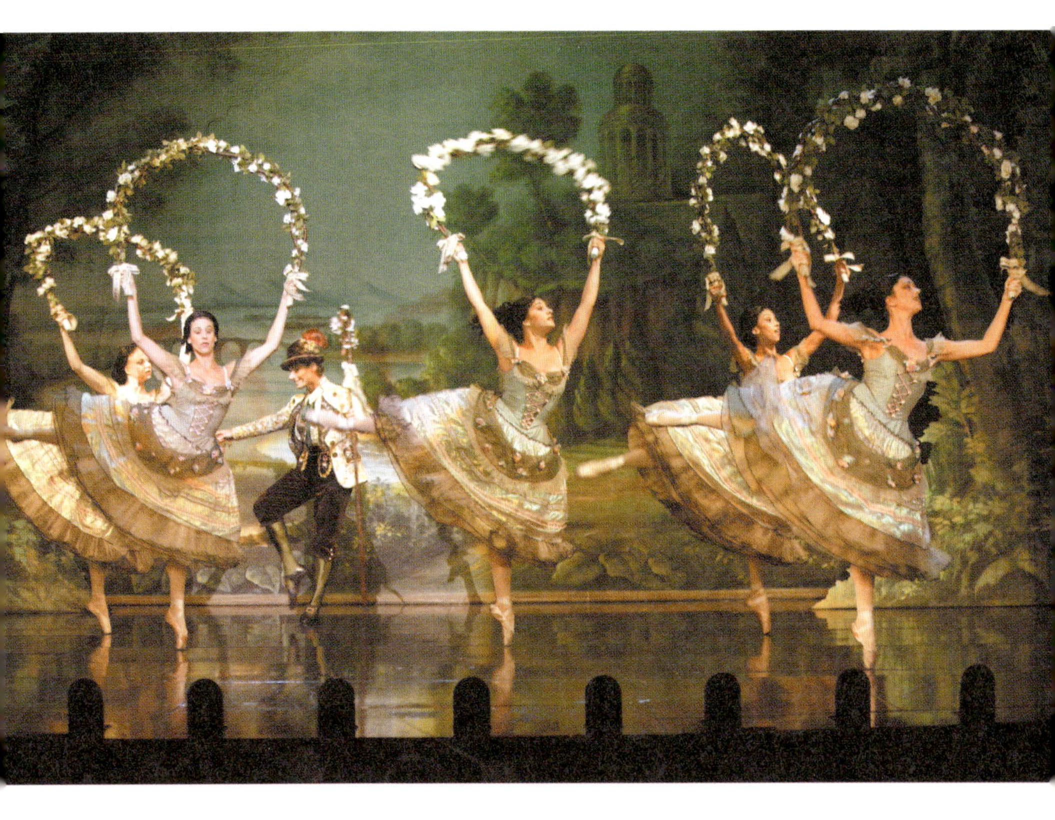

샹들리에가 떨어지기 직전인 「일 무토」 공연 중 사고가 발생하자,
3막에 등장하기로 되어 있는 발레 장면이 급하게 연출되고 있다.
1880년대의 발레 스커트와 튀튀를 그대로 재현해 관객들의 찬사를 받은 장면.

인 로이드 웨버가 그리고 싶었던 크리스틴의 모습을 부족함 없이 담아냈고, 정확하고 깨끗한 소프라노 음색으로 관객들의 귀를 황홀하게 적셔주었다. 그들은 이 작품을 통해 일약 세계적인 스타로 발돋움했으며, 영국과 미국에서도 같은 배역으로 성공을 거둔 전무후무한 예로 뮤지컬사에 남을 것이다.

로이드 웨버 역시 「오페라의 유령」을 통해 자신의 작품이 강한 흡입력을 지니면서 로맨틱하고 위트가 넘친다는 것을 증명해냈다. 특히 극 중 세 편의 오페라인 「한니발」, 크리스틴이 조역을 맡았던 「일 무토」, 현실에서는 이룰 수 없었던 음악에 대한 꿈과 크리스틴을 향한 욕망을 드러낸 「돈 주앙의 승리」의 단편들은 천재적인 그의 음악성을 드러내기에 충분했다.

질리언 린의 안무는 마리 탈리오니(Marie Taglioni), 파니 체리토(Fanny Cerrito), 루실 그란(Lucile Grahn), 카를로타 그리시(Carlotta Grisi)가 공연한 「4인무」(Pas de Quatre)의 가장 유명한 석판화에서 보이는 것처럼, 오늘날 무대에서 재현되는 것과는 현저히 다른 느낌이었다. 팔을 몸의 앞쪽으로 뻗고, 다리는 과장되게 높이 들지 않으면서 몸통을 앞으로 기울이는 등 오늘날 러시아 발레에서 발견되는 무리한 다리 사용을 피하면서 1880년대의 춤 스타일을 그대로 담아내어 박수를 받았다. 마리아 비요른슨의 의상 역시 1880년대의 발레 스커트와 튀튀*를 그대로 옮겨놓은 듯했다. 관객들은 드가 스타일의 자태에 찬사를 아끼지 않았다. 첫 공연을 무사히 끝낸 무대 위의 스태프들은 앞으로의 순조로운 공연을 위해 다시 한 번 화합하여 무대를 점검했다. 허 매저스티 극장의 무대 옆 공간은 점점 비좁아졌고, 공연을 위한 요구가 더 이상 나오지 않을 때까지 무대는 조심스럽게 변화되고 조밀하게 채워졌다.

튀튀 tutu
발레를 할 때 여성 무용수들이 입는 의상. 4~5겹의 비단이나 나일론 소재의 주름치마로, 매끄럽고 몸에 꼭 맞는 상의에 부착한다.

「오페라의 유령」의 성공적인 무대는 18개월 후 브로드웨이에서도 그 진가를 발휘했다. 무대 구조는 허 매저스티 극장을 그대로 옮겨놓은 듯했고, 런던에서 사용된 샹들리에보다 좀 더 위용을 자랑하는 샹들리에와 화려한 프로시니엄 무대가 사용되었다. 1988년 겨울 뉴욕은 '팬텀 신드롬'에 휩싸이기 시작했으며, 1월 26일 첫 공연은 브로드웨이의 전설이 되었다.

뮤지컬의 흥행은 누구도 예측할 수 없는 것이어서 아무리 작품성이 뛰어나도 조기에 막을 내리는가 하면, 비평가들에게 그리 후한 점수를 받지 못하면서도 관객들의 열렬한 환호를 받으며 십수 년 넘게 롱런하는 뮤지컬도 있다.

「오페라의 유령」은 비평가들의 외면 속에서도 순조로운 출발을 했다. 무대예술의 진수라고 불릴 만큼 마음을 울리는 주옥같은 음악과 드라마틱한 러브 스토리, 철저한 고증을 거친 화려한 의상, 기발한 특수효과 등 다양한 볼거리로 관객의 눈과 귀를 사로잡는다. 화려한 오페라의 한 장면을 연상케 하는 황금빛 장식과 무대의상들, 거대한 계단 세트에서 파리의 하수구 밑 음침한 지하 세계에 이르기까지 「오페라의 유령」은 뮤지컬이 무대라는 제한된 공간을 얼마만큼 무궁무진하게 변화시킬 수 있는지를 보여주는 작품이었다. 로이드 웨버의 아이디어에서 출발한 뮤지컬 「오페라의 유령」은 다시 소설로도 영화로도 새롭게 만들어질 만큼 문화적·산업적으로 큰 여파를 몰고왔다.

1986년 런던 올리비에 상[*] 2개 부문(최우수 작품, 최우수 연기), 1988년 뉴욕 토니 상[**] 7개 부문(최우수 작품, 최우수 남우, 여우 조연, 연출상, 무대 디자인, 의상 디자인, 조명 디자인)을 비롯해 1988년 드라마 데스크 상[***] 7개 부문 등 전 세계 50여 개의 주요 상을 석권했다.

경매가 한창 진행되고 있는 1911년 파리의 오페라 하우스. 70세 노인이 된 라울은 휠체어에 앉아 포스터와 뮤직 박스를 구입하고 있다. 경매인에 의해 소개되는 오페라 하우스의 샹들리에. 라울은 오페라의 유령과 관련된 지난 시절을 회상하고, 관객들은 한 줄기 섬광과 함께 오페라가 절정에 달했던 파리 의 그 시절로 머나먼 여행을 떠난다.

1막

오페라 「한니발」의 리허설 현장. 새로운 극장주 피르맹과 앙드레가 소개된다. 프리마돈나 칼롯타가 노래에 한창 열중하던 바로 그 순간, 갑자기 무대장치가 떨어져 거의 목숨을 잃을 뻔한 사고가 발생한다. 사람들은 모두 오페라의 유령이 한 짓이라며 수군대기 시작하고, 화가 난 칼롯타는 더 이상 노래하기를 거부한다.

마담 지리의 딸 맥 지리가 자신의 절친한 친구 크리스틴 다에를 칼롯타 대역으로 추천한다. 코앞에 닥친 공연 날짜 때문에 선택의 여지가 없었던 신참 극장주들은 그녀에게 오디션 기회를 주는데, 크리스틴은 이 역할을 멋지게 소화한다. 그동안 정체불명의 스승에게서 레슨을 받아왔던 크리스틴은 오페라 무대에서 큰 성공을 거두게 되고 오페라의 후원자인 귀족 청년 라울은 어린 시절 자신의 친구였던 크리스틴을 한눈에 알아보고 분장실을 찾는다.

크리스틴을 저녁 식사에 초대하는 라울. 그러나 크리스틴은 자신을 이제껏 지도해준 '음악의 천사'가 매우 엄격하기 때문에 함께 갈 수가 없다고 말한다. 라울이 잠시 크리스틴의 분장실을 떠난 순간에 등장한 팬텀은 크리스틴을 오페라 하우스의 지하 세계로 인도한 다. 검은 돛단배의 선수(船首)에 앉아 크리스틴은 묘한 두려움과 매력에 사로잡힌다. 낮과 밤의

구분조차 모호한 지하 세계의 어둠 속에서 팬텀은 크리스틴에게 음악을 가르쳐주겠노라고 말한다.

웨딩드레스를 입고 있는 자기 자신을 닮은 형상에 놀라 순간적으로 정신을 잃고 마는 크리스틴. 얼마 후 팬텀의 오르간 연주에 깨어난 그녀는 살며시 다가가 팬텀의 가면을 벗긴다. 흉한 몰골에 놀라는 크리스틴. 팬텀은 분노와 슬픔에 떨면서 자신에 대한 두려운 감정은 사랑으로도 바뀔 수 있다며 흐느끼고, 크리스틴은 그런 그에게 연민의 정을 느낀다.

크리스틴의 실종으로 오페라 하우스는 혼란에 빠져 있다. 그리고 피르맹과 앙드레 두 극장주와 라울, 마담 지리, 칼롯타에게 날아온 의문의 편지. 그러나 오페라 「일 무토」의 주인공을 크리스틴에게 맡기라는 팬텀의 명령을 극장주들은 단호히 거부하고 만다. 「일 무토」 공연은 강행되었지만 무대는 온통 뒤죽박죽이 되고 만다. 칼롯타는 팬텀의 저주를 받아 공연 도중 두꺼비 소리를 내게 되고, 팬텀의 존재를 공공연히 떠들고 다니던 무대 담당자 조세프 부케는 목이 매달린 채 시체로 발견된다.

이어지는 혼란 속에 크리스틴은 라울과 함께 잠시 오페라 하우스의 지붕으로 피신한다. 이곳에서 크리스틴은 팬텀과의 괴이한 경험을 털어놓지만, 라울은 팬텀이란 존재하지 않는 환상일 뿐이라며 그녀를 달랜다. 이런 와중에 둘은 사랑을 느낀다.

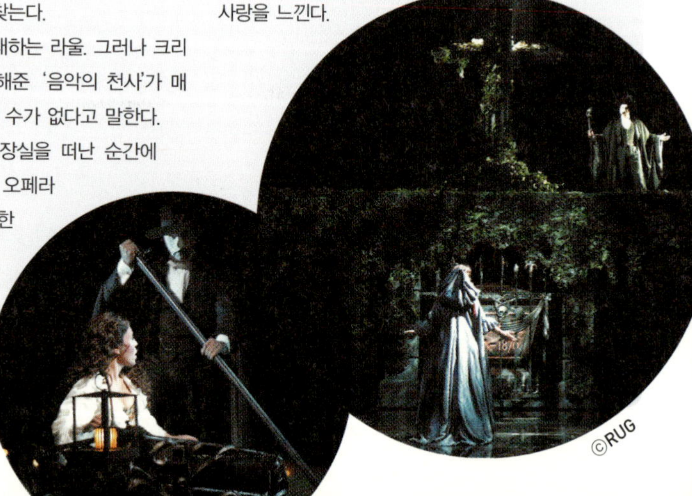

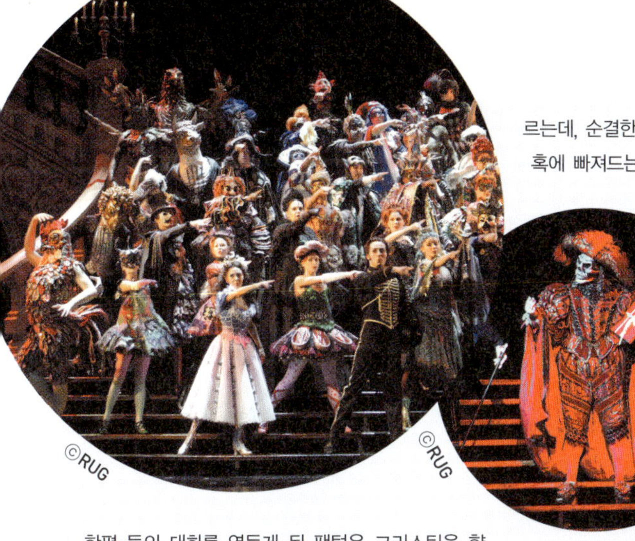

한편 둘의 대화를 엿듣게 된 팬텀은 크리스틴을 향한 사랑과 질투에 복수를 다짐한다. 이성을 잃은 팬텀은 결국 「일 무토」의 마지막 커튼콜에서 극장 천장의 샹들리에를 떨어뜨려 산산조각을 내버린다.

2막

유령 소동이 있고 6개월 동안 오페라 하우스는 문을 닫는다. 그러자 그동안 팬텀은 거짓말처럼 사라졌고, 이에 고무된 앙드레와 피르맹은 가면무도회를 열어 오페라 하우스의 재개관을 축하한다. 그사이 크리스틴과 라울은 남몰래 비밀 약혼을 한다.

가면무도회가 무르익을 무렵, 뜻하지 않은 불청객이 나타난다. 가면을 쓴 무리 속에서 팬텀이 나타난 것이다. 소스라치게 놀라는 사람들에게 팬텀은 자신이 작곡한 오페라 「돈 주앙의 승리」를 내놓는다. 팬텀은 자신의 작품을 오페라 하우스의 재개막 공연으로 올리라는 협박을 하고는 홀연히 사라져버린다.

라울은 팬텀이 만든 오페라가 공연될 경우 팬텀이 무대에 등장하리라 간파하고, 이 기회에 그를 사로잡을 계획을 꾸민다. 크리스틴은 두렵지만 마지못해 이 제안을 받아들인다. 칼롯타를 비롯한 다른 출연자의 불만이 높았지만, 아무도 없는데 피아노가 저절로 반주를 하는 등 괴이한 현상이 잇따르자 두려운 마음에 아무도 반대 의견을 내놓지 못한다.

「돈 주앙의 승리」는 삼엄한 경비 속에 무대에 오르는데, 순결한 처녀 아민타가 호색한 돈 주앙의 유혹에 빠져드는 장면에 이르렀을 때 크리스틴은 남자 주인공 역의 피앙지 대신 상대가 어느새 팬텀으로 바뀌었음을 느낀다. 극의 절정에서 크리스틴은 돈 주앙의 망토를 젖혀 팬텀이 무대에 나타난 것을 알린다. 그러나 라울은 팬텀이 크리스틴에게 너무 근접해 있어 그녀가 다칠 것을 우려해 경관들의 급습을 제지한다. 긴장의 순간, 팬텀은 크리스틴에게 사랑을 고백한다. 그러나 그녀는 팬텀의 가면마저 벗겨버린다. 이때 무대 한쪽에서 목이 매달린 채 살해당한 피앙지가 발견되자, 그 혼란을 틈타 크리스틴을 납치한 팬텀은 자신의 지하 은신처로 달아난다.

팬텀의 만행에 분노한 군중이 그를 잡으러 지하 세계로 몰려가는데, 팬텀의 은신처에 가장 먼저 다다른 것은 라울이었다. 흥분한 라울은 팬텀이 자기 뒤로 다가서는 것을 눈치채지 못하고, 팬텀이 사람을 죽일 때 쓰는 마법의 밧줄에 목이 매달리고 만다. 팬텀은 크리스틴에게 자신과 영원히 같이 살든지 아니면 라울의 죽음을 선택하라고 요구한다.

외모는 흉측하지만 순수한 영혼을 지닌 팬텀의 존재를 이해하게 된 크리스틴은 팬텀에게 다가가 키스를 한다. 그러나 크리스틴을 너무도 사랑했던 팬텀은 그녀를 차마 안아보지도 못하고 라울을 풀어준다.

이윽고 자신을 사로잡기 위해 군중이 점점 다가오자 팬텀은 라울과 크리스틴에게 자신을 남겨둔 채 떠날 것을 요구한다. 멀어져가는 돛단배를 바라보며 팬텀은 크리스틴의 이름을 슬프게 읊조린다. 마침내 사람들이 팬텀의 은신처에 다다랐을 때 그곳에 남아 있는 것은 팬텀의 하얀 가면뿐이었다. 그 뒤로 아무도 그를 다시 보지 못했다.

「오페라의 유령」을 만든 크리에이티브 팀

작곡가 앤드루 로이드 웨버 Andrew Lloyd Webber

1948년 영국의 음악가 집안에서 태어난 앤드루 로이드 웨버는 음악적인 분위기에서 자라났다. 작곡가이자 런던 음악대학의 이사이며 왕립 음악대학의 교수인 아버지와 피아노 교사였던 어머니에게서 재능과 기질을 물려받은 그는 일찍부터 예술가적인 면모를 드러냈다. 그의 재능은 다방면으로 분출되었는데, 여덟 살 되던 해 집 안에 마련한 모형 극장에다 뮤지컬 무대를 형상화한 에피소드가 유명하다. 동생 줄리언과 함께 음악에 심취하여 프렌치호른·바이올린·피아노 등을 연주했으며, 아홉 살이 되던 해에는 자작곡 모음집을 출판하기도 했다. 특히 연극 배우였던 숙모의 영향으로 일찍이 무대 음악에 남다른 조예를 펼쳐 보일 수 있는 기회를 얻게 되었다.

로이드 웨버는 런던의 웨스트민스터 스쿨을 졸업한 뒤 옥스퍼드 대학에 들어가 인문학을 공부하다가 1년 뒤에 왕립 음악대학에 편입해 클래식 음악을 공부한다. 1965년에는 재학 중 첫 작품으로 음악극 「우리들의 유사함」을 작곡한다. 가사는 당시 레코드 제작자였던 팀 라이스가 맡았다. 그 후 로이드 웨버는 팀 라이스와 뮤지컬 콤비를 이루어 1967년 「요셉과 놀라운 색동옷」을 런던의 성 바울 합창단을 통해 발표한다. 평단의 호평을 얻어 웨스트민스터 센트럴 홀에서 콘서트 형식으로 다시 무대에 오른 이 작품은 1976년 브로드웨이 무대에서도 공연되었으며, 1982년에는 토니 상에 노미네이트되기도 했다. 요셉과 그의 형제들의 일대기를 담은 이 작품은 칼립소 쇼,* 컨트리, 로큰롤 등을 혼합한 다양한 음악을 선보인 공연이었다. 로이드 웨버는 이 작품을 통해 대중음악과 클래식이 자연스럽게 조화를 이룰 수 있다는 사실을 많은 사람들에게 알렸다.

록 음악의 전성기였던 1970년대에 로이드 웨버와 팀 라이스는 록 오페라 「지저스 크라이스트 슈퍼스타」를 완성한다. 로이드 웨버의 나이 22세, 팀 라이스는 25세였다. 기존의 뮤지컬 음악 장르와는 사뭇 다른 록 음악의 록 오페라는 관객에게 좋은 반응을 얻었지만, 한편으로는 보수적인 기독교인의 곱지 않은 시선을 받기도 한다.

첫 데뷔작치고는 20개월 장기 공연이라는 좋은 흥행 성적을 거두지만, 로이드 웨버는 공연이 끝난 후 공연에 대한 많은 아쉬움을 품게 된다. 프리뷰 기간 동안 음악 연습을 충분히 하지 못한 점, 프로덕션의 완성도가 만족스럽지 못한 점 때문이었다. 해럴드 프린스와 리처드 로저스를 우상으로 생각하고 있던 그는 「지저스 크라이스트 슈퍼스타」의 초연부터 해럴드 프린스가 참여하지 못한 것을 못내 아쉬워했다. 안타깝게도 1970년 로이드 웨버가 다른 제작사와 계약을 맺고 얼마 지나지 않아 해럴드 프린스에게서 연락이 왔던 것이다. 해럴드 프린스는 그의 부모에게 「지저스 크라이스트 슈퍼스타」를 제작하고 싶다는 의사를 전했지만 기회를 얻지 못했다. 당시 스물두 살이었던 로이드 웨버 대신 부모가 계약에 관여하고 있었기 때문이다.

1971년 로이드 웨버가 탄생시킨 「지저스 크라이스트 슈퍼스타」는 결국 염원하던 브로드웨이 무대에서 첫 공연을 하게 되었

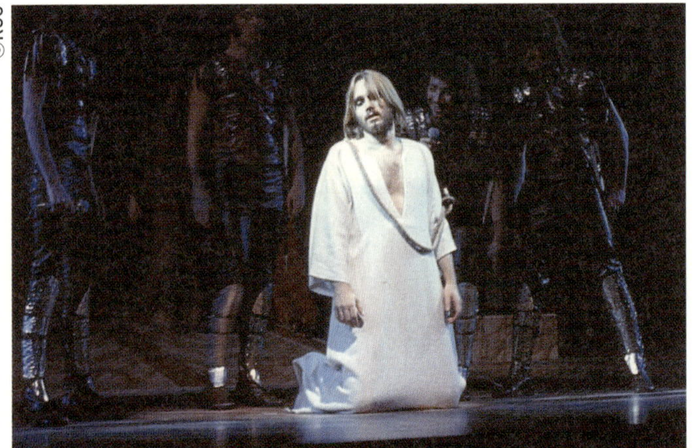

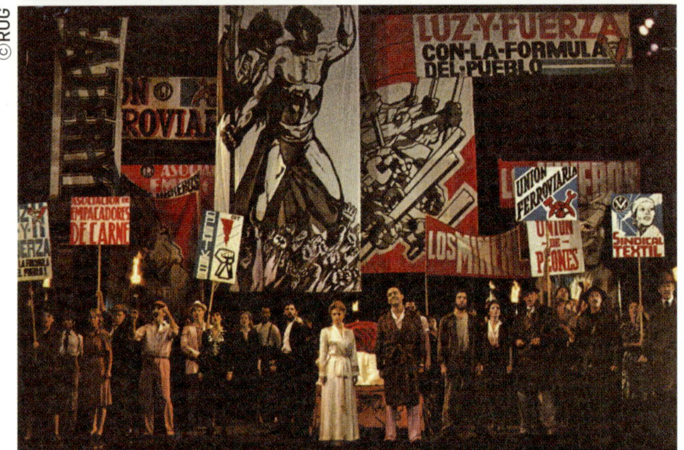

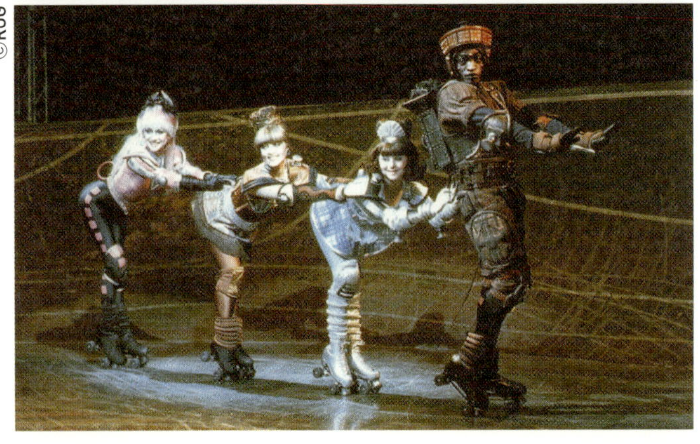

로이드 웨버의 데뷔작
「지저스 크라이스트 슈퍼스타」,
토니 상 7개 부문을
휩쓴 「에비타」,
롤러스케이트를 타고 객석을
누비는 세계의 기차 이야기
「스타라이트 익스프레스」
(위부터).

다. 음반으로 먼저 출시되어 판매고를 올리던 작품이 뮤지컬로 재탄생되어 더욱 많은 대중의 관심을 끌었다. 한편 「지저스 크라이스트 슈퍼스타」 초연 이후 프로덕션에 실망한 로이드 웨버는 자신의 프로덕션 컴퍼니를 만들 결심을 하게 된다.

1978년 서른 살이 된 로이드 웨버는 뮤지컬 연출의 거장 해럴드 프린스, 팀 라이스와 함께 불후의 명콤비를 이루며 「에비타」를 제작한다. 1978년 런던 공연을 거쳐 1979년 브로드웨이까지 진출한 이 작품을 통해 로이드 웨버는 자신의 음악적 기량을 유감없이 보여준다. 이 작품으로 그는 자신의 음악이 극적 전개와 인물 구축에 크게 공헌한다는 것을 증명해 보였다. 「에비타」는 로이드 웨버의 작품으로는 처음으로 최우수 작품상, 작곡상 등을 포함하여 7개 부문에서 토니 상을 받았다.

「에비타」의 호평에 힘입은 로이드 웨버는 1981년 영국인 프로듀서 매킨토시와 함께 뉴런던 극장에서 「캣츠」를 초연한다. 이 작품에서 그는 로열 셰익스피어 컴퍼니에 최연소 예술감독으로 발탁되었던 연출가 존 트레버 넌*과 작업하게 된다.

1988년 「오페라의 유령」이 브로드웨이에서 토니 상 최우수 작품상을 받으면서 로이드 웨버의 음악이 작품에 얼마나 큰 공헌을 하는지 전 세계에 알려졌다. 브로드웨이에서 가장 많은 관객을 동원하는 뮤지컬 「오페라의 유령」이 작품성과 흥행성을 모두 인정받은 것이다.

「캣츠」 공연에 출연했던 세라 브라이트먼에게 매료된 그는 「오페라의 유령」이 자신의 이야기라도 되듯 팬텀이 크리스틴을 사로잡는 음악에 온 열정을 쏟았다. 전력투구하며 영감을 쏟아 낸 로이드 웨버는 두 번째 아내가 된 세라 브라이트먼이 브로드웨이 무대에 크리스틴 역으로 캐스팅되면서 갈등을 겪기도 했다. 뉴욕 배우노조가 세라 브라이트먼은 크리스틴 역으로 어울리지 않는다며 반대하고 나선 것이다. 그러나 세라 브라이트먼은 로이드 웨버의 아내이기 이전에 배역에 어울리는 캐릭터를 찾기 위해 노력을 게을리하지 않았던, 능력 있고 성실한 배우였다. 로이드 웨버의 부인으로서 세라 브라이트먼은 언론으로부터 사생활을 침해받는 등 괴로움을 겪으면서도 배역과 자신을 완전히 일치시키고자 끊임없이 노력했다.

「오페라의 유령」 외에 「스타라이트 익스프레스」와 「사랑의 진상」(Aspects of Love) 등의 작품을 작곡한 로이드 웨버는 1980년대에 가장 많은 작품이 동시에 공연되는 작가로도 이름을 떨친다. 로이드 웨버가 설립한 세계적인 엔터테인먼트 기업 리얼리 유스풀 그룹*의 자회사인 리얼리 유스풀 영화사**에서 제작한 「캣츠」와 「요셉과 놀라운 색동옷」의 판매 실적도 세계적인 수준이었다.

그러나 그는 비평가들에게 악평을 받는 등 유명세를 치르기도 했다. 보수적인 음악평론가의 눈에는 뮤지컬에 대중음악을 원용하고 클래식 음악을 사용하는 것 등이 좋아 보이지 않았던 것이다. 달콤하기만 한 음악, 겉핥기식 작품이라는 등 부정적인 견해를 피력하는 이도 없지 않지만, 브로드웨이 극장가에는 아직도 그의 작품을 찾는 관객이 줄을 잇고 있다. 관객의 관심과 사랑이 로이드 웨버의 작품을 더욱 풍요롭게 할 뿐이다.

"보이지 않는 음악은 뮤지컬 음악으로 적합하지 않다"는 로이드 웨버의 말은 유명하다. 그는 장르에 구애받지 않고 여러 요소를 조화시켜 뮤지컬 음악의 세계를 넓혀나가며 극적인 음악을 만들어냈다. 음악을 통해 뮤지컬의 극적 재미를 증폭시키는 데 결정적인 역할을 한 장본인으로서 로이드 웨버의 뮤지컬

리얼리 유스풀 그룹
The Really Useful Group Ltd.
앤드루 로이드 웨버의 모든 작품을 관장하고 통합하는 기업.

리얼리 유스풀 영화사
The Really Useful Films
앤드루 로이드 웨버의 작품을 영화로 만드는 일을 담당하는 RUG의 자회사.

에 대한 공헌도는 이제 누구도 부인할 수 없게 되었다.

연출가 해럴드 프린스 Harold Prince

1928년 뉴욕 맨해튼의 유대인 가정에서 태어난 해럴드 프린스는 그가 활동한 50여 년 동안 미국 뮤지컬의 성격이 바뀌었다는 평가를 받는 뮤지컬계의 거장이다. 그는 다수의 뮤지컬 수작을 탄생시킨 공로를 인정받아 2000년 미국 대통령이 수여하는 국민예술상을 받은 바 있다.

해럴드 프린스는 극장에 가는 것이 취미였던 어머니와 월스트리트의 브로커였던 양아버지 아래에서 유년 시절을 보낸다. 그는 어머니와 함께 공연을 보러 다니던 어린 시절부터 연극에 심취하여 작가를 꿈꾸었지만 십대 후반 자신에게는 극작가로서의 능력이 부족하다는 판단을 내린다. 그러나 그 후로도 무대에 대한 미련을 떨쳐버리지 못한 그는 대본을 습작하기도 하면서 비즈니스적인 감각으로 무대를 바라보는 안목을 길렀다. 그러다 연출가 조지 애벗(George Abbott, 1887~1995)을 만나 메이저급 공연 제작사에서 일을 배우게 된다. 그는 놀랍도록 빠르게 성장하여 얼마 후 자신보다 스무 살 많은 로버트 그리피스와 공동 제작사를 꾸려나갈 정도로 뛰어난 운영 수완을 보였다.

연출가 애벗은 프린스를 브로드웨이 제작자로 입문하게 이끌어주었지만, 프린스의 눈에 비친 그의 스타일은 점점 낡은 브로드웨이 흥행 공식을 답습하는 것처럼 보였다. 이런 상황에서도 프린스는 애벗과 함께 작업하면서 관객들이 전통적인 스타일에서 어떤 즐거움을 찾는지 배울 수 있었으며, 새로운 스타일로 작업할 때도 초반 20분에 승패를 거는 전통적인 공식은 버리지 않았다.

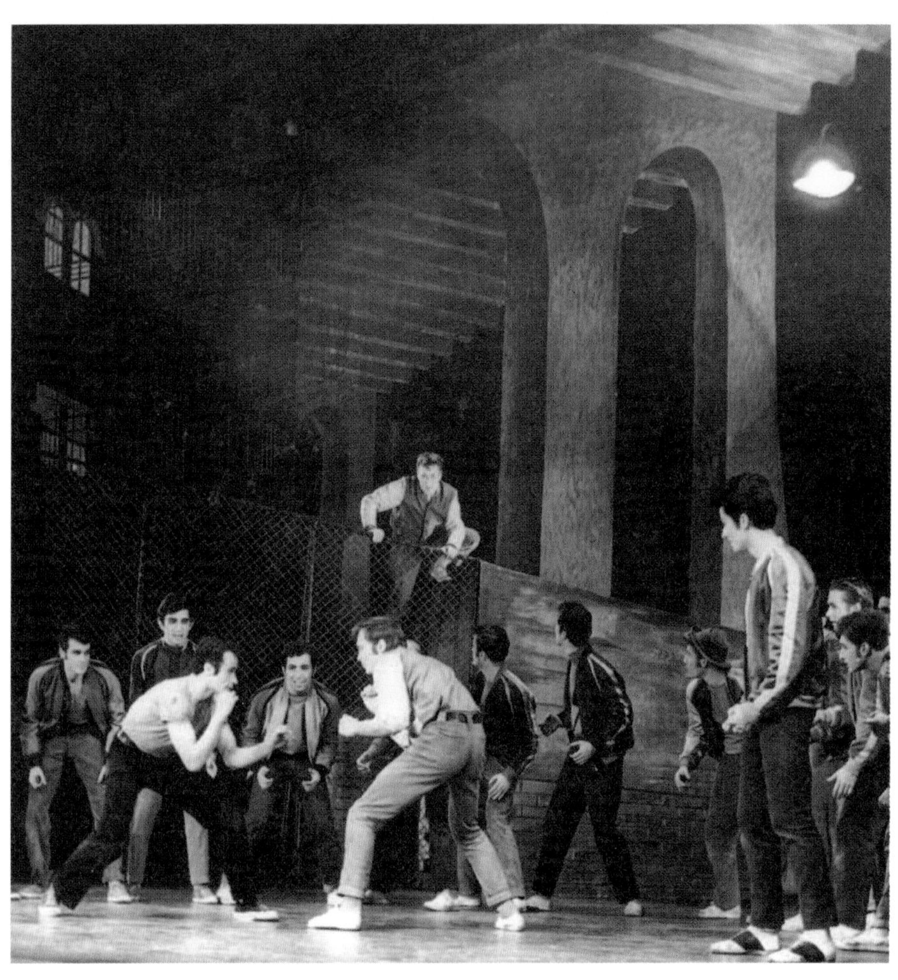

해럴드 프린스가 프로듀서로 참여한 뮤지컬 「웨스트사이드 스토리」의 한 장면.

어린 시절 간직한 꿈 때문인지 프린스는 화려한 쇼보다는 잘 짜여진 연극에 매력을 느꼈으며, 제작자로 이름을 날리던 시기에도 연출과 극작에 이끌렸다. 그러던 중 뮤지컬 「남태평양」 오프닝 공연 때 스티븐 손드하임*을 만나게 된다. 그 후 「웨스트 사이드 스토리」(1957)에서 제작자와 작사가로 손잡고 작업하는 과정을 통해 프린스는 자신의 분야에서 예술성을 찾아간다는 것이 무엇인지 알게 되었고 이에 몰입할 수 있게 된다.

1세대 거장들이 작고하는 등 브로드웨이 뮤지컬이 전체적으로 침체기를 걷고 있던 1970년대 중반, 슬럼프에 빠졌던 프린스는 이를 극복하려는 듯 전력투구하며 로이드 웨버의 「에비타」를 연출하게 된다. 그 후 로이드 웨버는 「오페라의 유령」이라는 대형 작품을 제작할 때 다시 프린스에게 손을 내밀었다. 작품의 특성을 잘 살려 무게 있는 공연으로 만들 수 있는 사람은 프린스가 유일하다고 판단했기 때문이다. 「오페라의 유령」은 프린스가 침체기에서 벗어날 수 있는 역작이 되어주었다.

자신의 직관이나 믿음을 끝까지 관철시키는 프린스의 카리스마는 간혹 독선으로 비치기도 하지만, 그는 오디션에서 탈락한 배우들에게 친필로 편지를 보내는 몇 안 되는 사람 중 하나다. 여러 사람의 의견을 수렴하기를 즐기고 리허설을 일반에 공개해 그들의 이야기를 참고하는 등 다양성의 힘을 존중하는 스타일이다.

그는 현대적이고 추상적인 색을 좋아해 주로 간단한 무대장치에 조명을 사용하는 연출을 펼친다. 선명한 주제와 신선한 소재, 확실한 스토리를 선호하는 그의 작품은 무대 변화가 적고 단순한 장면이 주를 이루던 과거 로맨스와는 확연한 차이를 보여주었다.

노장이 된 프린스는 브로드웨이가 겉만 화려하고 속은 텅 빈 눈요기용 작품에서 벗어나지 못하고 있음을 안타까워한다. 흥행도 흥행이지만 예술적인 작업이 브로드웨이에서도 가능하다는 희망을 보기 때문이다.

토니 상을 20차례나 수상한 이력을 지녔음에도 상업 논리가 지배하는 브로드웨이에서 예술적인 가치를 끊임없이 추구하는 해럴드 프린스. 이제 연로하여 그의 신작을 만나기란 불가능한 일인지도 모른다는 게 아쉽지만 하루도 멈추지 않고 새로운 것을 향해 도전하는 거장의 예술 세계는 뮤지컬 역사 속에서 시간이 흐를수록 더욱 빛을 발할 것이다.

제작자 카메론 매킨토시 Cameron Mackintosh

카메론 매킨토시는 「캣츠」, 「오페라의 유령」, 「레 미제라블」, 「미스 사이공」 등 세계 4대 뮤지컬을 만든 영국의 제작자다. 일찍이 세계 시장에 눈뜬 그는 세계 시장을 겨냥한 글로벌한 주제의 뮤지컬을 만들어 브로드웨이로 진출시켰다. 세기의 프로듀서 카메론 매킨토시는 런던에만도 프린스 에드워드 극장과 프린스 오브 웨일스, 길구드, 퀸스, 윈덤스 앨버리 그리고 스트랜드 등 일곱 개의 웨스트엔드 극장을 소유하고 있다. 뿐만 아니라 전 세계에 여러 제작사를 두고 있다.

여덟 살 때부터 뮤지컬을 향한 꿈을 키워 스무 살 때 이미 자신이 제작한 작품을 무대에 올린 이후 여덟 개의 대작을 제작한 카메론 매킨토시는 "나는 단지 뮤지컬 극장에서 일하는 것이 좋다. 나는 내가 무대에 올리는 것들이 대중적인지 아니면 문화적인지 모른다. 나에게 뮤지컬은 춤추고 노래하고 뛰고 싶게 하는 쇼에 지나지 않는다. 이 단순 명료한 이유가 내가 뮤지컬을 계속하기를 원하는 가장 큰 이유다"라고 고백한다. 1995년 그의 회사는 수출에 기여한 공로로 퀸스 상*을 받았으며, 그는 영국 연극계를 발전시킨 공로로 기사 작위를 받았다.

1981년 엘리엇의 시에 기초를 두고 제작한 「캣츠」는 매킨토시를 세계적으로 알리는 계기가 되었다. 그 뒤 그는 주옥같은 히트작들을 연이어 발표하는데, 「레 미제라블」, 「오페라의 유령」, 「미스 사이공」, 「모라고 불리는 다섯 남자」 등의 작품을 통해 그는 이 시대의 가장 주목받는 프로듀서가 되었다. 「카로셀」을 포함한 그의 최근 성공작들은 런던의 로열 국립극장에서 다시 상연되었으며, 뉴욕의 링컨센터 무대에도 올려졌다.

1992년 매킨토시는 뮤지컬계의 최고 상이라 할 수 있는 리처드 로저스 상**을 받으면서 동시대의 가장 성공적인 감독이라는 찬사를 받았다. 리처드 로저스 상은 해럴드 프린스, 줄리 앤드루스, 메리 마틴 같은 몇몇 사람들만이 수상한 권위 있는 상이다.

작사가 찰스 하트 Charles Hart

찰스 하트는 1986년 뮤지컬 「오페라의 유령」 작사가로 출발하여 본격적인 작가의 길을 걸어왔다. 작사가 돈 블랙과 함께 앤드루 로이드 웨버의 뮤지컬 「사랑의 진상」(1990) 작업에 참여했으며, 이 외에도 주요 TV 테마곡의 가사와 음악 작업을 담당해 왔다. 그는 아이버 노벨로 상***을 두 차례 수상했고, 토니 상에 2회 노미네이트되기도 했다.

안무가 질리언 린 Gillian Lynne

질리언 린은 새들러스 웰스 발레단의 주역 무용수이자 런던 팰

러디움 극장 주연 댄서로 활약했다. 그녀는 안무가로서 영화, 텔레비전 그리고 무대 위의 무용수로 뛰어난 능력을 발휘하며 영국 재즈댄스 발전의 초석을 마련해주었다. 클래식에 재즈를 접목한 독특한 안무 스타일로 뮤지컬 「캣츠」를 성공으로 이끌면서 뮤지컬계에서 큰 활약을 펼쳤다. 영국 최고의 공신력을 자랑하는 로런스 올리비에 상이 그녀를 위한 상을 새롭게 제정할 정도로 질리언 린의 공로는 컸다. 그녀는 총 50여 편이 넘는 브로드웨이와 웨스트엔드 작품에 참여해왔는데, 대표적인 작품으로는 「오늘 밤 8시」, 「카바레」, 「딕 위팅턴」 등이 있다.

안무가로서 그리고 무대연출가로서 활약한 작품으로는 「분장의 노호」, 「피크위크」, 「마이 페어 레이디」 등이 있으며, 무엇보다도 「캣츠」와 「오페라의 유령」 무대연출이 유명하다. 뮤지컬 「캣츠」로 몰리에르 상*을, 2001년에는 엘리자베스 2세 상을 받았다. 1997년 영국 왕실로부터 훈장을 받았다.

몰리에르 상
연극·뮤지컬 작품에
수여하는 프랑스의 가장 권위 있는 상. 프랑스의
대표적인 희극작가
몰리에르의 이름을
딴 것이다.

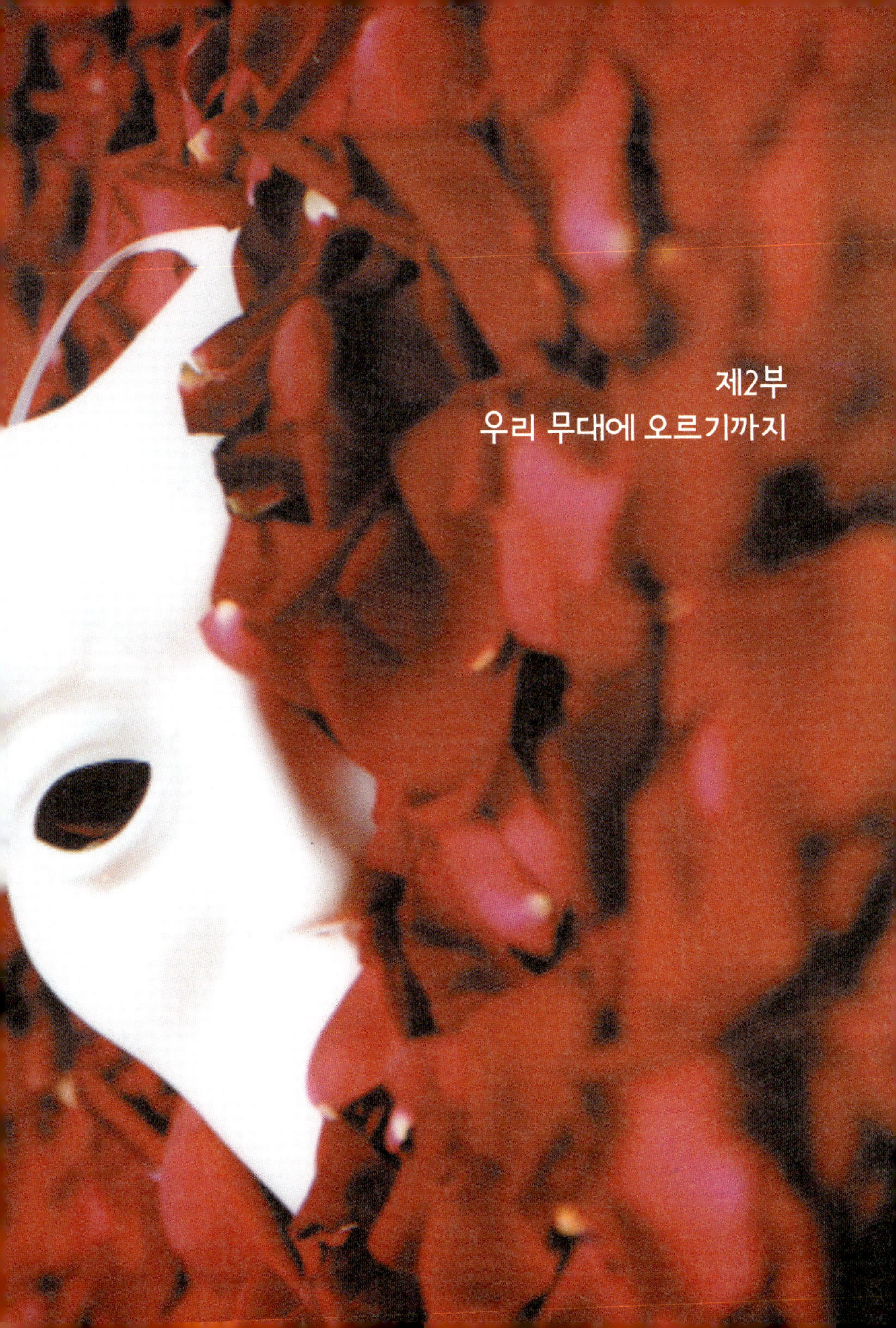
제2부
우리 무대에 오르기까지

범접하기 어려운 유혹의 대상

「오페라의 유령」 한국 공연이 처음 발표되었던 2001년 4월 23일부터 공연이 끝난 2002년 6월 30일까지 일간지를 비롯 각종 잡지의 문화면에는 「오페라의 유령」 관련 기사가 심심치 않게 등장하였다. 그러나 언론이 주목하기 훨씬 전부터 「오페라의 유령」은 내로라하는 공연 관계자들 사이에서는 오랫동안 범접을 허용하지 않는 유혹의 대상이었다.

1995년 삼성영상사업단과 쌍방울그룹 자회사인 EX에 의해 「오페라의 유령」 한국 공연을 유치하려는 첫 시도가 있었다. 양사는 「오페라의 유령」 한국 공연을 위해 영국 RUG의 호주 지사인 리얼리 유스풀 컴퍼니(RUC)와 적극적인 접촉을 시도했다. 삼성영상사업단의 경우 「오페라의 유령」이야말로 자사에 가장 걸맞은 작품이라는 판단 아래 RUC를 직접 방문하는 등 적극적인 자세를 취했다. 그러나 협상이 진행될수록 RUC에서 제시하는 조건과 제작비 규모를 고려할 때 「오페라의 유령」 한국 진출은 여러모로 시기상조라는 분위기로 흘렀으며, 그것은 내부 결재 과정에까지 영향을 미치지 않을 수 없었다. 결국 삼성영상사업단이 유야무야하는 동안 EX 측은 공연 경험은 없었지만 모험을 결행할 준비를 끝내고 RUC에서 제시한 대부분의 조건을 받아들이면서 상당히 심도 깊게 이 프로젝트를 진행시켜나갔다.

그러나 그들에게 결정적으로 제동을 건 것은 공연장을 둘러싼 문제였다. 새 공연장을 짓지 않는 한 그 당시 국내에서 「오페라의 유령」을 공연할 수 있는 곳은 세종문화회관과 예술의전당 오페라극장밖에 없었다. 그러나 두 군데 모두 정부에서 출연하여 공익을 목적으로 운영하는 공공 극장이기 때문에 특정 공연을 위한 장기간 대관은 기대하기 힘든 상황이었다. 그만큼 공연과 관련한 사회적 여건이라든가 문화·예술계의 인식이 척박하던 때였다.

그럼에도 불구하고 그들은 예술의전당 오페라극장을 접촉하고 있었는데, RUC는 극장과 관련하여 내부의 일부 구조변경뿐 아니라 이런저런 기술적인 지원까지 요구하는 실정이었다. 공연장 측에서는 장기 공연도 부담스러운데 공연장에 대한 이런저런 요구사항까지 거론되자 문화계 전체의 반발을 우려해 이 제안을 거절했다. 이리하여 1995년 「오페라의 유령」 한국 공연은 무산되고 말았다.

그 무렵 나는 창작 뮤지컬 「사랑은 비를 타고」(1995)의 흥행에 힘입어 삼성영상사업단의 공연 외주 제작사인 주식회사 티엔에스를 설립, 삼성영상사업단과는 별도로 「오페라의 유령」 한국 공연을 위해 RUC와 접촉을 시도하게 되었다. 하지만 다른 회사와 마찬가지로 공연장 문제가 걸림돌이 되어 난항을 거듭하고 있었다. 게다가 RUC는 한국 공연 시장이 과연 「오페라의 유령」을 소화할 만큼 시장 잠재력이 있느냐며 강력하게 의문을 제기해왔다. 결국 「오페라의 유령」은 한국의 크나큰 두 개의 산을 넘지 못하고 그렇게 무산될 수밖에 없었다.

이듬해 삼성영상사업단과 티엔에스 공동으로 우리나라에서는 최초로 저작권사의 허가를 받은 뮤지컬 「브로드웨이 42번가」(42nd Street)를 한미 합작으로 제작해 국내 무대에 올리게

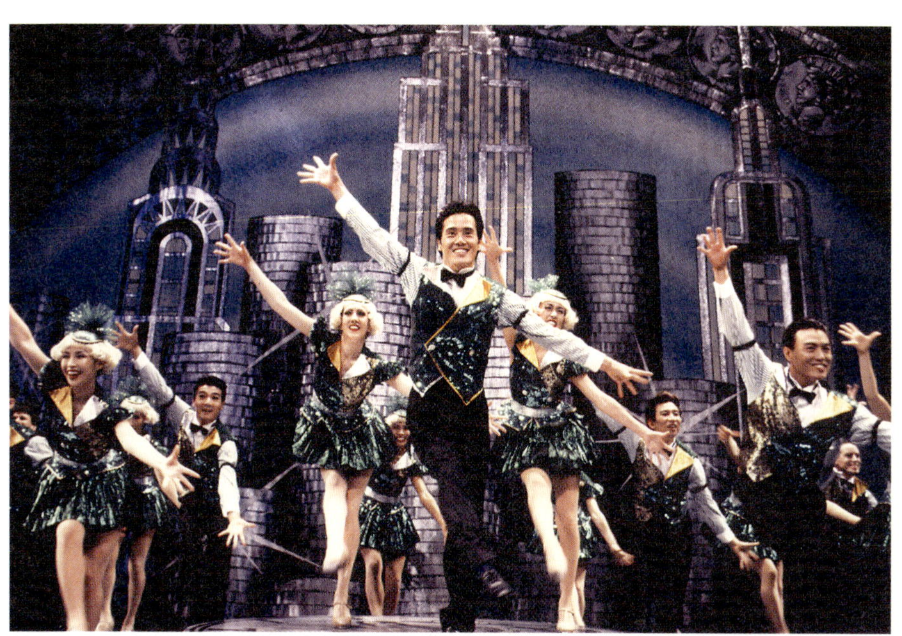

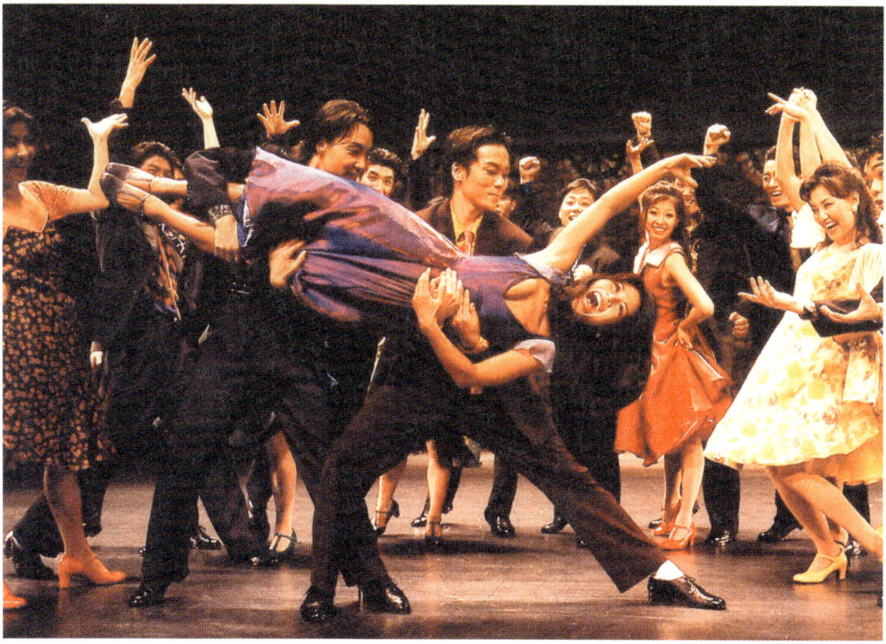

(위부터) 국내 뮤지컬 시장을 일군 「브로드웨이 42번가」(1996),
「웨스트사이드 스토리」(1997) 한국 공연 장면.

되었다. 규모가 큰 공연을 제작하여 미국 내 투어 공연을 전문으로 하는 미국의 메이저급 제작사 트로이카가 참여한 프로젝트였다. 당시로서는 모험이라고 할 수 있는 28억 원의 제작비가 들었고, 흥행 면에서 큰 성공은 아니었지만 투자비를 웃도는 수익이 발생했기 때문에 우리 팀은 상당히 고무되었다.

그렇게 많은 제작비를 산정한 데에는 미래 지향적인 의미가 숨어 있었다. 공연계에 몸담고 있는 사람들의 경험과 능력을 키워보자는 취지에서 국내 스태프들을 대거 참여시키겠다는 의도를 가지고 출발했다. 환경이 열악한 국내 공연계는 전문 인력이 절대적으로 부족한 상황이었다. 「브로드웨이 42번가」에 참여한 스태프들은 연출·안무·음악·무대·음향·조명·의상·분장·소품 등 제작 전반의 과정을 해외 스태프와 일대일 작업을 통해 전수받았고, 그 후 시작부터 종료까지 우리 스태프의 힘으로 공연은 진행되었다.

「브로드웨이 42번가」를 국내 무대에 올리는 전 과정을 통해 국내 스태프들의 기술력은 한 단계 업그레이드되었다. 그것은 불을 보듯 훤한 이치였다. 하지만 일부 문화계 관련 인사들은 굳이 다른 나라에 그렇게 많은 돈을 주면서까지 공연을 해야 하는지에 대해 강한 의문을 제기했다. 언론에서는 외화 유출에 대한 부정적인 면을 부각하려는 분위기가 감지될 정도였다. 우리는 아직 모든 사람들에게 이해받을 수 있는 단계는 아니라고 마음을 추스르면서도, 이러한 분위기가 심혈을 기울인 작품의 흥행에 악영향을 끼치지는 않을까 전전긍긍했다.

저작권 분쟁과 그 후

나의 길을 찾는다는 것

「브로드웨이 42번가」에 이어 1997년에는 「웨스트사이드 스토리」를 무대에 올렸다. 한층 높아진 우리나라의 제작 능력을 바탕으로 해외에서 연출자와 안무자만 초빙하고 우리 스태프의 기술로 만든 이 작품은 좋은 평을 얻을 수 있었다. 이제 비로소 국내 공연 시장의 가능성과 잠재 수요가 눈에 들어왔다. 이 두 작품은 내가 가야 할 길을 확인하고 확신시켜주는 좋은 계기가 되었다.

해외 스태프들과 함께한 이러한 제작 과정을 통해 공연 기획과 제작 분야에 전반적인 질적 발전이 느껴졌고, 「오페라의 유령」 같은 대형 공연의 제작에 대해서도 자신감이 조금씩 생겨났다. 미루어두었던 「오페라의 유령」이 밤마다 찾아왔다. 어떻게 시작해야 길이 보일까?

기회는 뜻하지 않은 곳에서 찾아왔다. 1999년 우리나라 공연계의 나쁜 관행에 일침을 놓는 사건이 발생했는데, 그것은 다름 아닌 저작권 분쟁이었다. 그리 오래전 일은 아니지만, 그때만 해도 다수의 무대 공연 제작자들이 외국 작품을 저작권자의 허락 없이 무단으로 공연하고 있었다. 1995년 한국이 세계무역기구 WTO[*]에 가입하여 국제적으로도 그렇고, 국내에서도 저작권법에 대한 인식이 자리 잡혀갈 시기인데도 1999년 저작권 문

세계무역기구 WTO,
World Trade Organization
1994년 4월 우루과이라운드
(다자간 무역협상)
각료회의에서 설립한
국제기구로, 국가간 경제
분쟁에 대한 판결권과
그 판결을 강제한다.

83

제가 불거졌다는 사실은 우리나라 저작권 인식의 현주소를 드러내주는 사건이었다.

바로 그 문제의 핵심에 뮤지컬 「캣츠」가 있었다. 「캣츠」는 세계 최고 뮤지컬 중 하나로 세계 최장기 공연 기록을 세웠을 뿐만 아니라 전 세계 모든 시장에서 검증받은 작품으로 「오페라의 유령」과 함께 RUG의 핵심 레퍼토리였다. 아무튼 그 사건이 국내뿐만 아니라 국제적인 이슈가 되리라 짐작하고는 있었지만, 막상 일이 터지자 생각보다 심각한 상황이 벌어졌다.

「캣츠」의 원작사인 영국의 RUG는 저작권 문제를 계기로 한국 시장에 관심을 가지게 되었고, 원만한 문제 해결을 위해 RUG의 자회사이자 호주 시드니에 있는 아시아-태평양 지역 매니지먼트 회사인 RUC를 통해 한국의 뮤지컬 시장을 조사하기 시작했다.

RUC는 호주 대사관과 영국 대사관을 통해 한국 내 네트워크를 최대한 활용하여 불법으로 공연된 「캣츠」의 공연 규모를 알아보았다. 전국을 대상으로 한 조사에서 몇 년 동안 「캣츠」 공연 관람객이 무려 30만 명에 이른다는 결과가 나왔다. RUC는 한국의 뮤지컬 시장이 예상보다 훨씬 크다는 사실을 파악하게 되었다. RUC는 즉각 한국 변호사를 통해 소송을 제기했으며, 이로써 한국 공연계로서는 미처 준비하지 못했던 저작권 문제가 불거지게 되었다.

사태가 악화된 것은 불법 공연을 한 제작사의 변호를 맡은 한국 측 변호사가 그 공연은 T. S. 엘리엇의 시를 재해석한 2차 저작물에 해당되며, 한국 공연은 RUG 뮤지컬을 그대로 카피하지 않고 한국 스태프들에 의해 재해석되거나 재구성되어 원작과는 다르다고 항변하면서부터다.

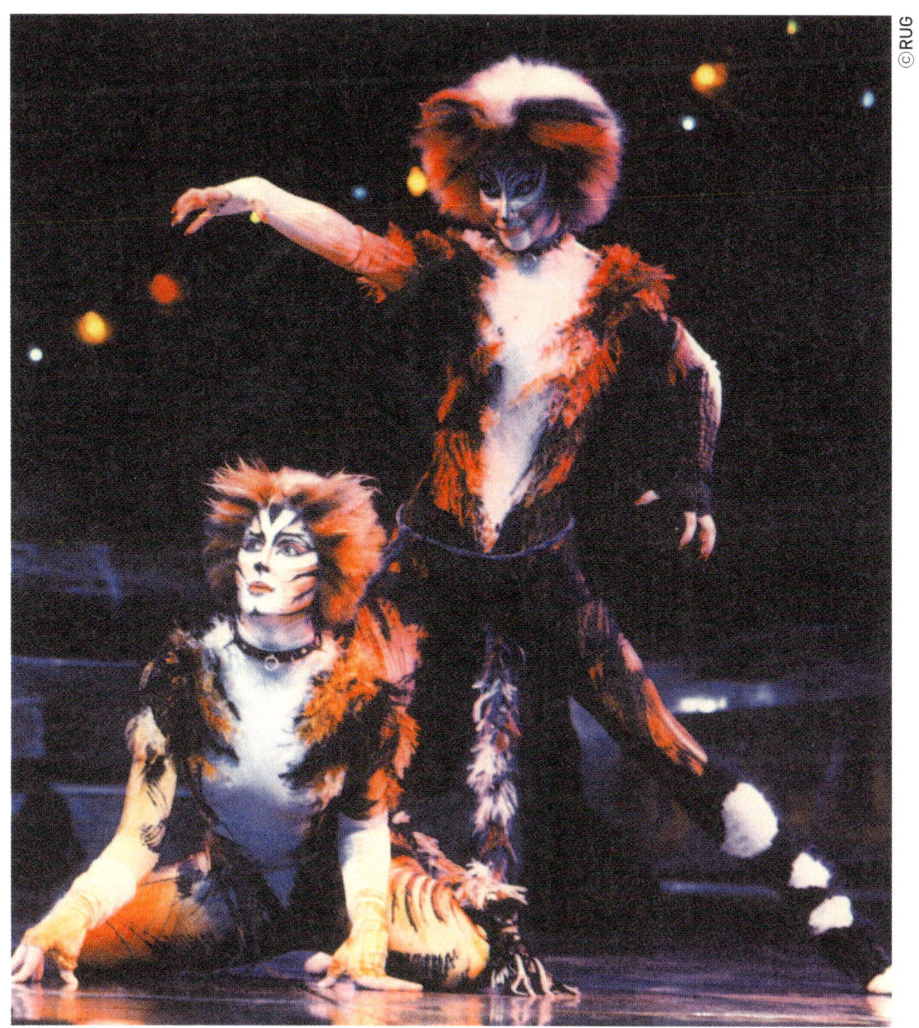

T. S. 엘리엇의 시 「지혜로운 고양이가 되기 위한 지침서」를 원작으로 한 뮤지컬 「캣츠」.

사태를 예의 주시하던 RUC는 한국 내 파트너의 필요성을 절실히 느꼈던 것 같다. 그동안 「오페라의 유령」을 포함한 RUG의 레퍼토리에 지속적인 관심을 가지고 있던 나에게 어느 날 RUC 대표 팀 맥팔레인이 연락을 해왔다. 예전에 삼성영상사업단과 함께 「브로드웨이 42번가」와 「웨스트사이드 스토리」를 한국에서는 처음으로 로열티를 지불하고 제작했던 나의 이력 그리고 미국 스태프들과 공동으로 작업하면서 그들의 제작 시스템을 이해하고 있다는 점이 배경이 된 듯했다.

그는 「캣츠」를 둘러싼 몇 가지 사안에 대해 내게 조언을 구했다. 처음 연락을 받았을 때는 사안이 사안인 만큼 망설여졌던 것도 사실이다. 민감한 저작권 분쟁에 개입해 외국 회사의 이익을 위해 정보를 제공했다는 소리를 듣는다면 그 또한 난처한 일이 아닌가! 그러나 그것은 엄연히 불법 공연이었고 우리 공연계가 한 계단 올라서려면 이 같은 관행은 한시라도 빨리 근절되어야 한다는 데 생각이 미치자 그들의 요청을 굳이 마다할 이유가 없었다.

그들의 질문은 간단했다. 「캣츠」의 저작권 문제를 다루는 한국 언론의 분위기는 어떠하며, 이 문제가 커진다면 RUG의 이미지가 어느 만큼의 타격을 입겠느냐는 것이었다. 그리고 또 한 가지, 나의 생각을 알고 싶어했다. 쉽고 명료한 질문이었기에 신속하게 그리고 최대한 정확하게 내 의견을 전달했고, 이에 대해 후일 RUC는 감사 편지를 보내왔다. 「캣츠」의 저작권 문제는 문화계뿐만 아니라 사회적인 이슈로 부각되면서 언론에 오르내렸으며, 문화계 전체가 저작권에 대해 다시 한 번 진지하게 돌아보는 계기가 되었다.

86 우리 공연계에 몸담고 있는 한 사람으로서 RUC에 맞서 내가

할 수 있는 일은 저작권에 대한 국내 상황을 적극적으로 이해시
키는 것이었다. RUC에 법적 소송보다는 앞으로 잠재력 있는 한
국 시장을 살필 수 있는 계기를 마련하도록 유도했고, 더 이상
이 문제가 장기화되지 않도록 설득했다.

저작권 문제를 불러일으켰던 「캣츠」의 국내 공연 제작사는 2
차 저작물에 대한 저작권에 해당하기 때문에 법적으로 아무 문
제가 없다고 항변했으나, 결국 법원에서 제작사인 RUC의 손을
들어줌으로써 이 사건은 마무리되었다.

국내 공연계의 환경을 이해시키는 과정에서 때로는 RUC와
서로 신경을 곤두세우기도 했지만, 모든 것이 사실에 근거했고
진실성을 충분히 담고 있다고 이해한 뒤로는 특히 팀 맥팔레인
과의 관계가 훨씬 자연스러워졌다. 그리고 점점 서로를 이해할
수 있게 되었다. 몇 년을 두고 서로 직접 접촉한 적은 없지만 일
속에서 관계를 유지하고 있던 터라 이 일을 계기로 인간적으로
가까워질 수 있었던 것도 사실이다.

모든 비즈니스는 사람이 한다. 결국 어떤 사람을 만나느냐에
따라, 또한 그 사람과 어떤 관계를 만들어갈 수 있느냐에 따라
서로에게 엄청난 긍적적인 변화를 가져다줄 수 있다. 세계 유수
의 뮤지컬 레퍼토리를 보유하고 있는 RUG의 아시아-태평양
지역을 담당하는 RUC의 책임자와 가까워질 수 있는 기회는 앞
으로 좋은 기회 이상일 수도 있다는 생각이 들었다.

팬텀을 위한 우리의 무대는

나는 RUC와 전략적으로 접근하지 않고 인간적으로 진실하게
만나려고 노력하였다. '잘해보자'는 생각보다는 '순리대로 하
자'는 생각이 먼저였다. 팀 맥팔레인과 나는 서로의 최대 관심

사인 브로드웨이의 동향과 런던의 최근 작품 경향 그리고 앞으로 나올 신작들에 관한 정보와 의견을 허심탄회하게 나누는 사이가 되었다. 화제의 작품을 제작한 프로듀서들과 오리지널 크리에이티브 스태프에 대해서도 많은 이야기를 했고, 그러면서 많은 정보를 공유할 수 있었다. 그동안 대화를 통해 서로에 대한 이해가 하나둘 쌓이자 「오페라의 유령」 한국 공연에 대한 접근은 서로에게 자연스러운 일이 되었다.

1999년 초 나는 팀을 공식적으로 한국에 초청했다. 그러나 결코 비즈니스 차원에서 이루어진 것만은 아니었다. 팀은 의외의 면모가 많은 사람으로, 일반적인 기업형 엔터테인먼트 비즈니스를 하는 사람과는 달리 자신의 집안을 농장 출신으로 소개할 만큼 소탈하면서도 인간적이었다. 그런 면에 호감이 갔고 부담 없이 한국을 방문해달라는 내 요청에 그도 흔쾌히 응했다.

그가 짧은 일정으로 방문한 터라 마음이 급했던 나는 팀이 한국에 도착한 날 투자자들을 불러냈다. 그는 명함을 주고받으면서 놀라는 눈치였다. 사업에서 가장 중요한 것은 돈이다. 돈이 없으면 아이템이 아무리 좋은 사업이라 해도 성사될 수 없다. 그런데 바로 그 중요한 사업 자금을 대주겠다고 자청하고 나선 사람들이 연기 자욱한 음식점으로 모두 나와준 것이다. 나는 연신 고기를 굽고 와인을 마시면서 「오페라의 유령」 한국 공연 가능성을 진지하게 설명했다. 투자자들은 하나같이 열성적인 내 이야기에 귀 기울이면서 팀의 표정을 살피고 있었다. 그 자리에 참석한 투자자들은 벌써 오래전부터 나의 열정에 마음이 동하여 일찌감치 몇십 억이라는 돈을 투자하기로 약속한 사람들이었다. 그중 몇몇은 공연 사업에 대한 이해도 어느 정도 있었고, 제작비 외에도 필요한 재정보증을 해주겠다고도 했다. 물론 그 모든 것이 「오페라의 유령」이라는 강력한 문화상품의 힘이라는 것은 두말할 필요도 없다.

이튿날 나는 팀 맥팔레인과 함께 LG아트센터를 방문했다. 그러나 공연장 측과는 공연 가능성에 대한 서로의 강한 의지만 확인했을 뿐, 아직 서류상으로 그 어떤 것도 체결할 수 있는 단계는 아니었다.

팀의 한국 방문 이후 「오페라의 유령」 한국 공연에 대한 프로듀서 간의 합의가 이루어졌으며, MOU(양해각서) 형태의 문서도 받았다. 나는 곧장 극장으로 달려가 공연장 대관을 위한 본격적인 협의에 들어갔다. 그러나 막상 공연을 위한 협상의 뚜껑을 열어보니 국내에서 해결해야 할 문제가 하나둘이 아니었다.

예상대로 가장 큰 걸림돌은 공연장이었다. 아직까지도 국내에서는 대극장에서 한 작품을 한 달 이상 공연해본 적이 없었다. 특정 단체에 수 개월 동안 공연장을 빌려주려면 극장 측은 여전히 엄청난 반대를 무릅써야 했다. 다행히 LG아트센터의 경우 김의준 대표의 적극적인 분위기에 힘입어 매우 협조적으로 협상에 임해주었다.

하지만 공연 기간이 최소 6개월이고 무대장치를 설치·철수하는 데 소요되는 기간까지 포함하면 무려 8개월이 필요하다는 조건을 듣고는 몹시 곤혹스러워했다. 장장 8개월이라는 기간을 대관하기란 결코 쉬운 일이 아니었다. 그럴 만한 작품이 우리나라에는 아직 없었던 탓일까. 극장 관계자들은 한 번도 생각해보지 못한 기간인 듯했다. 그러나 나로서는 LG아트센터 말고는 대안이 없었기 때문에 무슨 일이 있어도 8개월이라는 장기 대관을 승인받아야 했다. 예술의전당, 세종문화회관, 국립극장을 차례차례 접촉해보았지만 그 어느 곳도 지금까지 지켜왔던 관례를 깨뜨린다는 것은 기대할 수 없는 상황이었다.

한편으로는 선택의 여지가 없다는 이유로 무작정 LG아트센터에서 공연을 해야 한다는 생각은 잘못된 선택이 아닐까 하는 의구심이 생겼다. 무리가 따르는 진행 방식이 아닐까 하는 의문에 매달렸다. LG아트센터와 극장 대관을 위한 협상은 계속 진행하면서도 기존의 모든 발상을 새롭게 해야 할 필요를 느끼고 다시 시작하는 마음으로 극장 선정부터 되짚어보았다. 그러나 내 결론은 처음 생각과 같았다. 그동안 「오페라의 유령」과 관련된 국내 모든 기획자나 제작자들은 예술의전당이나 세종문화회관이 아니면 흥행이 불가능하다고 생각하며 출발했다. 그리고 넘지 못하는 큰 벽에 부딪혀 더 이상 나아가지 못했다. 나는 반드시 그렇지는 않다고 생각했으며, 이제 그것을 증명해 보이는 일에 뛰어들어야 했다.

모든 것을 처음부터 다시 시작했다. 철저한 선진 제작 시스템에 초점을 맞추었다. 그리고 리서치 회사에 의뢰해 공연계에서는 상상하기도 어려웠던 공연 전 시장 조사를 실시했다. 조사 결과는 예상에서 크게 벗어나지 않았지만 앞으로 진행하려는 여러 가지 전략 구상에 큰 자신감을 주어 결과적으로 「오페라의 유령」이 성공하는 데 결정적인 단초를 제공했다.

무엇보다도 극장 선정에 관한 한 내 생각이 옳다는 확신을 얻었다. 조사 결과 신축 공연장이어서 인지도 면에서는 뒤지고 있지만 LG아트센터는 서울 강남의 교통 요지에 위치해 있으면서도 대중교통과의 연계가 뛰어나고 주변 환경과 내부 부대시설, 주차장이 잘 갖추어져 있다는 큰 이점이 부각되었다. 극장 시설 역시 「오페라의 유령」의 메인 타깃으로 설정한 관객이 충분히 선호할 만한 여건을 두루 갖추고 있었다. 마케팅 전략상 이런 점들이 「오페라의 유령」 공연장으로서 성공 가능성에 대한 확신을 가져다주었기 때문에 LG아트센터를 상대로 좀 더 적극적인 설득에 나설 수 있었다.

팬텀이 넘어야 하는 산들

LG아트센터 측은 공연에 열의를 보여주었다. 가장 큰 걸림돌이 었던 '어디서 공연을 할 것인가'의 문제는 해결의 실마리를 보이고 있었다. 공연장을 LG아트센터로 결정하고부터 「오페라의 유령」 한국 공연을 위한 RUG 측과의 본격적인 협상이 시작되었다.

한국 공연에 대한 협상이 시작되자 「오페라의 유령」의 테크니컬 디렉터*가 한국으로 날아와 무대장치 설치를 위한 극장 조사를 실시했다. 큰 산을 어렵게 넘고 난 뒤라 모든 것이 순조롭게 진행되기만을 기원하는 마음이었다. 하지만 복병은 여기저기에 숨어 있었다. 극장을 둘러본 그들의 말인즉, LG아트센터의 무대 구조로는 무대 메커니즘의 진수라 할 수 있는 「오페라의 유령」 무대장치의 운영이 불가능하다고 했다. 때문에 무대 하수 벽면** 전체를 헐어내야 할 뿐만 아니라 극장 구조를 다소 변경해야 한다는 것이다. 지은 지 2년밖에 안 된 새 극장을 뜯어고치자는 제안은 공연 프로듀서가 극장 쪽에 뒤늦게 제기하기에는 아주 까다로운 사안이었다. 극장주를 설득해야 했다.

열정만으로는 열리지 않는 문들이 얼마나 더 남아 있는 것일까? 절망에 가까운 난관에서 나를 구원해준 것은 LG그룹 회장단의 허락을 받아내는 수고를 마다하지 않은 LG아트센터 김의준 대표의 열의였다. LG아트센터의 그런 적극적인 마인드가 없

테크니컬 디렉터
Technical Director
크리에이티브 팀의 디자인과 연출 내용을 실제 무대에서 기술적으로 구현하기 위한 판단을 내리고, 특히 창작 작품에서 극장 기술 상황과 프로덕션의 기술적 요구를 중재하며 프로덕션을 안전하게 이끄는 역할을 한다.

하수 벽면
객석을 바라본 무대의 오른쪽.

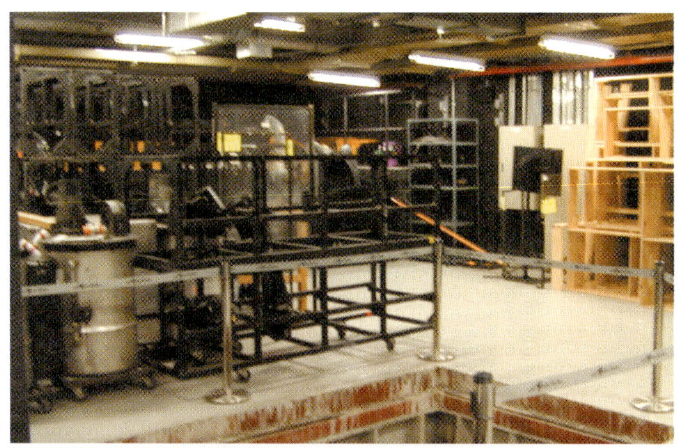

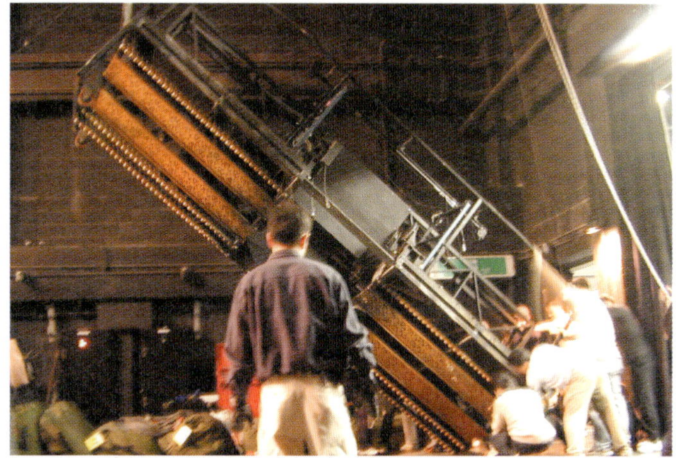

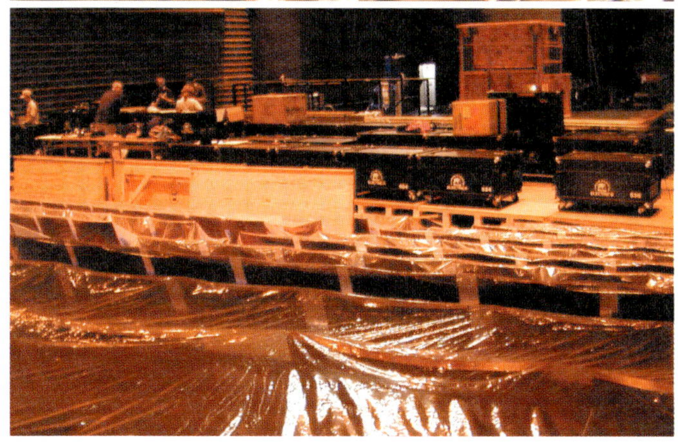

위험 부담이 컸던
극장 구조변경 공사를 마치고
무대 세트가 들어오고 있다.
컨테이너에서 무거운 세트를
내려 무대 위로 올리는 데
95명의 무대 스태프와
5톤 지게차가 하루 종일
분주히 움직였다.

었다면 「오페라의 유령」 한국 공연은 불가능했을지도 모른다.

그리하여 공연장의 구조변경 공사를 진행하기 위해 건물 시공사의 협조를 받아 건축 설계회사 측과 만났다. 다행히 무대 구조변경은 가능하다는 판정을 받고 그 범위와 기술적인 부분의 문제 해결을 위한 행정 절차까지 마무리했다. 이 일은 「오페라의 유령」 한국 공연을 유치하면서 겪어야 했던 많은 일 가운데 가장 위험 부담이 큰 일이었다.

이제부터는 일사천리로 진행되겠지 싶었는데 넘어야 할 산이 또 나타났다. 공연장 사용 허가도 받았고 몇몇 투자사들에서 투자에 관한 의향서까지 받아놓았는데, 워낙 대규모 공연이다 보니 한 걸음 한 걸음을 뗄수록 애초에 기획했던 예산을 훨씬 웃도는 제작비가 들어가고 있었던 것이다. 오랜 기간 동안 후원했던 엔젤(개인 투자자)들과 「오페라의 유령」 한국 공연에 적극적으로 동참하기로 한 투자사들의 자금만으로는 공연이 불가능하다는 진단이 나왔다.

프로듀서로서 원활한 제작을 위한 마지막 결단의 시간이 찾아왔다. 나는 안정적인 공연 사업 진행을 위해 당시 동양그룹 계열사인 (주)제미로와 손을 잡기로 결정했다. 비전을 갖고 큰 고비마다 어렵게 어렵게 헤쳐오며 일을 진행시켜온 나로서는 그렇게 방향을 바꾸기가 정말 쉽지 않았다. 그렇지만 제작사의 튼튼한 기반 위에 프로듀서로서 역량을 마음껏 펼칠 수 있는 환경을 확보한 것에 기뻐하기로 했다. 이때부터 「오페라의 유령」 업무는 (주)제미로로 이관되고 「오페라의 유령」을 위한 팀이 구성되었다.

그때나 지금이나 변함없는 내 생각은 공연 제작사는 대부분의 일을 아웃소싱해야 한다는 것이다. 하나의 사업체가 엄청나게 다양한 분야의 전문 인력을 고용하여 모든 것을 직접 운영한다는 것은 비효율적일 뿐 아니라 빠르게 변화하는 환경에 유연하면서도 올바르게 대처하기 어렵다는 생각 때문이다.

「오페라의 유령」을 성공적으로 성사시키기 위한 공연 자금과 공연장이 확보되었지만, RUC로서는 「오페라의 유령」 한국 공연의 성공 여부를 판단하기 위해 마지막까지 시장성을 확인하기 위한 여러 문제가 남아 있었다. 작품의 퀄리티를 유지할 수 없는 공연이라면, 그래서 충분한 흥행이 보장되지 않는다면, 작품을 올릴 수 없다는 태도를 분명히 했다. 이 점은 나도 동의하는 바였다.

때때로 그들의 결정을 기다리며 나는 지나온 길을 돌아보았다. 지금까지 공연 예술 안팎에서 두루두루 경험하여 실력을 쌓아왔다. 배우로 출발해 안무자, 기획자, 제작감독, 예술감독 등을 거치면서 무대의 면면을 안팎에서 살펴보며 노하우를 터득했다. 프랑스 뮤지컬 「재즈」를 만들면서 부족한 제작비를 충당하기 위해 집을 팔던 기억도 새삼스러웠다. 기획부터 제작, 마케팅까지 모든 부문에 걸쳐 열심히 뛰어다녔지만 불과 열흘을 공연하고 고스란히 돈을 날려야 했다. 1995년에는 창작 뮤지컬 「사랑은 비를 타고」와 「쇼 코미디」를 제작해 좋은 반응을 얻었다. 이것에 고무되어 공연 제작사를 설립했고, 삼성영상사업단과 공동 제작 형태로 해외 유명 뮤지컬을 제작하게 되었다. 「브로드웨이 42번가」와 「웨스트사이드 스토리」 등을 들여오면서 선진 프로덕션의 노하우와 기술을 전수받았을 뿐 아니라 흥행의 성공이 어떻게 이루어지는지도 제대로 배우게 되었다. 뮤지컬의 국내 수요에 눈을 뜨고부터는 더 큰 사업을 도모하기 위해 분주하게 움직였다.

나는 포기하지 않는다. 공연에 온전히 미쳐 있는 나에게는 무대와 공연이 인생의 전부라 해도 과언이 아니었다. 이것을 포기하는 것은 나에게 인생을 포기하는 것과 같은 뜻이었다. 어디 그뿐이랴! 주위에는 내 의지를 믿어주는 가족과 든든한 후원자들이 있다.

처음 「오페라의 유령」을 한국에 들여온다고 했을 때 해외 관계자들은 물론 국내 관계자들까지도 재미없는 농담 정도로만 받아들였다. 구체적인 접촉이 이루어지고 있을 때에도 저러다 포기하겠지 하는 시선이 지배적이었다. 1995년에도 시도해보았지만 무의미하게 끝났고, 문화 산업에 대한 인식이 뮤지컬 시장과 연계해 충분히 자라지 않았기 때문에 그 규모를 확신하는 사람도 없었다.

2000년 4월, 계약을 앞두고 마지막 관문으로 RUG의 아시아 판권을 책임지고 있는 RUC의 대표 자격으로 팀 맥팔레인이 내한해 「오페라의 유령」 한국 공연의 가능 여부를 여러 각도로 점검해갔다. 아무 연습실이나 분장실을 갑작스럽게 방문하여 프로듀서인 나와 배우들의 관계를 면밀히 관찰하거나 투자자들과의 면담을 통해 상호 신뢰를 철저하게 확인하는 등 일종의 오디션을 보았다. 나는 그들에게 한국에서 「오페라의 유령」이 가능하다는 마케팅 리서치 결과를 제시하기도 했다.

면밀한 검토 끝에 RUG는 더 이상 「오페라의 유령」 한국 공연을 마다할 이유가 없다고 판단하고 본계약에 들어갔다. 1999년 IMF라는 암흑기에 나는 RUC와 접촉한 끝에 드디어 「오페라의 유령」 한국 공연 성사라는 결과를 얻어냈다.

제작 발표: 100억? 10억이겠지!

2001년 봄 제작 발표회를 통해 「오페라의 유령」 한국 공연이 기정사실화하자 공연계뿐만 아니라 문화계 전체에 「오페라의 유령」은 큰 이슈가 되었다. 엄청난 제작비 부담으로 뮤지컬 시장에 끼칠 역기능을 우려하는 목소리가 높았다. 때 이른 작품을 들여와 실패했을 때는 공연계 전반에 악재로 작용할 것이고, 그나마 조성되고 있는 기업과 투자사들의 투자 심리마저 얼어붙게 할 것이라는 우려였다.

하지만 나는 성공을 확신했다. 그 무렵 어느 인터뷰에서 나는 다음과 같은 말을 했다. "작품이 좋으면 관객들은 모이게 마련입니다. 「오페라의 유령」은 지금까지 만들어진 것 가운데 최고의 뮤지컬입니다. 그러므로 관객들이 모일 수밖에 없습니다. 한국의 뮤지컬 시장이 100억 원대는 아니라고들 하는데, 아무도 해보지 않고서 그렇게 말하는 것은 옳지 않습니다. 시장은 기다린다고 커지는 것이 아니라 새로운 시도를 했을 때 폭발적으로 성장할 수 있습니다."

그러나 공연 관계자일수록 대부분 시장을 걱정하고 있었다. 당연한 일인지도 모른다. 아직 우리 시장이 「오페라의 유령」을 공연할 정도로 충분히 성숙하지 않았으며, 지금 우리 시장은 20억~30억 수준이라는 것이다. 맞는 말이다. 그러나 나는 그러한 상황을 나의 운명이라고, 우리 공연계의 운명이라고 받아들이고 싶지 않았다. 그러한 상황은 극복될 수 있다. 획기적으로 도약할 수 있다. 나는 그런 일을 하고 싶었다. 그리고 나중에 밝혀진 것처럼 100억짜리 뮤지컬은 시기상조라는 말은 맞는 말이 아니었다.

주위의 우려 속에서 2001년 4월 23일 조선호텔 오키드룸에서 드디어 「오페라의 유령」 제작 발표회를 열게 되었다. 그동안의 온갖 소문을 잠재우며 「오페라의 유령」이 공식적인 항해를 선포하는 것이다. 계약은 이미 4개월 전에 성사되었지만 제작 발표회까지는 그것을 철저하게 비밀에 부쳐두었다. 한국에서 처음으로 공연되는 「오페라의 유령」을 얼마나 큰 이슈로 만들 수 있느냐가 홍보의 관건이었기 때문이다. 그에 따라 제작 발표회 역시 국내에서는 처음으로 내용과 규모 면에서 가장 크게 열기로 하고 최고의 작품에 걸맞은 행사를 신중하게 준비했다.

뿐만 아니라 영국 RUG의 마케팅 디렉터*였던 사라 로리 (Sara Lawry)를 초청하여 제작 발표를 위한 준비와 성공적인 공연을 위한 마케팅 전략을 논의했다. 사라 로리는 RUG의 마케팅 디렉터이자 전 세계를 대상으로 「오페라의 유령」을 성공적으로 론칭한 베테랑급 마케팅 책임자였다. 우리는 한 달 동안 그녀와 머리를 맞대고 앞으로의 전략을 세워나갔다.

제작 발표회는 언론 매체를 대상으로 하기로 하고, 장소는 신문사가 강북에 집중되어 있는 점을 감안해 조선호텔로 정했다. 그때만 해도 영화계에나 있을 법한 제작 발표회를, 그것도 그보다 훨씬 큰 규모로 연다는 것이 화제가 되었다. 제작 발표회에 관한 보도자료는 철저히 통제되었다. 더 많은 기자들을 참석시키기 위해 제작 발표회 당일 현장에서 나누어주는 것을 원칙으로 한 것이다. 한편에서는 불만의 목소리도 나왔지만, 결과적으

마케팅 디렉터
Marketing Director
제품 또는 서비스를 유통시키는 데 관계된 일련의 체계적 시장 지향적인 활동을 총괄한다.

로 신문 기사가 같은 날 일시에 실리게 됨으로써 홍보 파급력을 높일 수 있었다.

　제작 발표회 행사장은 이른 아침부터 조명과 음향을 설치하고 입구와 실내를 멋지게 장식하느라 분주했다. 나는 일찍부터 현장에 나가 준비 상황을 일일이 체크하며, 처음 치르는 행사에 철저하게 대비하기 위해 사전 리허설까지 했다. 「오페라의 유령」이 준비 중이라는 소식은 이미 공연 관계자와 기자들 사이에 입소문으로 널리 퍼져 있었다. 그러나 규모가 규모인지라 까다롭기로 소문난 RUG에서 순순히 한국 공연을 허락할 것인가 의심하는 이들도 적지 않았기 때문에 이날의 공식적인 「오페라의 유령」 제작 발표회는 그야말로 신문과 방송의 집중적인 조명을 받게 되었다. 그러나 막상 제작 발표회에 참석한 이들의 얼굴은 여전히 백 퍼센트 믿을 수 없다는 표정들이었다.

　행사장은 그 입구를 「오페라의 유령」의 백미로 꼽히는 파리 오페라 하우스의 지하 미로에서 나룻배가 촛불의 에스코트를 받으며 유유히 빠져나가는 장면을 연상시키는 수많은 촛불과 수백 송이 장미로 장식했다. 행사장 왼쪽에는 일그러진 얼굴을 감추는 팬텀의 상앗빛 반쪽 가면이 장미와 촛불에 둘러싸인 채 놓여 있었다. 「오페라의 유령」 이미지와 잘 어울리는 귀족스럽고 클래식한 분위기를 연출했던 제작 발표회의 예산은 1억여 원이었다. 100억짜리 프로젝트 제작 발표회 예산이 1억여 원이라는 것은 당연한 배분이었다.

　주요 일간지를 비롯해 잡지사 기자들과 주요 방송사, 각종 케이블방송 기자들이 속속 행사장의 빈자리를 메웠다. 제작 발표회에 참석한 기자들은 100억 원에 달하는 제작비와 작품성을 담보한 뮤지컬이 한국에서 과연 성공할 수 있을까 하는 표정을 짓고 있었다. 드디어 「오페라의 유령」 서곡의 강렬한 파이프 오르간 연주를 시작으로 제작 발표회가 시작되었다. 모 방송사 아나운서가 사회를 맡았다. 서곡에 이어 24번째 올림픽, 17번째 월드컵 개최와 함께 이번에는 전 세계에서 14번째로 「오페라의 유령」을 무대에 올리게 되었다는 오프닝 영상물이 상영되었다. 「오페라의 유령」을 공연할 수 있다는 것은 단순히 한 작품이 무대에 오르는 것 이상으로 그 나라의 국력과 문화 역량을 인정하는 가치 척도가 될 수 있다는 의미였다.

팬텀이 지하 미궁으로 크리스틴을 이끌고 갈 때 부르는 노래 '더 팬텀 오브 디 오페라'를 끝으로 7분가량의 「오페라의 유령」 하이라이트 상영이 끝났다. 현장에 있던 사람들은 그것이 7초였는지, 7분 또는 70분이었는지 시간을 느낄 수 없었다고 이야기했다. 그들의 흥분된 반응을 보니 모두 「오페라의 유령」의 매력에 빠진 듯했다. 이 짧은 영상물로도 규모나 작품성 면에서 여느 작품들과는 확연히 구별된다는 것을 느끼는 듯했다. 제작 발표회에는 RUC의 팀 맥팔레인과 영국의 원제작사인 RUG의 마케팅 디렉터 사라 로리가 참석해 있었다. 나와 팀 맥팔레인은 참석한 이들의 박수 속에서 제작을 조인하는 서류에 사인을 교환했고, 곧 이어 투자 조인식도 이루어졌다.

국내의 정치·경제·문화계 인사들이 축하 영상 메시지를 보내왔다. 공연 제작사 에이콤 인터내셔널의 윤호진 대표는 "「오페라의 유령」 한국 공연을 계기로 한국 뮤지컬이 진일보할 수 있었으면 좋겠다"는 소감을 밝혔다. 지휘자 금난새는 직접 참석해 "세계적으로 유명한 작품이 우리나라에서 공연된다니 기쁘다"는 축하 인사를 남겼다. 작곡가이자 제작자인 앤드루 로이

수많은 촛불과 수백 송이 장미로 입구를 장식하고 행사장 왼쪽에는 장미에 묻힌 상앗빛 가면을 설치해 시선을 끌었다.

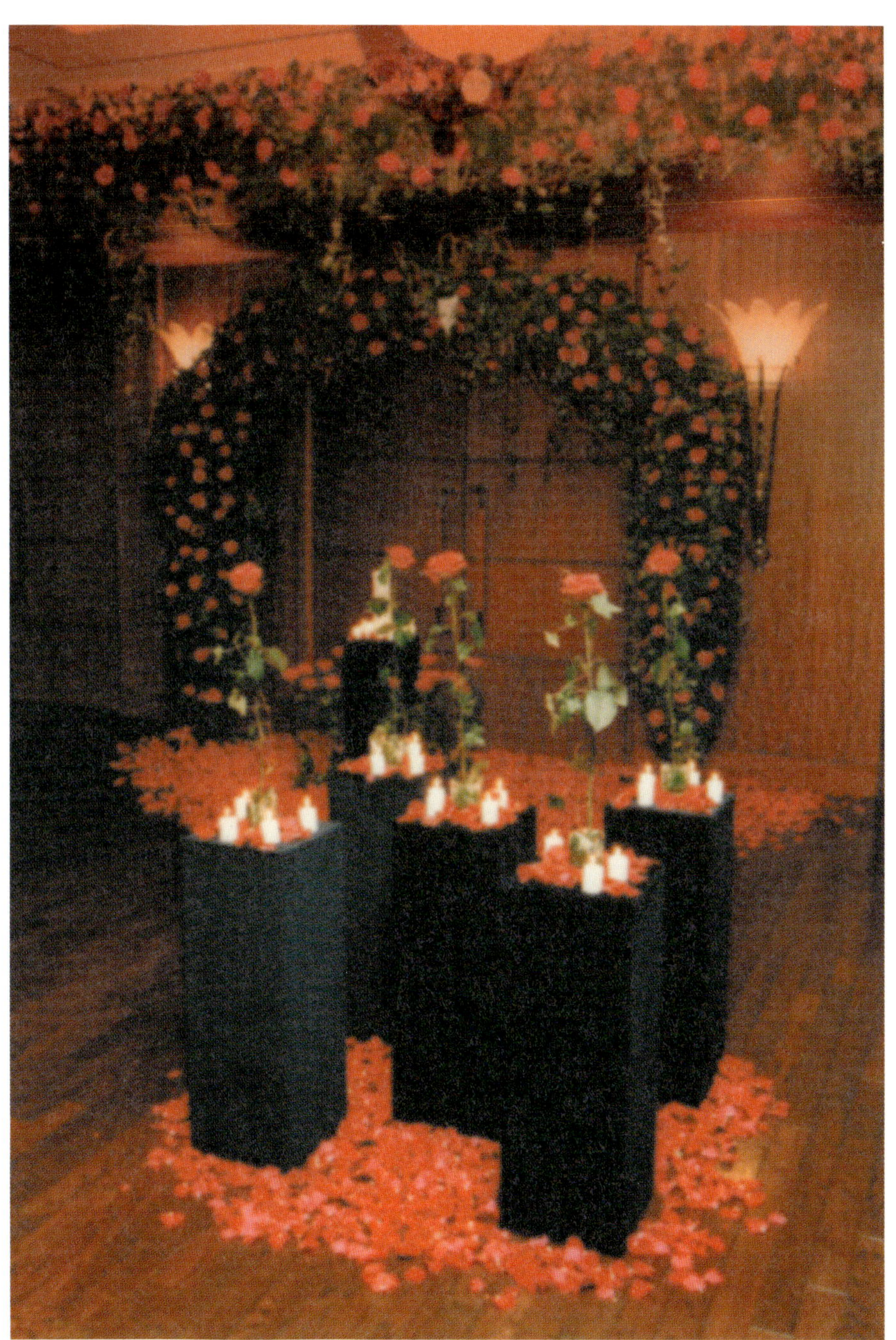

드 웨버는 처음 「오페라의 유령」을 시연했던 자신의 별장 예배당을 배경으로 찍은 영상 인터뷰를 통해 "한국 국민들이 「오페라의 유령」의 매력을 느낄 수 있게 되어 기쁘다"는 축하 메시지를 보내왔다.

곧이어 많은 궁금증을 안고도 식이 진행되는 동안 침묵을 지키던 기자들을 위한 시간이 마련되었다. 역시 티켓 가격이 가장 궁금했던지, 맨 먼저 나온 질문은 티켓 가격이 얼마나 되느냐였다. R석 10만 원, S석 6만 원, A석이 4만 원, B석이 3만 원이라고 밝혔다. "세계적으로 보면 티켓 가격이 비싼 것은 아니다. 뉴욕에서도 100달러 정도 한다"고 비교해서 설명했는데, 걱정했던 것보다 티켓 가격에 대한 저항감은 없는 것처럼 보였다.

「오페라의 유령」 한국 공연이 우리나라 공연계에 미치는 영향에 대해서는 사라 로리가 답변했다.

"「시카고」나 「렌트」 같은 뮤지컬 공연이 무대에 올려지고 있습니다. 한국의 뮤지컬 시장이 성숙하지 않았다면 우리는 한국에 오지 않았을 것입니다. 박력 있고 웅장한 공연을 보고 나면 한국 관객들은 국내의 창작 뮤지컬이나 해외의 질 높은 작품들이 상연되기를 요구할 것입니다. 전 세계적으로 「오페라의 유령」은 가장 성공한 작품입니다. 해외의 질 높은 작품들을 문화적으로 체험하는 것은 한국 관객들에게 의미 있는 경험이 될 것입니다."

왜 해외 배우들을 직접 데려오지 않았는가라는 질문도 있었는데, 이는 「오페라의 유령」을 오리지널로 감상하고 싶은 관객이 많다는 뜻이기도 했고 한국에서 제작되는 공연의 퀄리티를 믿을 수 없다는 뜻이기도 했다. 사실 처음부터 투어 팀을 데리고 올 수도 있었다. 어찌 보면 그것이 흥행 성공에 대한 부담도 훨씬 적다. 굳이 한국 배우들이 한국말로 공연하는 이유는 그러지 않고서는 앞선 공연 기술에 대한 노하우를 배울 수 없다고 생각했기 때문이다.

그렇다면 한국에서 제작한 작품의 퀄리티는 어떻게 담보될 것인가. 제작 과정에 오리지널 스태프들이 그대로 따라붙을 뿐만 아니라 한국 스태프들에게 일대일로 기술을 전수해주고 향후 운영을 한국 스태프들에게 넘기는 방식이다. RUG는 한국이 충분한 뮤지컬 시장을 가진 나라라고 판단하고 있었다. 물론 당장은 한국 내 제작 환경이 열악한 것이 사실이다. 단적인 예로, 외국의 경우 배우만 하더라도 뮤지컬 싱어, 뮤지컬 댄서로 나뉘어 있어 배우 개인의 전문적인 기량이 훨씬 뛰어나지만 우리나라는 아직 그 수준에 미치지 못한 상태였다. 그렇지만 이런 대작 뮤지컬을 무대에 올리는 과정을 통해 정확하게 구분된 교육과 트레이닝 방식을 접하고 우리 배우들에게 적용해 시스템의 향상을 꾀할 수 있는 기회이기도 했다.

100억 원에 달하는 제작비, RUG라는 세계 최고의 뮤지컬 그룹과 손잡은 작품이라는 이슈로 제작 발표회 전부터 화제를 모았던 금세기 화제의 뮤지컬「오페라의 유령」. 과연 한국에서 공연할 수 있을까 하는 의구심을 품고 제작 발표회에 참석했던 기자들은 시종일관 프로듀서의 자신감 넘치는 대답과 RUG에 대한 신뢰를 바탕으로 어느 정도 안도하는 듯했다.

여담이지만, 어느 신문에서는 엄청난 규모의 공연을 하면서 대학로에서 연극 한 편 올릴 제작비를 제작 발표회에 썼다며 공연계의 빈익빈 부익부 현상을 우려하는 기사를 실었다. 그러나 그 모든 것은 결과적으로「오페라의 유령」에 대한 동경과 호기심을 더욱 자극하는 촉매제가 되었다.

「오페라의 유령」에는 세라 브라이트먼을 일약 세계적인 스타의 대열에 들어서게 했던 '크리스틴'를 비롯하여 클리프 리처드, 마이클 크로퍼드 등 유명 스타들이 거쳐간 '유령', 잘생긴 젊은 귀족 '라울', 오페라 하우스의 극장주 '피르맹'과 '앙드레' 등 개성 넘치는 캐릭터들이 다수 등장한다. 뮤지컬장에서는 유례가 없는 대작에 어떤 인물들이 캐스팅될지가 역시 큰 관심거리였다.

오디션을 위해 RUC의 심사위원단이 한국을 방문했다. 그들은 한국에 도착하기 전 미리 심사에 필요한 필기도구, 지우개, 필통 하나까지 꼼꼼하게 준비해달라는 등 깐깐한 면모를 보였다. 이전까지만 하더라도 국내 뮤지컬의 캐스팅은 실력보다 스타를 앞세워 흥행을 유도하려는 측면이 없지 않았다. 오디션도 적당히, 연습도 적당히 하다 보니 공연의 질도 적당한 선에서 이루어졌던 측면도 있었다.

하지만 이제는 그런 풍조에서 벗어날 때가 되었다. 제대로 된 작품을 만드는 첫걸음으로 철저한 오디션을 다짐하며 각 배역마다 자격 요건을 제시하는 등 무엇보다도 실력 있는 배우를 찾기 위해 모든 노력을 기울였다. 그리하여 「오페라의 유령」 오디션은 총 아홉 차례에 걸쳐 치러졌다.

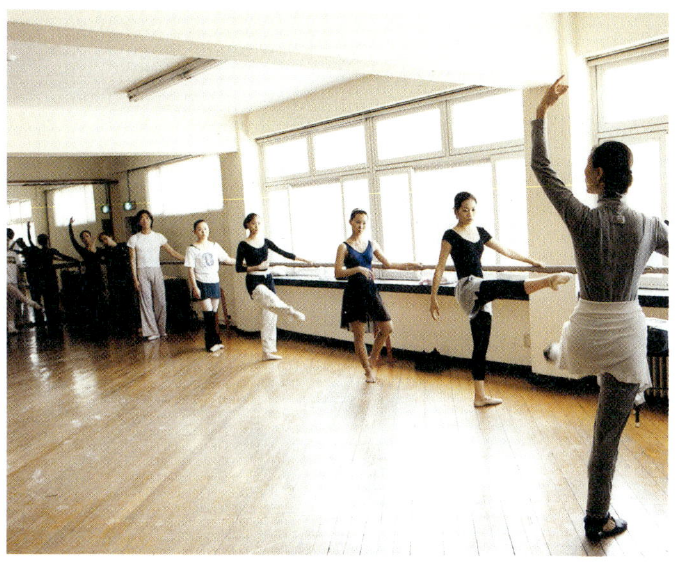

아홉 차례의 오디션

아홉 번에 걸친 오디션은 국내뿐 아니라 뉴욕·싱가포르 등 해외에 거주하는 한국인들을 대상으로 치러졌다. 2차 오디션을 위한 예비 심사로서 서류 전형으로 진행된 1차 오디션에서는 500명 중 300명이 통과했다. 1차 서류 심사를 통과한 이들은 뮤지컬 배우 130명, 성악가 출신 130명, 발레 전공자 30명, 해외 지원자 10명 등 다양한 분포를 보였다. 한국의 대표적인 뮤지컬 배우들을 비롯하여 성악 분야의 교수, 웬만한 노래 실력을 갖춘 인기 연예인 등이 대거 오디션에 참여했다.

본 오디션에는 RUG가 지정한 안무가 퍼트리샤 머린(Patricia Merrin), 런던에서 공연된 「오페라의 유령」의 음악 감독 앤서니 잉글리스(Anthony Inglis), RUC의 프로듀서 케리 커머포드(Kerry Comerford)가 심사위원으로 참여했다. 오디션은 일차적으로는 자유곡을 부르게 하고 거기에서 통과한 지원자를 대상으로 댄스 실력을 테스트했다. 이후 사흘 동안 콜백*을 거듭하면서 배역별 재오디션을 치렀다. 이 오디션에서 43명이 우선 선정됐지만 최종 캐스팅의 관문은 그 후로도 몇 차례의 추가 심사를 더 거쳐야 했으니, 배우들에게도 이 과정을 다 겪어내는 것은 큰 경험이자 대장정이었으리라.

심사에 참여한 해외 스태프들은 지원자들의 전반적인 수준은 높다고 평하면서도 특별히 눈에 띄는 배우가 없다고 했다. 은근히 걱정이 되었다. 그것은 나를 비롯해서 해외 스태프들 모두 같은 생각이었다. 성악가 출신은 지나치게 클래식한 발성을 한다는 것이, 반대로 뮤지컬 배우는 성량이나 발성이 「오페라의 유령」을 하기에는 빈약하다는 것이 문제였다. 또한 유령·크리스틴·라울 외에도 다양한 배역이 많았지만 모두 주인공이 되길 원했고, 심지어는 아주 중요한 조연급을 제안해도 거절하는 지원자들도 있었다. 40대의 어느 배우는 심사위원들에게 "라울의 나이를 40대로 올리면 안 되겠느냐?"고 질문해 웃음을 자아내기도 했다.

결국 라울 역에는 1차로 조승우가 전격적으로 낙점되었다. 당시 영화 「춘향뎐」 이후 대중에게 크게 알려지기 전이었는데, 젊은 나이에 품위 있고 당당한 품성이 라울 역에 적격이라는 생각이 들었고, 해외 스태프들도 동감했다. 그러나 순조로울 줄 알았던 조승우의 캐스팅은 돌연 영화 스케줄 문제로 성사되지 못했다. 배역 운이란 본인의 의지만으로 되는 것도 아니고 주변의 모든 상황이 맞아떨어졌을 때 가능하니, 조승우와 「오페라의 유령」은 인연이 아니었던 듯싶다.

3차 오디션은 6월에 미국에 거주하는 한국인 지원자 10명을 대상으로 치렀다. 첫 번째 오디션에서 적합한 배우를 찾지 못했

콜백 Call Back
1차 오디션을 통과한
배우들에게
2차 오디션을 볼 수 있는
자격을 주는 것을 말한다.
콜백 받은 사람만이
지정곡을 부를 수 있다.

기 때문에, 아니 정확히 말하자면 좀 더 배역에 적확한 배우를 만나기 위해, 팬텀과 크리스틴·라울을 찾아 미국까지 날아간 것이다. 그중에서 가능성이 있는 세 명의 배우를 다음 오디션에서 다시 보기로 약속했다.

그때 「명성황후」에 출연 중이던 김모 배우도 오디션을 보았는데, 그는 캐나다에서 뉴욕까지 차를 몰고 와 오디션에 임했지만 팬텀에 낙점을 받진 못했다. 이제야 고백하건대, 당시 나는 그의 오디션 응시를 말렸다. 그의 의지가 너무 굳건했기 때문에 그만큼 실망도 클 것을 염려했던 것이다. 그러나 배우로서 도전해보겠다는 그의 의지까지 꺾을 수는 없었다.

간혹 오디션 전에 기성 배우와 배역에 대해 얘기할 기회가 있는데, 이런 순간에는 프로듀서의 의견을 적극 수용해야 배역을 맡을 확률이 크다. 배우 자신이 생각하고 도전하는 배역과 크리에이티브 팀이 보는 그의 캐릭터가 다를 수 있기 때문이다. 그래서 배우는 프로듀서의 의견을 따라주어야 한다. 프로듀서는 오디션의 전 과정을 깊이 이해하고 있는 데다가 최종 결정권자이기 때문이다.

꼭 맞는 배우를 찾을 때까지

4차 오디션은 새롭게 지원한 200명을 대상으로 서류 및 실기 예비 심사를 거쳤다. 그중 통과자 41명과 5월에 치른 2차 오디션의 콜백 대상자 43명을 포함해서 84명이 5차 오디션을 치렀다.

6차 오디션에는 뉴욕에 살고 있는 「오페라의 유령」 연출자 아서 마셀라(Arthur Masella)가 심사위원으로 참여했다. 이때 뉴욕에서 공부하고 있던 류정한이 라울 역으로 낙점을 받았다. 당시 류정한은 유학을 온 지 며칠 안 된 상황이었다. 다시 한국으로 돌아와야 하는 문제 때문에 나와 많은 얘기를 나누었는데, 결국 유학을 포기하고 한국에서 「오페라의 유령」에 동참하기로 했다.

6차 오디션을 치르면서 대부분의 캐스팅이 확정되었지만 가장 중요한 팬텀이 나타나지 않고 있었다. 새로운 팬텀 지원자를 선정하기 위한 7차 오디션을 열었다.

그 후 다급해진 나는 모 배우를 유력한 팬텀으로 생각하고 다른 뮤지컬 공연의 막바지 연습으로 목이 약간 쉰 그를 무리해서라도 꼭 8차 오디션을 받게 할 요량으로 싱가포르까지 보냈다. 그러나 어찌나 성급했던지 여권이 만료된 것을 공항 출국장에서 알게 되어 출국도 못하고 돌아오는 해프닝을 겪었다. 8차 오디션은 음악 감독이 음역과 성량 그리고 음악적 소양을 필수적으로 판단해야 했는데, 한국 공연의 음악 감독을 담당할 가이 심슨(Guy Simpson)이 그곳에서 「미스 사이공」 지휘를 맡고 있었기 때문에 팬텀 후보를 시간을 다투어 싱가포르로 보낼 결정을 내렸던 것이다. 그러나 그 배우는 두 번의 기회에도 목소리가 원래대로 돌아오지 않아 결국 팬텀에서 멀어졌다.

108 한 치의 오차도 없이 계획된 일정대로 제작은 진행되고 있건

팬텀	40~50세. 오페라 하우스 지하에 숨어 사는 천재. 몰골은 비참하지만 열정적이며 최면에 빠져들게 하는 음색을 가졌다. 크리스틴이라는 소프라노 가수를 사랑하게 된다. 로맨틱하면서도 강한 카리스마의 소유자. 하이바리톤에 2옥타브를 자유자재로 넘나들어야 한다.
크리스틴	20대. 아름다운 여가수. 오페라 하우스의 발레 걸이었으나 팬텀으로부터 노래 레슨을 받고 주연으로 발탁된다. 이 역을 소화하기 위해서는 낮은 G에서 고음 E까지의 음역을 갖추고 있어야 한다.
라울	20~35세. 낭만적이며 잘생긴 젊은 귀족으로, 크리스틴과 사랑에 빠지게 된다.
피르맹	45~60세. 오페라 하우스의 공동 주주이자 매니저. 예술적으로는 무지하지만 빈틈없는 사업가다. 음역은 바리톤.
앙드레	35~40세. 낭만주의자이자 예술적 지식이 뛰어난 오페라 하우스의 또 다른 주주이자 매니저. 음역은 하이바리톤.
칼롯타	30~40대 초반. 파리 오페라 하우스의 프리마돈나. 음역은 콜로라투라 소프라노.
피앙지	40~50대. 극중 오페라의 스타 테너로 칼롯타와 함께 오래 일해온 남자 가수. 음역은 테너.
마담 지리	40~50대. 발레단의 감독으로 강한 개성의 캐릭터. 음역은 메조소프라노.
맥 지리	10대 후반~20대 초반. 마담 지리의 딸로 크리스틴의 친구. 뛰어난 발레리나.

1차 오디션	예비 심사 (서류 전형)
2차 오디션	5월 14일~18일 / 서울예술대학 남산 캠퍼스 / 총 300명
3차 오디션	6월 25일 / 뉴욕 / 현지에 거주하는 한국인 지원자 10명
4차 오디션	7월 1일 / 서류 및 실기 예비 심사 / 스타서치 리허설 스튜디오 / 총 200명 지원
5차 오디션	7월 6일~8일 / 스타서치 리허설 스튜디오 / 2차 콜백 43명과 4차 통과자 41명, 총 84명
6차 오디션	7월 23일 / 뉴욕 / 주연급 오디션
7차 오디션	8월 3일~4일 / 스타서치 리허설 스튜디오 / 팬텀 역 신규 지원자 대상 오디션
8차 오디션	8월 10일 / 싱가포르 / 팬텀 마지막 오디션
9차 오디션	9월 3일~4일 / 스타서치 리허설 스튜디오 / 앙상블 오디션

만 정작 팬텀이 나타나주질 않아 우리는 가슴을 졸이고 있었다. 5월부터 8월까지 여덟 차례의 오디션 끝에 크리스틴·라울을 포함한 주요 배역과 앙상블 등의 1차 캐스팅을 완료했지만 팬텀 역은 한국과 미국에 10여 명의 후보자만 있을 뿐 확정을 짓지 못한 상태였다. 공연 관계자는 물론이고 뮤지컬 팬들의 궁금증과 의혹은 깊어만 갔다. "마케팅 전략이다"라는 소문부터 "이미 내정된 사람이 있다" 또는 "분명히 그 사람일 것이다" 등등 항간에 오가는 추측을 전해 들으며 정작 제작 팀은 마음고생을 해야 했다.

8월부터는 기존의 후보들 밖에서 팬텀을 찾아야 한다고 생각하고 새로운 지원자들의 접수를 받았다. 8월 초 개별 오디션을 치렀으며, 이 과정을 비디오로 촬영하여 미국에서 활동하고 있는 한국 공연 연출자 아서 마셀라에게 보내는 등 가능한 모든 노력을 아끼지 않았다. 이 과정에서 뽑힌 신규 후보자들과 기존 후보자들이 8월 10일 싱가포르에서 치른 오디션이 8차 오디션이었다. 그러나 이 오디션에서도 한두 명의 후보자만 선정했을 뿐 메인 캐스트를 확정짓지 못했다. 팬텀 역은 그만큼 완벽해야 했기 때문이다.

극적으로 나타난 팬텀

사실상 8차 오디션을 팬텀을 찾을 수 있는 마지막 기회라 여겼기 때문에 8차 오디션 후에는 대안을 찾아야 했다. 그리하여 미국 프로덕션에서 팬텀 역을 맡았던 이언 존 버그(Ian Jon Bourg)와 협상 후 출연 계약을 맺기로 합의하고 세부사항을 검토하는 단계에 이르렀다. 예전에 독일에서도 팬텀을 찾지 못해 이언 존 버그를 급히 투입했는데, 독일어를 전혀 할 줄 몰랐던 그는 겨우 두 달 만에 독일어 공연을 해내면서 외국어 능력이 탁월하다는 평을 받았다. 우리는 그가 한국어로도 해낼 수 있다고 믿고 섭외를 시작했다. 그런 와중에 9월 3~4일 부족한 앙상블을 캐스팅하기 위해 최종적으로 9차 오디션이 있었다.

오페라계에서 주목받는 신인으로 1999년부터 서울시합창단에 소속되어 오페라 무대에서 활동해왔던 윤영석이 눈에 띄었다. 오디션장에서 윤영석은 자신이 준비해온 오페라 아리아를 불렀는데 팬텀 역의 음색과 성량을 보여주어 즉시 팬텀의 '그 밤의 노래'(The Music of the Night) 악보를 받게 되었다. 연습실에서 1시간가량의 짧은 연습을 끝내고 다시 오디션장에 나타난 윤영석은 처음과는 달리 팬텀의 가능성을 보여주었다. 소리가 튼튼하고 안정되어 있었으며, 팬텀에게 맞는 미성의 바리톤 음성에 발성이 차분했고 고음 처리도 훌륭하게 소화해냈다. 그가 팬텀으로 유력시되면서 한국의 팬텀을 찾기 위한 길고 긴 스토리는 막을 내리게 되었다. 극적으로 한국의 윤영석을 메인 캐스팅으로 확정지음으로써 이언 존 버그의 출연 결정을 취소하는 해프닝까지 벌어졌다.

마지막 앙상블 오디션에 응시했던 윤영석은 정통 오페라보다 대중과 가까이하는 무대에 관심이 많아 '오페라를 대중화하자'며 소극장에서 새롭게 공연했던 「세빌리아의 이발사」의 주역 '피가로'로 열연한 바 있었다. 평소 「오페라의 유령」 오디션에 많은 관심이 있었지만 '과연 내가 팬텀을 할 수 있을까?' 하는 마음으로 오디션을 보지 않고 있다가 마지막에 '앙상블이라도 할 수만 있다면' 하는 마음으로 임했다고 했다.

음악 감독 가이 심슨은 "팬텀은 연기도 중요하지만 몸을 움직여서 하는 연기가 아니라 목소리 연기를 해야 한다. 슬프게 노래해야 할 부분에서 사람을 슬프게 만들 줄 알아야 하는데, 윤영석이 그걸 보여주고 있다"고 말했으며, 연출자 아서는 "바로 우리의 팬텀"(Here is our Phantom)이라고 극찬을 아끼지 않았다. 나머지 사람들도 "지금까지 서울에서 오디션을 본 참가자 가운데 제일 탁월한 사람"이라고 한목소리를 냈다.

삼십대 초반의 윤영석은 팬텀의 중후한 캐릭터를 연기하기에 다소 젊은 나이였다. 그러나 장기 공연을 하면서 공연과 함께하는 시간만큼 작품에 몰입하면서 실제 나이보다 연기로 연륜을 표현할 수 있으리라 기대했다. 사실 미국에는 스물일곱 살의 팬텀도 있었다. 한국에서의 장기 공연을 생각할 때 충분한 가능성이 있는 배우로 그를 선택했다. 전 세계에서 14번째로 제작하는 한국 공연, 14대 팬텀으로 윤영석을 확정한 후「오페라의 유령」은 모든 캐스팅을 완료했다. 그리고 8월 말부터 주요 배역을 포함한 일부 배역은 이미 개별 연습을 시작한 상태에서 10월부터는 전 출연자가 본격적인 연습에 돌입했다.

심사위원이 "Thank you! Lovely!"라고 했다면

「오페라의 유령」처럼 긴 오디션 일정의 첫날에는 많은 지원자들이 한꺼번에 오디션장으로 몰리기 때문에 시간대별로 인원을 배정하고 오디션 계획을 철저하게 세워두어야 한다. 오디션 첫날은 보통 노래나 안무 오디션을 보게 되는데, 모든 지원자들에게 기회를 주어야 하므로 300명쯤 되는 인원을 하루에 다 심사하기란 녹록치 않은 일정이다. 지원자 입장에서는 개개인에게 충분한 시간이 배려될 수 없다는 뜻이며, 또한 단 한 번의 실수도 만회할 기회가 다시 없다는 뜻이기도 하다. 그러므로 지원자는 단 몇 분 안에 자신의 기량을 효과적으로 선보일 수 있도록 충분한 준비를 하여 오디션에 임해야 한다. 먼저 작품을 분석하고 캐릭터를 연구한 다음, 자신의 이미지와 작품에서 요구하는 이미지의 적합성과 차이점을 찾아내 자신의 배역에 맞는 준비를 해야 한다.

RUG의 오디션 가이드라인을 보면 첫째 날은 전원 자유곡을 부르게 하고 이튿날 오디션을 볼 수 있는 콜백을 받은 사람에 한해 지정곡 악보를 줄 수 있다. 그때 어떤 악보를 받느냐에 따라 배역에 대한 향방이 결정된다. 안무 오디션의 경우, 댄서를 뽑는 오디션과 싱어 겸 댄서를 뽑는 오디션의 방법은 다르다. 「오페라의 유령」에는 특히 극중극 발레가 나오는 장면이 있으므로 여덟 명의 무용수를 선발해야 했는데 재차 콜백한 지원자들을 대상으로 난이도 있는 오디션이 치러졌다. 싱어 겸 댄서의 경우는 노래 오디션을 통과한 배우에 한해 춤 실력을 발휘할 기회를 주었다.

웬만큼 실력을 갖춘 전문 발레리나들은 뮤지컬 공연의 수준을 조금은 낮게 생각하고 참여를 꺼리는 경향이 있어서, 결국 부족한 무용수들은 우크라이나의 키예프 발레단* 소속 배우들 중에서 데려오기로 결정했다. 앙상블 배역이고 장기 체류를 위한 비자와 숙박 등의 문제는 있었지만 해외 스태프들은 신선한 아이디어로 받아들였다. 당시 뮤지컬에 출연할 실력 있는 발레리나를 찾는 것은 주역 오디션만큼이나 힘든 여정이었다.

이런 식으로 오디션은 시간이 갈수록 난이도를 더해갔다. 마지막 오디션에서는 그야말로 예상되는 후보들을 지목해 지정 대본으로 연기 오디션을 거치면서 상대 배우와의 앙상블을 테스트하며 최종 후보자를 좁혀갔다. 마지막 순간까지도 누가 팬텀이 될지, 크리스틴이 될지, 라울이 될지 아무도 예측할 수 없었다. 지원자들은 간혹 해외 심사위원들이 던지는 가벼운 한마디에 혹시 어떤 뉘앙스가 숨겨져 있는 것은 아닐까 귀를 곤두세울 수밖에 없었다.

대기실에서 초조한 마음으로 자신의 순서를 기다리고 있던 응시자가 드디어 오랜 기다림의 침묵을 깨고 오디션장으로 들어서면 심사위원들은 응시자의 긴장을 풀어줄 요량으로 "하이!" "헬로!" 하며 가벼운 인사를 건넨다. 가벼운 인사도 별 효력을 발휘하지 못할 때는 나도 한마디 거든다. "긴장 풀고 편안히 하세요!"

그러나 일단 반주가 시작되면 지원자들은 냉정을 되찾고 한 음 한 음 최선을 다해 자신의 기량을 펼쳐 보인다. 심사위원은 서로 의견을 교환하며 콜백 대상자를 선발한다. 해외 심사위원이 하는 말은 한결같다. "Thank you! Lovely!" 하지만 그건 진짜 잘해서가 아니다. 예의상 던지는 말이다. 그러나 그 말 뒤에 몇 마디 더 붙는다면 나중에 오디션을 다시 받을 수 있는 확률이 있다. 하지만 "Thank you! Lovely!"가 전부였다면 이 말의 의미는 "돌아가셔도 좋습니다"로 해석해도 된다.

능력 있는 배우들이 대거 참여했지만 원하는 배역이 주로 주연급 역할에 치우쳐 있어서 심사위원들을 곤혹스러워했다. 자신은 무조건 크리스틴을 할 수 있고 꼭 해야 한다고 우기는 지원자가 나타났을 때는 우리나라 정서를 이해하지 못하는 해외 스태프들에게 상황을 이해시키느라 진땀을 흘려야 했다.

작품에서 주연이 중요한 것은 사실이지만, 작품 전체를 본다면 주연·조연 할 것 없이 모든 배역이 다 중요하다는 사실을 배우 스스로가 인식할 필요가 있다. 그리고 오디션은 배역에 적합한 배우를 찾는 것이지, 배우들이 배역을 두고 자신의 기량을 시험하는 장소가 아니라는 것을 알아야 한다. 만약 근소한 차이로 원하는 배역을 맡지 못했다면 그것은 실력이 모자라서가 아니라 다른 사람보다 자신이 배역의 캐릭터에 근접하지 못했기 때문이라고 생각해야 한다. 그래서 오디션에서 탈락했다고 마음에 상처를 입는 일은 없어야 한다. 배우는 평생 동안 오디션을 받는 사람이기 때문이다.

오디션도 무대다

오디션장에서 뻣뻣하게 서서 노래만 부르는 지원자들이 심사위원을 사로잡을 수 있을까? 물론 아니다. 크리에이티브 팀들은 실수를 하더라도 자신을 보여주기 위해 적극적으로 행동하는 배우들을 높게 평가한다. 우산과 모자·지팡이를 준비해 자신이 공연한 뮤지컬의 한 장면을 선보인 배우도 있었고, 노래를 부르면서 바닥에 주저앉는 등 연기에 몰두하는 모습을 보이는 배우도 있었다. 이런 지원자가 심사위원에게 좋은 인상을 심어주는 것은 두말할 나위가 없다. 오디션은 결코 나를 시험하는 장소가 아니다. 나를 선보이는 작은 무대와 다름없다는 점을 숙지해야 한다.

하루 이틀에 끝나는 오디션에 익숙해 있던 배우나 관계자들에게는 이해하기 힘든 일이지만, 다른 나라에서도 「오페라의 유령」 오디션은 거의 5~8차례 정도 치러졌고, 거의 마지막까지 팬텀을 찾지 못해 프로듀서가 긴장하는 일이 많았다고 한다. 우리나라에 아직 뮤지컬 배우가 많지 않던 시절이었고, 흥행을 위해서라면 실력 있는 스타를 기용해야 하는 가능성도 배제할 수 없었다. 그러나 「오페라의 유령」은 대중적인 인기보다 객관적인 실력과 배역의 이미지를 우선시하여 오디션을 치렀다. 많은 제작자들이 인지도와 흥행을 노려 울며 겨자 먹기 식으로 연예인을 내세워 실패한 공연들을 항상 염두에 두었다. 나는 해외 스태프들에게 "이 사람은 이런이런 사람이다" 하는 사전 정보를 주지 않았다. 배우의 이미지와 실력으로 배역이 결정되기를 바랐기 때문이다.

RUC 프로듀서 케리 커머포드는 우리나라에서 진행된 오디션 과정을 다음과 같이 평가했다.

"한국 오디션은 전반적으로 조직 운영이 잘되었고, 스태프도 매우 협조적이며 효율적이었다. 그러나 두 사람의 피아니스트를 두어 한 사람이 오디션장에서 연주하는 동안 다른 피아니스트는 밖에서 다음 지원자와 대화를 나누며 곡 준비를 했다면 훨씬 매끄럽고 효율적으로 진행되지 않았을까 싶다.

또 지원자들이 자신이 지원한 배역의 나이나 성격 등과 관련해 전반적인 사전 지식이 부족했다. 영어는 잘 못하더라도 한국말로 좀 더 적극적으로 표현하지 못한 점도 아쉬웠다.

오디션에서 만난 한국 배우들은 다방면으로 재능이 있었지만, 자신의 끼를 펼치는 데는 약간 부끄러워했다. 그러나 아마도 가장 큰 문제는 지원자 대부분이 자신의 역할을 잘 이해하지 못하고 있다는 점이었다. 모두 친절하고 인내심 있게 요구사항을 적극 수용해주었지만, 캐릭터에 근접하게 보이기 위해 의상까지 갖추어 입고 온 열성적인 배우 중에도 배역에 대한 이해가 부족하여 좀 다른 이미지의 옷을 입고 온 사람이 있었다. 더구나 어느 중견 배우는 다른 배역을 이미 확보한 상태에서 20대의 젊은 라울 배역을 자신이 할 수 있다고 우기기까지 했다."

케리 커머포드가 지적한 것처럼 배우들이 배역의 이미지를 잘못 이해할 가능성은 충분히 있다. 대부분의 배우들이 「오페라

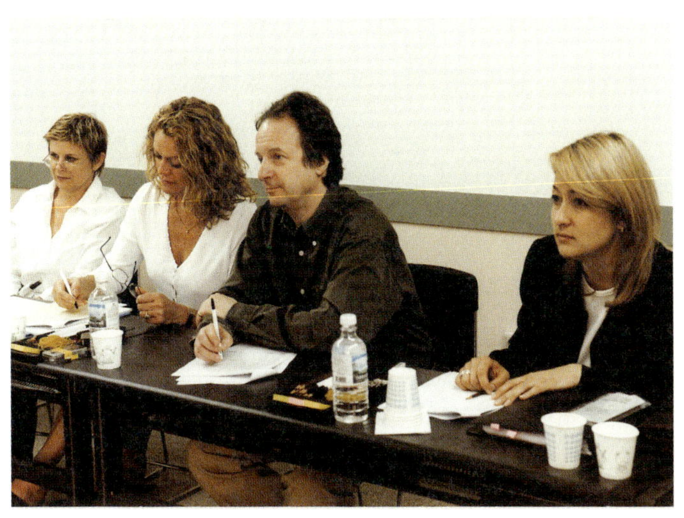

의 유령」을 보지 못했기 때문에 그런 일이 벌어진 것이다. 제작 발표회에서도 어떤 기자가 「오페라의 유령」을 본 적이 없는 배우들이 역할을 충분히 소화해낼 수 있느냐고 질문한 적이 있었다. 여기에 대해 한국 공연의 안무가 겸 연출 협력자인 퍼트리샤 머린은 다음과 같이 말했다.

"모든 면에 대해서 개방된 자세와 열의만 있다면 전혀 상관없습니다. 역할을 충분히 숙지시키는 것이 크리에이티브 팀의 역할이며, 「오페라의 유령」을 사전에 모르는 편이 나을 수도 있습니다. 오히려 고정관념이 없는 것이 좋기 때문입니다. 제작진이 연습 기간 중에 충분한 연습과 무대 리허설을 실행하므로 굳이 작품을 보아야 할 필요는 없습니다."

내 생각도 같다. 라이선스 공연의 경우 어차피 인종과 언어가 다르면 오리지널과 똑같을 수 없다. 그 나라에 맞게 어느 정도 재창조되어야 하기 때문에 원작을 보지 않았다는 것이 반드시 어려움으로 작용하는 것은 아니다.

배우와 마찬가지로 오디션 치른 지휘자

배우 외에도 함께 참여할 주요 스태프들의 오디션이 실시되었다. 공연 중에 배우들과 호흡을 맞춰 극의 리듬을 조율하는 지휘자 오디션은 출연자 9차 오디션과 동시에 이루어졌다. 지휘자와 부지휘자를 뽑는 오디션에 11명이 지원했는데, 주로 합창단의 현직 지휘자들이었고 대학교수와 유명 지휘자도 포함되어 있었다. 대부분의 오디션 참여자들은 오디션 자체에 불편한 심기를 드러내거나 자신의 음악 경력을 내세워 우리를 곤란하게 만들었다.

심사는 「오페라의 유령」 한국 공연의 음악 감독인 가이 심슨이 담당했으며, 오디션은 기본적인 이력을 점검한 후 곧바로 실전으로 들어갔다. 가이가 피아노 연주자가 되어 실제로 「오페라의 유령」 곡을 연주하고 지휘자가 지휘하는 형식으로 지휘 평가를 내렸다. 가이는 「오페라의 유령」 음악을 얼마나 깊이 이해하고 감정을 넣어 풍부하게 지휘하며 연주자들을 잘 리드하느냐에 주안점을 두었다. 가이는 때론 장난꾸러기처럼 박자를 일부러 놓치기도 했는데, 실수나 돌발 상황에 지휘자가 어떻게 대처하는지를 살피려는 의도였다.

이틀 동안 진행된 오디션에서 지휘자로 장모 씨와 부지휘자로 박상현이 선발되었는데, 리허설이 거의 끝나는 시점인 무대 리허설 중 장모 지휘자가 도중 하차하면서 박상현 부지휘자가 그 자리를 물려받았다. 실제 공연에서 박상현 지휘자의 열정적이고 감성적인 지휘는 「오페라의 유령」 음악을 더욱 감동적으로 들려주었다. 결국 부지휘자가 지휘하는 것에 대한 의심의 눈초리는 완전히 사라지고 훌륭한 지휘자를 얻게 된 것을 모두 감사했다.

반주자와 오케스트라 오디션

연습 내내 배우들의 연습을 도와줄 반주자를 선발하는 오디션 역시 9차 오디션 기간 중에 실시되었다. 반주자는 특히 「오페라의 유령」 음악에 익숙하지 않은 배우들에게 올바른 리듬과 음감을 정확하게 전달해야 한다. 그래야만 배우들이 작품에 접근하는 데 도움을 줄 수 있다. 반주자 오디션 역시 음악 감독 가이가 담당했다. 3명의 반주자를 선발하는데 12명이 지원하였다. 지원자들은 많지 않았지만 테크닉과 수준은 매우 높은 편이었다.

오디션은 우선 자유곡으로 개인적인 실력을 보았다. 그러고는 즉석에서 「오페라의 유령」 악보를 주고 얼마나 소화해내는지를 판단했다. 기본 테크닉은 물론이고 초견으로 악보를 연주하면서 얼마나 지휘를 잘 따라오는지를 보았다. 반주자는 독단적으로 음악을 해석하는 것이 아니라 지휘자와 호흡을 맞춰야 하는 상황이기 때문에 이 점을 중점적으로 보았다.

「오페라의 유령」의 아름다운 선율을 연주할 오케스트라 단원은 1차로 지휘자가 개별 선정하고, 음악 감독 가이와 함께 면접을 본 다음 최종 결정했다. 바이올린 4명, 클라리넷 2명, 플루트와 피콜로 2명, 비올라 1명, 호른 2명, 퍼커션 1명, 첼로 1명, 더블베이스 1명, 신시사이저 3명으로 모두 17명을 선발하는 오디션에 70여 명이 지원했다. 우리나라 뮤지컬 역사상 클래식 전문 연주자들이 이처럼 많이 참여하기는 처음 있는 일이었다. 그동안 뮤지컬과 클래식계는 높은 담으로 가로막혀 있었다. 「오페라의 유령」은 바로 이런 장르간의 차별의식과 보수적인 발상을 깨뜨리는 결정적인 계기를 마련해주었다.

오디션 방식은 지휘자나 반주자 오디션처럼 실질적인 심사가 주를 이루었다. 먼저 개인이 준비한 연주로 테크닉을 살핀 후 그 자리에서 「오페라의 유령」 악보를 주어 연주 능력을 판단했다. 연주 능력뿐 아니라 7개월이라는 장기 공연에 얼마나 성실하게 임할 수 있을 것인지도 중요한 결정 요인이 되었다. 지원자 중에는 음대에 재학 중인 학생들도 다수 포함되었는데 선발된 이들은 휴학을 결심하는 열의를 보이기도 했다. 이렇게 하여 뜨거운 경쟁 열기 속에서 장기간에 걸쳐 치러진 「오페라의 유령」 오디션 일정은 모두 끝이 났다.

캐스팅을 공개하다

캐스트 발표는 공연계 초미의 관심사가 되어 있었다. 캐스팅을 발표할 때까지 약 석 달 동안 치러진 오디션에 참가한 지원자들은 물론, 이 과정을 관심 있게 지켜보고 있던 많은 뮤지컬 마니아들에게는 무척이나 고대하던 일이었다. 항간에는 여러 가지 소문이 떠돌기도 했는데, 그중 대부분은 제작사가 벌써 캐스트를 정해놓고도 궁금증을 불러일으키기 위해 고도의 마케팅 전략을 펴고 있다는 것이다. 내용이야 어찌 되었건 「오페라의 유령」 한국 공식 홈페이지를 비롯하여 각종 뮤지컬 전문 사이트는 캐스팅 결과에 대한 소문으로 엄청난 접속률을 보였다. 네티즌들은 조금씩 흘러나오는 정보를 조합, 추리하여 나름대로 캐스팅의 윤곽을 만들어내기도 했다.

2001년 8월 8일, 긴 침묵을 깨고 드디어 「오페라의 유령」에 출연할 배우들을 발표하는 캐스팅 발표회를 가졌다. 오전 11시 조선호텔 코스모스룸에서 캐스트 발표를 갖고 풍문의 진위를 가렸는데, 이날 일차적으로 크리스틴 역의 이혜경·김소현, 라울 역의 류정한, 칼롯타 역의 윤이나, 피르맹 역의 김봉환, 캐스팅 발표장에는 나오지 않았지만 피앙지 역의 진용국, 앙드레 역의 서영주, 크리스틴의 친구인 맥 지리 역으로 런던 오리지널 「오페라의 유령」 무대에 섰던 노지현을 발표했다. 그러나 「오페라의 유령」 캐스트 중 가장 관심을 모았던 팬텀은 결국 발표하지 못했다.

팬텀을 찾지 못한 상태였지만 마케팅 일정상 홍보 이슈를 최대한 활용하기 위하여 불가피하게 캐스트 발표를 해야 했고 기자들은 캐스트 발표회의 알맹이가 없다고 불만을 나타냈다. 그러나 수많은 성악가와 뮤지컬 배우들이 팬텀에 도전했지만 서정적이면서 강한 흡인력을 지닌 목소리와 여리면서도 카리스마 있는 캐릭터를 갖춘 배우를 찾기가 쉽지 않다는 말에 수긍하는 듯했다.

500 대 1의 경쟁률을 뚫고 당당히 배역을 차지한 배우들은 기자회견 내내 긴장된 모습을 감추지 못했다. 수많은 경쟁자를 물리치고 크리스틴 역을 차지한 두 여배우에게 기자들의 관심이 집중되었다. 이혜경은 차분하면서도 재치 있는 답변으로 크리스틴의 면모를 보였으며, 김소현은 깜찍하고 귀여운 대답으로 기자들을 즐겁게 했다. 오페라의 프리마돈나 윤이나는 뮤지컬의 조역을 맡은 것이 의외라는 반응에 대해 "칼롯타가 소화해야 하는 음악은 오페라에서 하는 발성을 그대로 쓰면서 오히려 고난도의 콜로라투라*가 필요하다"고 설명하면서 "칼롯타처럼 뚜렷한 성격을 연기하는 것도 좋은 기회"라며 의욕적인 자세를 보여주었다. 진정한 평가는 공연이 올라간 후에나 내릴 수 있겠지만, 기자회견에 임하는 배우들을 보니 하나같이 믿음직스러웠고 괜찮은 배우를 뽑았구나 하는 느낌이 들게 했다.

드디어 팬텀 역할의 배우를 발표하다

팬텀은 맨 마지막에 그야말로 유령처럼 등장한다는 속설처럼 9월 마지막 앙상블 오디션에서 드디어 팬텀 역의 윤영석을 확정지으면서 모든 캐스팅을 완료하게 되었다. 2001년 11월 12일 공

콜로라투라Coloratura
18~19세기 오페라의 아리아 등에 즐겨 쓰인 선율 또는 양식. 빠른 템포에 대개 자잘한 음표로 이루어졌으며, 꾸밈음이나 스릴 넘치는 화려한 악구가 기악적으로 펼쳐지는 듯하다.

연장인 LG아트센터 로비에서 그동안 캐스팅 결과를 기다렸던 관객의 호응에 보답하기 위해 전 출연진의 발표회를 열었다. 이 자리에서는 1차로 발표했던 이혜경·김소현·류정한 등과 팬텀으로 확정된 윤영석 그리고 그 밖의 모든 출연진이 나와 가면무도회를 비롯한 몇몇 장면을 시연했다.

「오페라의 유령」 캐스팅에서는 외국의 경우와 같이 춤을 전문으로 하는 배우, 노래를 전문으로 하는 배우가 나누어졌다는 점이 중요했다. 작품 자체가 캐릭터별로 요구하는 능력이 다르므로 성악가 출신의 배우, 발레를 전공한 사람, 뮤지컬 배우에 이르기까지 다양한 분야를 대상으로 캐스팅을 한 것이다.

「오페라의 유령」 한국 공연에는 모두 39명의 배우들이 참가하는데, 이들 중 성악가 출신이 20명, 뮤지컬 배우 출신이 9명, 발레 전공자가 10명이었다. 「오페라의 유령」에 참여했던 뮤지컬 배우들은 물론 성악이나 발레 출신의 배우들도 이 작품 이후 뮤지컬 무대에 지속적으로 참여함으로써 뮤지컬 배우층의 확대에도 기여하게 되었다.

9차 오디션에야 참여했는데… 오디션 정보를 늦게야 알았습니다. 오디션이 진행되고 있다는 소식은 들었지만 저는 다 뽑힌 줄 알았거든요. 그런데 다시 공고가 난 걸 보고, 혹시나 하는 마음에서 참여하게 되었습니다.

마지막 오디션에서 발탁된 기분은? 유령 역할에 욕심이 난 건 사실이에요. 하지만 싱어라도 남은 역할이 있다면 참여하고 싶다는 마음으로 오디션에 임했어요. 근데 제가 준비한 곡을 부르고 나자 그 자리에서 유령 과제를 주시더라구요. '그 밤의 노래'였어요. 기왕이면 팬텀이 되면 좋겠다고 생각하고 도전했죠. 사실 얼떨떨합니다. 저한테 너무나 큰 행운이라고 생각하고 있어요. 대본을 받고 악보를 받으면서도 생각하면 할수록 세상에 이런 역할이 나한테 주어질 수 있을까, 정말 엄청난 일이구나 싶습니다.

주위에서 누가 가장 기뻐했나요? 제 아내입니다. 오디션을 보라고 계속 권유한 사람이었거든요. 저는 출연 중인 오페라도 있었고, 자신 있었던 것도 아니어서 고민하고 있었어요. 그런데 옆에서 많은 자신감을 주었어요. 지금 몹시 기뻐하죠.

내면에 숨겨진 끼는 어떻게 알게 되었는지? 「세빌리아의 이발사」에 오디션을 통해 출연하게 되었는데, 연기적인 잠재력을 보고 맡겨주셨다고 하더군요. 그 오페라는 연극 배우들과 조인트해서 극적인 요소를 증대시켜보자는 취지로 출발했거든요. 그 작품을 하면서 연극 배우들에게서 많이 배웠어요. 어려서부터 대중 가수도 되고 싶었지만 연극도 해보고 싶었어요. 외국 자료와 비교해보면서 외국 오페라 가수들은 저렇게 하는데 우리는 왜 하지 못할까 그런 생각도 많이 했어요. 뮤지컬도 많이 두려웠지만 배우면서 할 수 있겠다 싶었죠.

뮤지컬에 대한 생각은? 상당히 부러웠어요. 대중에게 인기도 높고, 오페라 못지않은 규모라든가 그런 것을 볼 때 나도 저런 작품에 한번 출연해보면 좋겠다는 생각을 품고 있었어요. 하지만 춤 때문에 안 되

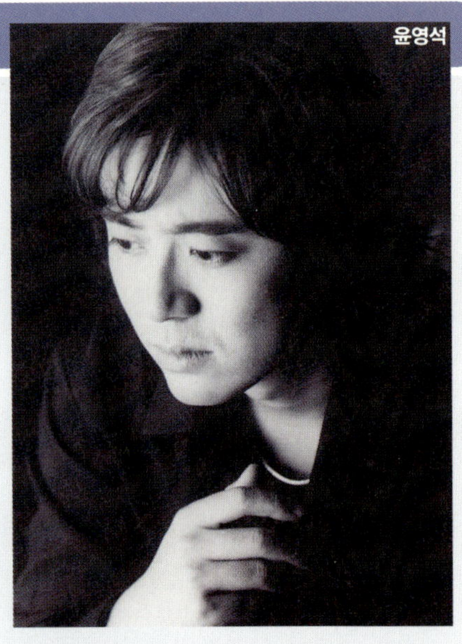

겠다 싶었지요.

본인이 가진 팬텀으로서의 매력은? 오페라 중에서는 「리골레토」를 가장 해보고 싶었어요. 강한 자에게 약한 자가 눌리고 마는 이야기인데 해피엔딩이 아니거든요. 무척 해보고 싶은 작품이라 연습도 하곤 했는데 유령과도 연결되지 않을까 싶어요. 내적으로 아주 섹시한데 감추면 모르고, 드러내면 그게 굉장히 섹시할 수 있잖아요. 그게 바로 연기인 것 같아요. 그런 식으로 표현을 할 수 있으리라 생각해요.

본인의 목소리는? 바리톤이지만 육성뿐만 아니라 목소리로 장난치는 거 좋아해요. 가수 김종서나 개그맨 흉내 내는 것도 좋아해요. 주위에선 목소리 안 다치냐고 걱정도 하는데 오히려 더 강해지는 것 같더라구요. 성대 자체가 강한가 봐요. 다른 바리톤보다 가볍고 밝다는 소리를 많이 들었어요. 고음도 많이 나는 편이구요. 그래서인지 '미친 바리톤'이라는 별명도 붙었어요. 목소리를 여러 가지로 변형시켰던 장난들이 이번 오디션에서 많은 장점으로 작용한 것 같습니다.

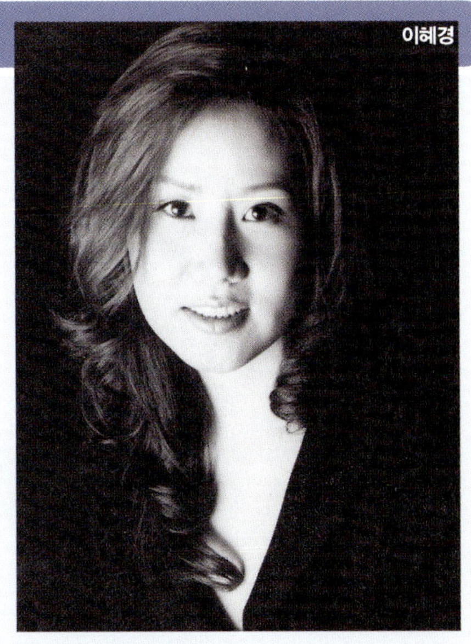

오디션을 치른 기분은? 작년부터 이 공연을 한다는 이야기를 들었어요. 개인적인 욕심보다는 큰 작품에 도전해보는 것 자체가 많은 도움이 될 것 같았어요. 시야를 넓히는 데 중요한 계기가 될 거라는 생각이 들었죠. 캐스팅되리라고는 생각도 못했어요. 오디션 때 심사위원이 "자신 있나요?" 하셨는데, 그때 안 나던 음(E음)이 나더라구요. 최선의 모습을 보여주면 떨어져도 행복할 것 같다는 생각을 했죠. 그래서 즐겁게 오디션을 봤어요.

1차 오디션부터 5차 오디션까지 수없이 콜백을 받았는데… 기다리는 시간이 힘들었죠. 처음 오디션은 참 즐거웠어요. 처음에는 내가 노래를 준비했고, 콜백 때는 심사위원이 주신 노래를 했고, 세 번째는 대본과 발레를 봤기 때문에 참 재미있었어요. 마지막 콜백 때 우리말 가사로 된 오디션을 본다고 해서 내가 미덥지 않으시구나 하는 생각도 들었어요. 발표를 기다리는 동안 주위에서 내가 확정됐다는 말까지 나와서 얼마나 부담스럽던지. 나 스스로가 자신이 있었으면 덤덤했을 텐데, 그러지 못했기 때문에 더 부담스러웠죠.

크리스틴으로 캐스팅되었다는 소식을 접했을 때 기분은? 마지막 날 오디션에서 또 연기를 시켜보시더라구요. 내가 마음에 들지 않은 건 아닌가 보다 하는 생각이 들었죠. 모든 상황을 다 감사하게 생각하고 기다리고 있었어요. 너무 기쁘면 표현을 못해요. 오히려 차분하게 전화를 받았어요. 믿기지가 않더라구요. 가장 먼저 가족들에게 알렸어요. 소문이 빨리 퍼져서 만나는 사람마다 축하를 해주었어요. 오히려 내가 주위 사람들보다 더 차분해지더라구요. 믿기지가 않으니까. 며칠 동안 잠도 못 잤어요. 내가 합격됐다는 여운이 무척 오래 갔어요.

처음부터 뮤지컬을 할 생각이었는지? 원래 유학을 가려고 했는데 돈이 없어서 못 갔어요. 그런데 이 길로 들어서려고 그랬었나 봐요. 친구가 서울시뮤지컬단에 시험을 보자고 해서 따라가서 시험을 봤죠. 춤과 연기 오디션을 봤는데 정말 못했어요. 합격할 줄도 몰랐는데 전화가 왔어요. 그래서 뮤지컬을 알게 되었고 직업이 되었죠. 그전에는 오페라가 최대의 목표였어요. 교수님께서도 뮤지컬 한다고 반대를 많이 하셨어요. "조수미가 못 될 바에야 유학 안 갑니다"라고 말씀드렸죠.

동료들이 말하는 이혜경은? 어떤 배우라고 평가받을 만큼 시간이 안 된 것 같아요. 나에게 주어진 일을 제대로 하기에도 너무 바쁘고, 벅차기만 했거든요. 매번 새로운 인물을 만들어낸다는 것, 변화해야 한다는 것이 어려운 일이죠. 내가 어떤 배우라는 평가보다는 지금 내게 주어진 배역에 충실한 것이 중요하다고 생각해요.

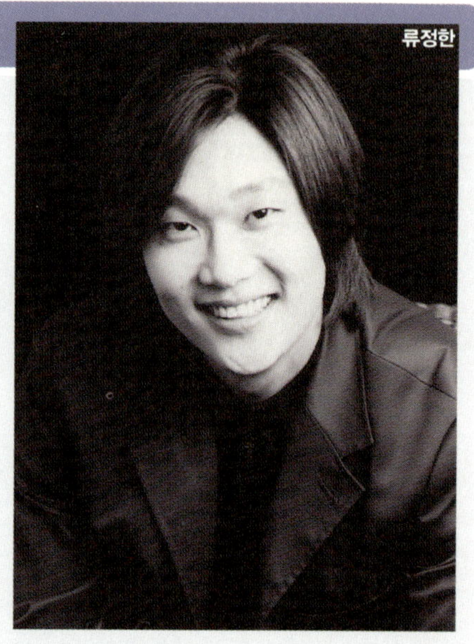

오디션을 보게 된 과정은? 「오페라의 유령」이 우리나라에 들어올 줄은 상상도 못했어요. 안 돼도 어쩔 수 없다는 생각을 가지고 오디션에 임했어요. 처음에는 팬텀 역으로 오디션을 봤어요. 굉장히 매력 있는 역할인 만큼 제 역량과 상관없이 팬텀 오디션을 신청했던 거죠. 그다음에 유령은 나이가 마흔 정도는 되어야 소화할 수 있다는 말도 들었지만, 심사위원들이 오디션 때 유령 악보를 주어서 저에게도 가능성이 있다고 생각했어요. 서울에서 오디션을 보고 뉴욕 맨해튼에서 또 오디션을 봤는데, 그때도 유령으로 봤어요. 그다음에 라울을 보라고 연락이 와서 마지막 오디션을 라울로 봤습니다. 저에게는 라울이 더 맞는 것 같아요. 유령은 정말 깊이 있는 연기도 필요하고, 노래도 잘해야 하잖아요.

작품은 보았는지? 브로드웨이에서 봤어요. 말이 필요 없는 최고의 작품이라고 생각해요. 내가 과연 저렇게 할 수 있을까 하는 두려움도 생겼어요. 오디션 보기 전에 봤는데, 공연을 보고 나니까 좀 자신이 없어지더라구요. 라울 역은 제가 노래를 더 잘할 자신이 있었어요. 하지만 그 배우가 워낙 저보다 잘생겨서…. 그런 거 빼고는 자신감이 듭니다.

라울로 캐스팅된 순간 어떤 기분이었는지? 소식도 없고, 루머만 들리고, 지금까지 오디션 본 것 중에 가장 떨렸어요. '이번 공연에만 참여할 수 있다면 앞으로 공연을 못해도 좋다'는 생각까지 들더라구요. 이렇게까지 욕심낸 적이 없었는데, 이 작품은 정말 하고 싶었어요. 준비 기간도 짧았고 실력 있는 분들도 많았다는 이야기를 들어서 내가 될 거라는 생각은 못했어요. 캐스팅 확정됐다는 소식을 듣고 나선 저희 집은 축제 분위기였죠. 어머니하고 누님이 가장 기뻐해주셨어요.

라울의 매력에 대해서는? 캐릭터 자체가 멋있고 당당하고, 팬텀만큼 크리스틴을 사랑하는 남자라고 생각해요. 앞으로 연출가와 많은 이야기를 나누면서 라울에 대해서 알아가겠죠. 저도 그런 사랑 해보고 싶어요. 크리스틴처럼 예쁘고 노래 잘하는 여자라면 당연히 사랑할 수 있죠.

자신의 성격과 배우로서의 생각은? 성격은 아주 좋아요. 사람들하고도 잘 어울리구요. 하지만 내성적인 면이 많아요. 만약 한 작품 끝나고 여기저기 작품 찾아다니고 했으면 더 많은 작품에 출연할 수 있었을 텐데 못 그랬죠. 외국에서도 좋은 배우들이 그렇게 많은 작품에 출연하지는 않았거든요. 자신한테 맞는 역이 있는 것 같아요. 배우는 변신에 변신을 거듭하는 거라지만 좀 생각이 달라요. 이번 작품도 내가 할 수 있다고 생각했기 때문에 도전한 거죠.

「오페라의 유령」이 끝난 후 계획이 있다면? 영어 공부 열심히 해서 혹시 「오페라의 유령」이나 「미스 사이공」이 10년 후에도 공연한다면 브로드웨이 공연에 서보고 싶어요. 충분히 해볼 만한 것 같아요. 뮤지컬 하는 사람들의 꿈이라면 브로드웨이나 웨스트엔드에서는 일일 거예요. 저는 조역이라도 꼭 해보고 싶어요. 열심히 한다면 할 수 있을 것 같아요.

한국어로 빛나는 「오페라의 유령」

외국 작품을 무대에 올릴 때 가장 심사숙고하게 되는 부분은 아무래도 언어의 문제가 아닌가 싶다. 언어가 단순히 일차적인 의미만 전달하는 매개체가 아니라 그 언어를 쓰는 사람들의 문화와 정서를 포함하고 있기에 원작의 언어가 가지는 뉘앙스, 중층적인 의미까지 전달하려면 각고의 노력이 필요하다. 작품마다 난이도가 다르긴 해도 연극이나 영화의 경우보다는 노래의 비중이 높은 뮤지컬 가사를 우리말로 옮기는 작업에서 의외의 어려움과 종종 마주친다. 의미를 제대로 담아내는 것은 물론 곡의 리듬을 고려해 가사가 제대로 전달되는지도 신경 써야 하기 때문이다.

간혹 번역 뮤지컬의 경우 음정과 리듬에 묻혀 가사가 들리지 않는 때가 있다. 가사만 놓고 본다면 썩 괜찮은 번역인데, 음을 실었을 때는 또 다른 문제가 발생할 수 있는 것이다. 그만큼 뮤지컬 가사 번역 작업은 어려우면서도 중요하다. 「오페라의 유령」은 거의 대부분이 노래로 되어 있어서 여느 뮤지컬보다도 번역 작업이 힘들었다.

일차적으로 원어를 우리말로 바꾸는 작업은 정명주가 담당했다. 번역 감수를 맡았던 뮤지컬 칼럼니스트 원종원이 오디션용으로 가사 번역 작업을 해둔 것도 있었다. 심사위원에게 지원자들이 한국어로 부르는 느낌을 보여주기 위해 작업해둔 것이었 127

다. 이를 기초로 작사가 양인자가 7월 초부터 작업에 들어가 약 두 달 동안 한국어 가사 작업을 진행했다.

8월 중순경 드디어 1차 작업본이 나왔다. 우선 완성된 1차 번역본을 가지고 배우들과 함께 불러보았는데, 역시나 입에 잘 맞지 않은 부분이 있었다. 워낙 세밀하고 정교함을 요하는 작업이라 처음부터 완벽한 번역본이 나오지 않는다. 공연 연습까지는 시간이 많지 않았다. 결국 작사가 양인자와 국내 연출자 김학민, 음악 코디네이터[*] 박칼린이 약 한 달 동안 거의 합숙을 하다시피 하며 가사 다듬는 작업을 했다.

번역은 문화의 차이를 극복해야 한다. 「오페라의 유령」 가사 번역에서 가장 곤란했던 부분은 팬텀이 부르는 노래 '더 팬텀 오브 디 오페라'에서 "the Phantom of the Opera is there"였다. "오~페라의 유령이 있어"로 하자는 안이 있었고 "오 오~페라의 유령이 있어"로 하자는 의견도 있었다. 외국에서도 그런 경우가 있고, 일종의 고유명사 같은 것이니 그냥 "팬텀 오브 디 오페라가 있어"로 하자는 의견이 설득력을 얻게 되었다. 노래의 어감을 살리는 데는 더없이 좋은 결정이었지만 노래를 처음 듣는 사람은 영어와 우리말의 조합이 약간 어색하게 들린다는 의견도 있었다.

문화의 차이에서 오는 어려움은 많다. 「한니발」 연습 장면에서 영국 발음으로 '롬'(Rome)이라고 해야 하는 가사를 이탈리아 가수가 계속 '로마'(Roma)로 부르는 것을 지적하는 대목이 있는데, 이를 우리말로 재치 있게 번역하기란 쉽지 않았다. 결국 혀를 굴리는 것과 그러지 않는 것으로 둘의 차이를 두기로 했다. 이와 비슷한 경우로 극장주의 사무실 장면에서 피르맹이 흥분하여 "뭘 안 썼다고 하는 거야? 아니, 썼다고 하는 거야!"

음악 코디네이터
음악 감독을 대신해 작업 현장을 제작, 진행하는 책임자.

하는 부분이 있다. 원어는 "What have I wrote? written!"으로 과거분사를 써야 하는데 과거형을 써서 바로잡는 부분이다. 우리말에 없는 문법적인 문제가 걸렸지만, 여기에서 중요한 것은 시제가 아니라 말실수를 한다는 것이기 때문에 이 상황을 표현해내는 방향으로 번역했다.

영국 RUG는 최초의 번역에서 완역에 이르기까지 우리말 대본을 일일이 보내달라고 요구했으며, 현지에서 한국인을 고용하여 번역 과정에서 문맥의 의미가 훼손되지 않았는지를 세심히 살피고 지적했다. 해외 스태프들 또한 번역 가사에 많은 신경을 썼다. 번역한 가사를 다시 말 그대로 재번역해서 확인했다. 그들은 가급적 원어를 그대로 번역하기를 원했지만, 문법과 단어의 정서가 고스란히 전달되지 않는 부분 때문에 국내 스태프들은 정서에 맞게 고치는 것을 선호했다. 두 가지 의견의 절충점을 찾아가면서 가사 번역을 완성하였다.

르페브르가 "저에게 연락할 일이 생기면 프랑크푸르트로 하세요" 역시 해외 스태프와 의견이 다른 부분이었다. 쉽게 찾을 수 없는 곳, 전혀 엉뚱한 곳으로 연락하라는 뉘앙스인데 그 지명을 그대로 쓰면 우리는 전혀 원작의 정서를 느낄 수 없다. 그래서 우리 측에서는 아프리카나 도쿄, 블라디보스토크 등의 의견이 나왔고 실제로 초반 공연에는 그런 시도가 있었지만, 해외 스태프들이 반대하여 원작대로 '프랑크푸르트'로 수정되었다.

의상/분장/무대

200여 벌에 이르는 화려한 의상과 피팅 작업

「오페라의 유령」의 호화롭고 화려한 의상은 작품을 더욱 빛나게 했던 요소로, 19세기 말 파리에서 유행하던 의상과 헤어스타일을 고증하여 무대에 재현해낸 것이다. 「오페라의 유령」 한국 공연에서 사용되었던 의상은 모두 RUC에서 직접 공수해왔다. 2001년 9월 5일 야심한 시각, 배우들의 의상과 각종 장신구·모자·신발·가발 등을 가득 실은 컨테이너 두 대가 역삼동 의상실로 들어왔다.

　「한니발」 장면부터 팬텀의 절규로 막이 내릴 때까지 사용되는 의상은 총 180~200여 벌에 달한다. 그러나 실제로 공수된 의상은 망토·가운·숄 등을 포함하여 그것의 5배에 해당하는 1,000여 벌이다. 각 배역마다 얼터네이트*나 커버**의 의상까지 필요하기 때문이다. 가장 많은 의상을 입어야 하는 배역은 여주인공 크리스틴으로, 모두 20여 벌의 의상이 필요하다. 상의와 하의 세트로는 열한 벌의 의상을 입는다.

　「오페라의 유령」 의상은 몸매를 드러내는 의상이 아니라 몸매를 만들어주는 의상이라고 할 정도로 몸에 꼭 붙는 것이 특징이다. 상의는 타이트하게 조여주면서 하의는 버슬*** 실루엣을 이룬 여배우들의 의상은 당시 상류층 여성들 사이에 유행했던 엉덩이를 과장되게 강조한 의상을 그대로 복원한 것이다. 단단

얼터네이트 Alternate
한 역할을 서로 다른 배우가 고정적으로 공연일을 나누어 공연하는데 메인 배우에 비하면 얼터네이트는 공연 횟수가 적다. 주 8회 공연의 경우 2~3회 정도 출연한다.

커버 Cover
특정 역의 역할을 모두 트레이닝 받아서 특정 역의 메인 배우가 공연을 할 수 없는 상황일 때, 대신 연기하는 배우.

버슬 bustle
스커트의 허리 뒷부분을 부풀려 과장하기 위하여 허리에 대는 물건의 총칭과 그 외형.

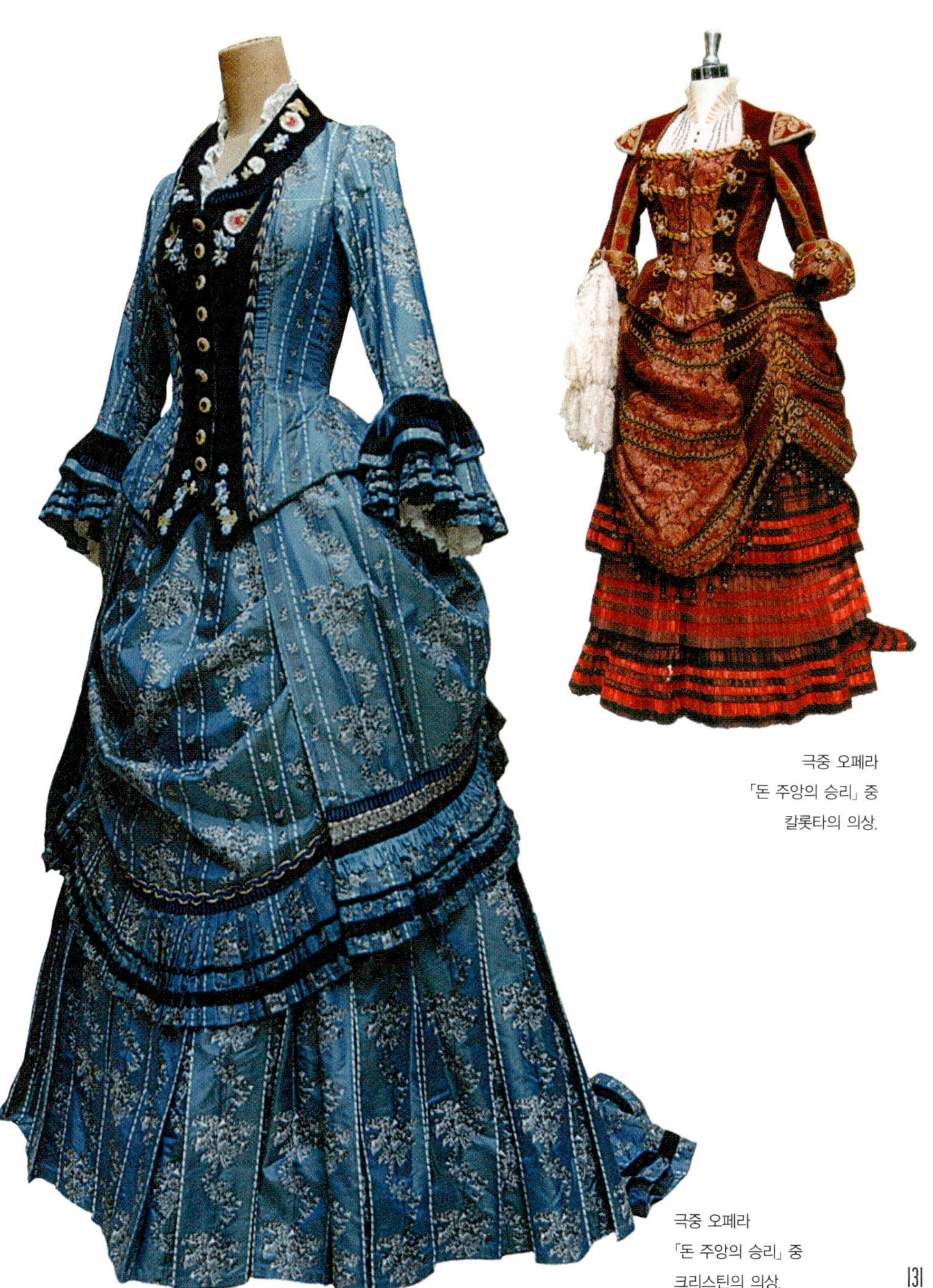

극중 오페라
「돈 주앙의 승리」 중
칼롯타의 의상.

극중 오페라
「돈 주앙의 승리」 중
크리스틴의 의상.

131

한 볼륨감을 주기 위해 치마 속에는 형태를 만들어주는 뻗침대와 둥근 링이 붙어 있다. 배우들은 일단 보석 하나하나가 정교하게 박혀 있는 화려한 의상에 한 번 놀라고, 옷을 입고서는 그 무게에 다시 한 번 놀랐다. 가장 무거운 의상은 극장주 사무실 장면에 입고 나오는 칼롯타의 붉은 드레스와 검은 드레스로, 20킬로그램에 육박한다. 의상 전체에 액세서리가 붙어 있을 뿐 아니라 원단의 소재가 벨벳이기 때문이다. 남자 의상 역시 몸에 착 달라붙는다. 심지어 피앙지처럼 뚱뚱한 캐릭터의 의상도 하의는 최대한 타이트하게 제작한다.

의상 분야의 외국 스태프는 의상 디자이너 수지와 신발을 담당하는 조디를 포함해서 모두 다섯 명이었다. 이들 해외 스태프와 조문수 디자이너를 비롯한 20여 명의 국내 스태프가 「오페라의 유령」 한국 공연의 의상을 담당했다. 의상 정리 작업이 끝난 2001년 9월 12일부터 배우들에게 의상을 입혀보는 피팅(fitting) 작업이 있었다. 피팅 작업은 그 어느 공연보다 세밀하고 꼼꼼하게 이루어졌다. 아무것도 입지 않은 상태에서 줄자로 치수를 쟀다. 보통은 손 하나가 들어갈 정도의 여유를 두는 반면, 이 경우에는 치수를 아주 타이트하게 측정해 의상이 아니라 마치 하나의 피부를 덧씌우는 느낌이 들 정도였다. 의상뿐 아니라 신발도 발의 길이를 파악하는 데 그치지 않고 발의 폭, 발등의 높이, 발목의 높이까지 세심하게 측정했다. 모자 역시 눈대중으로 어림짐작하는 것이 아니라 정확하게 머리 둘레를 재서 수선했다. 오랜 기간 배우들이 편안한 상태로 연기하기 위해 필요한 절차였다.

피팅을 꼼꼼하게 하다 보니 배우들에게 몸의 변화가 생길 때마다 다시 피팅 작업을 해야 했다. 팬텀 역을 맡은 윤영석의 경우 공연 중 몸무게가 많이 줄어 허리를 8센티미터 정도나 줄여야 했다. 또 무대 리허설을 거치면서 객석에서 보는 느낌에 따라 필요한 부분이나 배우들의 움직임에 문제를 주는 요소는 그때그때 수선되었다. 배우에 따라 차이가 있었지만 이러한 피팅 작업은 공연이 시작되기 전까지 대략 서너 차례 행해졌다.

공수해온 의상에서 배우의 체형에 맞는 옷을 선별하는 작업을 거친 후 본격적으로 의상을 수선하는 작업에 들어갔다. 의상 팀의 작업은 수선 작업이 대부분이었지만, 와이셔츠나 타이츠 같은 것은 공수해온 옷감과 가장 가까운 옷감을 구해 국내에서 제작했다.

장기 공연에는 원단 조각도 필수 품목

두 대의 컨테이너에는 의상 말고도 각각의 의상의 원단 조각들도 포함되어 있었다. 오랜 공연으로 닳거나 해지면 기존의 원단에 가장 가까운 원단을 찾아 수선해야 하기 때문이다. 그래서 크리스틴의 하늘색 드레스와 「돈 주앙의 승리」 장면의 주황색 드레스, 극장주 사무실 장면에서 칼롯타가 입은 검은 드레스와 붉은 드레스는 샘플이 아니라 원단 자체가 들어왔다.

분장실 장면에서 크리스틴이 입는 잠옷과 발레단 거즈는 석 달에 한 번씩 교체해주어야 했다. 자동차 오일 갈듯 일정 기간이 지나면 무조건 교체해주는 것이 아니라, 상태를 늘 점검하면서 문제가 있으면 교체하는 방식이었다.

「오페라의 유령」 의상의 특징으로는 단연 정교함을 꼽을 수 있다. 액세서리 하나를 달더라도 손바느질을 해서 달고 후크도 한쪽만 채우는 것이 아니라 양 방향으로 채울 수 있게 달려 있다. 또 상·하의가 분리되어 있지만 하나로 연결해주는 고리가

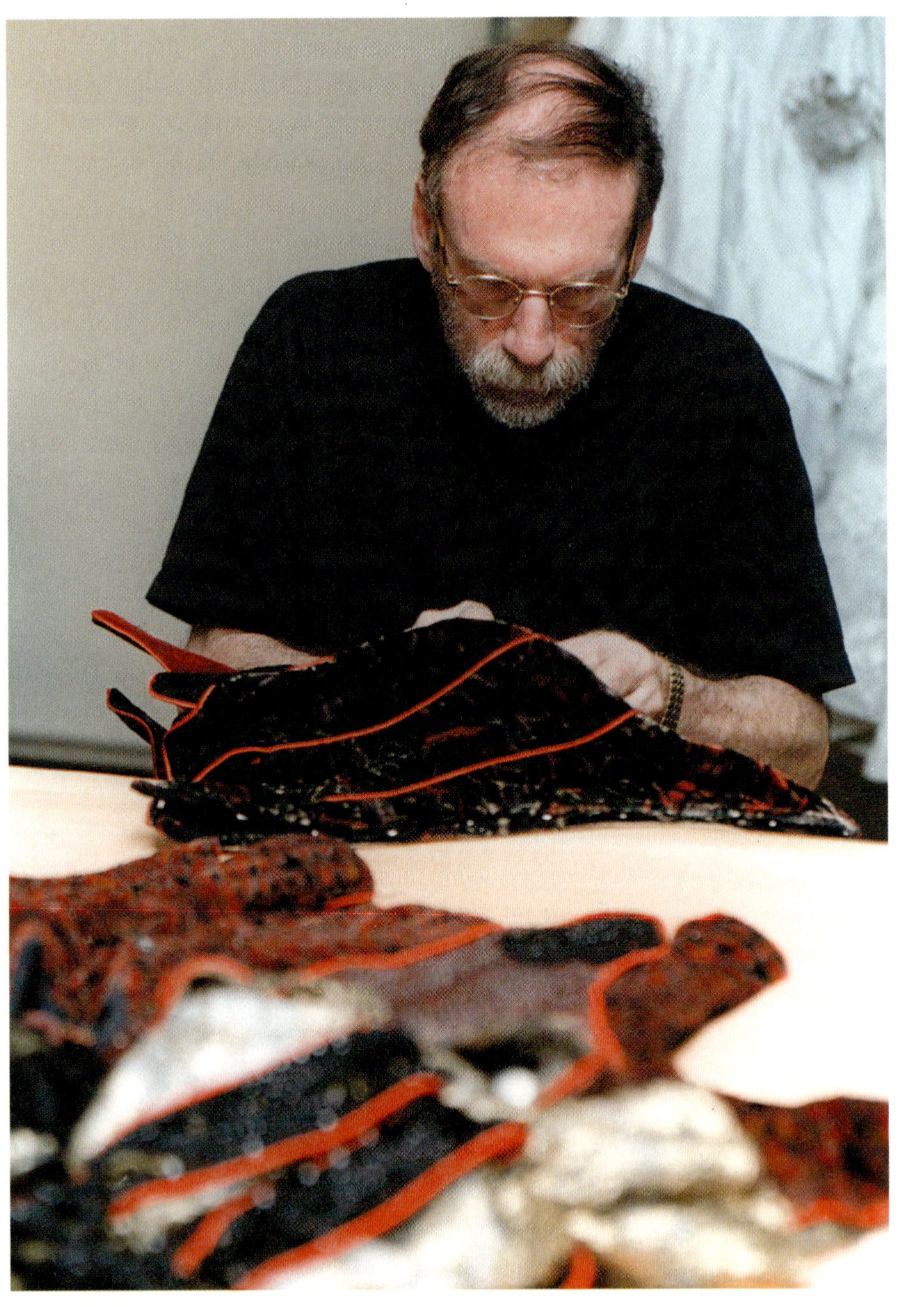

수선하거나 교체하는 의상 관리도 무대 위 공연 못지않게 중요하다.

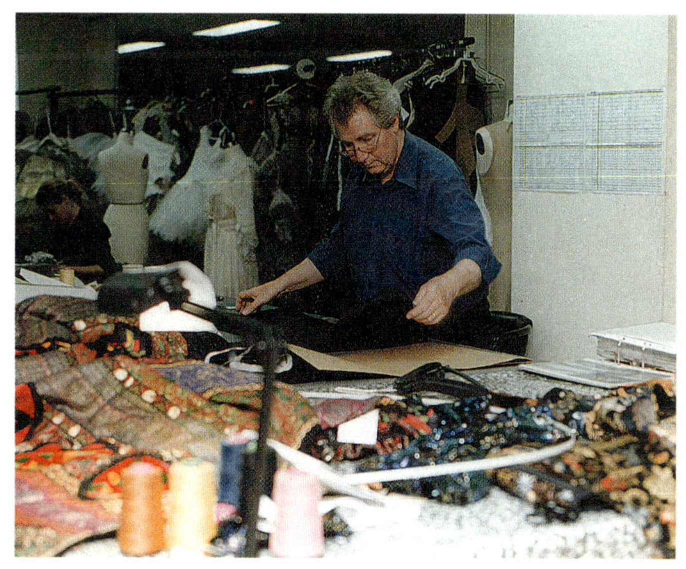

있어 연결된 느낌을 주게 만들었다. 치마에 지퍼를 달아서 배우들의 키에 따라 조절할 수 있게 만든 것도 색다른 점이다. 또 하나의 섬세한 배려는 의상의 겨드랑이에 댄 땀 패드다. 세탁이 가능한 것은 수시로 세탁하는데 가면무도회(제2막) 장면의 의상처럼 정교한 장식이 많고 화려한 것은 일반적인 물세탁이나 기름 세탁이 곤란하다. 이런 의상들은 곰팡이나 세균을 죽이는 세제를 사용하고 열 건조기를 이용해 열세탁을 한다. 그러나 세탁도 세탁이지만 워낙 몸에 꽉 끼는 옷인 데다 원단 자체가 두꺼워 통풍이 잘되지 않는다. 이런 옷에 탈부착이 자유로운 땀 패드를 대놓은 것이다. 그리고 매일 패드를 갈아주었다.

눈에 보이는 의상뿐 아니라 배우들은 속옷과 스타킹·양말까지 제공받았다. 무대의상이나 신발에 가려 보이지 않는 부분이지만 배우의 컨디션을 최고로 하기 위해 의상 팀이 수시로 체크해서 챙겨주었다.

세 명의 분장사

배우의 분장, 특히 얼굴이 일그러진 팬텀의 특수 분장은 한국 스태프들에게 좋은 교과서가 되었다. 분장 기술은 밥 매캘런이 전수해주었다. 그는 호주에서 「오페라의 유령」 분장을 담당했고, 다수의 공연에서 활약한 베테랑 분장사다.

국내 스태프는 킴스 프로덕션 소속의 세 명의 분장사가 담당했다. 밥은 세계 각국의 「오페라의 유령」 팀이 공연한 자료와 사진을 보여주며 기본적인 기술을 전수하였다. 국내 스태프들이 사진을 보고 분장하면 밥이 지적해주는 방식이었다.

이 공연은 외국의 다른 프로덕션과 마찬가지로 앙상블이나 발레 걸, 싱어들은 자신들이 직접 분장을 책임지기 때문에 세 명의 분장사만으로도 가능했다. 그 대신 앙상블이나 싱어들은 사전에 각 캐릭터에 맞는 분장 교육을 충분히 받아야 했다. 업무는 팀장이 팬텀과 칼롯타를 담당하고 나머지는 남자 배우, 여자 배우로 나누어 담당했다.

부케처럼 특별한 캐릭터를 요구하는 분장이 아니면 보통 15분 정도가 소요된다. 「일 무토」의 분장 역시 분장사의 손길이 요구되는데 하얗게 회칠한 보석상과 시녀장, 헤어드레서 역과 백작인 돈 아틸리오 그리고 칼롯타가 연기하는 백작 부인은 눈에 띄는 분장으로 주목을 받았다.

「오페라의 유령」 분장의 백미는 뭐니 뭐니 해도 팬텀의 특수 분장이다. 국내에서는 아직 매회마다 사람 얼굴에 인공 피부를 붙이는 분장은 없었다. 팬텀은 매번 수영모처럼 딱 달라붙는 볼드캡*을 쓰고 그 위에 피스를 붙이고 그 위에 또다시 색깔을 입힌다. 볼드캡은 일회용이기 때문에 매회 제작하는데, 팬텀 역 배우들의 두상을 석고로 떠놓고 일주일 치를 미리 만들어놓는

볼드캡baldcap
주로 민머리를 연출할 때 쓰는 것으로, 플라스틱 머리 모형에 용액 형태의 플라스틱인 글라짠 등을 사용해 만든다.

다. 여기에 사용되는 피스나 볼드캡 등은 전량 호주에서 들여온다. 대략 2시간이 소요되는 팬텀의 특수 분장에서 가장 중요한 것은 초반의 접착 작업이다. 민감한 피부에 접착제를 사용하는데다 공연 3시간 전부터 분장이 시작되므로 공연이 끝날 때까지 약 5시간이 넘도록 볼드캡을 쓰고 있는 셈이다. 팬텀은 움직임도 많고 그만큼 땀이 많이 흐르기 때문에 접착이 잘되어야 한다. 만약 조그만 구멍이라도 있으면 공연 도중에 머리가 빠져나오고 점점 구멍이 커질 수 있다. 그래서 접착제가 무엇보다 중요하다. 피부에 붙이기 때문에 메디컬 접착제를 사용하는데, 하나의 접착제로만 작업하는 것이 아니라 맨 처음 사용하는 접착제, 그다음 단계에 사용하는 접착제가 달랐다. 접착하고 남은 부분의 커팅 역시 깔끔하게 마무리되어야 한다.

의상만큼 다양한 가발

「오페라의 유령」 공연에 쓰이는 가발은 모두 80~90개. 다섯 명의 스태프들이 가발 작업을 담당했다. 아네트 마일스가 총책임자로 가발 팀의 기술을 전수해주었다. 가발도 의상과 마찬가지로 9월 5일부터 작업을 시작했다. 가장 먼저 가발과 수염 등을 분류하는 작업을 하고 매 장면에 필요한 가발과 분장을 숙지하는 일부터 했다.

　가발도 의상이나 무대와 마찬가지로 RUC에서 그 재료를 전량 보내왔다. 그러나 의상처럼 만들어져 있는 상태가 아니라 자료 사진을 보고 우리 스태프들이 만들면 아네트가 보완해주는 방식으로 제작했다. 아네트는 롤을 다루는 방법이나 머리 모양을 잡아주는 기본적인 방법들을 점검했다. 배우들이 모자를 쓰거나 머리 장식을 하는 경우가 많아서 이틀에 한 번은 가발을

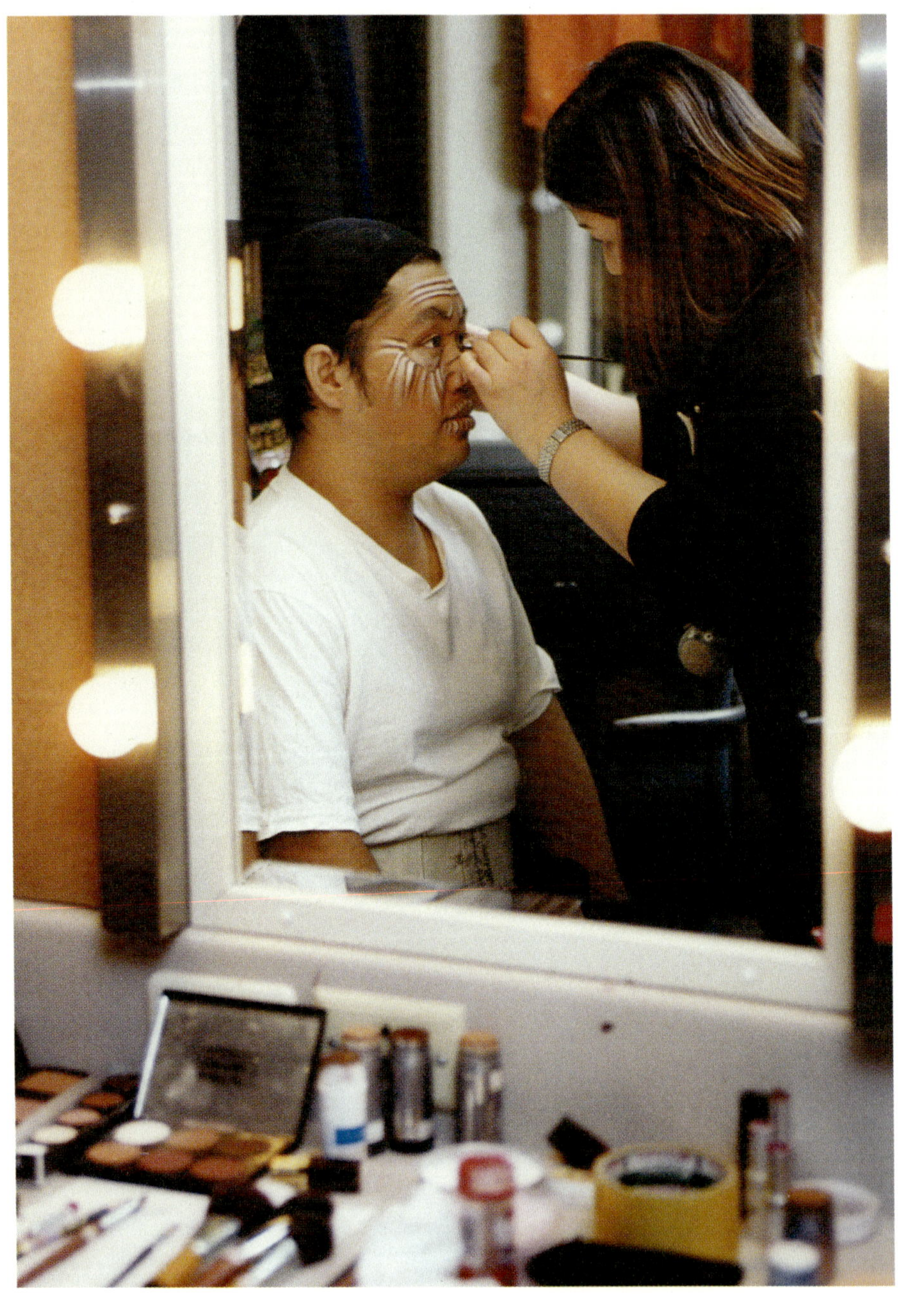

부케 역을 맡은 서범진이 분장을 하고 있다.

감기고 웨이브를 다시 만들어주어야 했다. 가발은 모두 망가발[*]을 사용했다. 가격은 비싸지만 본인 머리처럼 머리 앞선을 자연스럽게 연출할 수 있어서 각각의 캐릭터들이 좀 더 사실적으로 보이게 해주었다. 국내에는 롤이나 빗 등 가발에 필요한 도구가 그만큼 다양하지는 않았는데, RUC에서 보낸 도구를 보면 빗만 해도 피앙지의 웨이브를 만드는 빗과 칼롯타의 웨이브를 만드는 빗이 다르고 롤도 지금까지 국내에서는 한 번도 사용하지 않은 롤이 있을 정도였다. 그들의 분화된 도구도 도구지만 재료를 쓰는 방식 또한 기발했다. 젤이나 무스·왁스 등은 국내에서 흔히 쓰는 재료이지만 그들은 젤과 무스를 혼합하여 사용하거나 젤을 물에 섞어 스프레이로 쓰기도 했다. 재료의 혼합에 따라 표현할 수 있는 방법이나 느낌이 달라졌다.

가발에서 가장 신기한 것은 극중극 오페라 「일 무토」 장면에 나오는 것들이었다. 보석상의 독특한 웨이브는 기다란 막대기를 이용해 연출해냈다. 또 칼롯타가 연기하는 백작 부인의 2층 머리는 담당자들까지 궁금해했는데, 비밀은 무척이나 간단했다. 가발 두 개를 연결한 것이었다. 그 밖에도 웨이브를 고정시킬 때 국내에서는 주로 스팀기를 사용하는데 그들은 오븐기를 사용했다. 스팀기는 가발을 쉽게 상하게 하고 시간도 오래 걸리는 반면, 오븐기는 시간을 줄여주는 동시에 머리의 윤기를 유지시켜주었다.

한국 공연에서 사용한 가발이 다른 나라에서 공연하는 「오페라의 유령」과 똑같은 것은 아니다. 백인들은 얼굴 윤곽이 뚜렷하고 피부가 희기 때문에 머리 형태가 정확하지 않아도 이미지가 만들어지지만 우리의 경우는 머리 형태를 잡아주지 않으면 인상이 산만해 보인다. 같은 이유로 웨이브도 더 확실하게 만들

139

어주어야 했다. 대표적인 것이 크리스틴의 머리다. 외국의 크리스틴을 보면 아주 자잘한 웨이브로 머리를 굉장히 부풀렸는데, 그것을 그대로 따라 했다가는 우리의 경우는 정신 나간 사람처럼 보이기 십상이다. 망가발로 제작된 100여 개의 가발은 다양한 웨이브와 완벽한 스타일을 고수하기 위해 공연 6시간 전부터 손질에 들어간다.

리허설

한국어로 번역한 가사 대본이 나오면서 2001년 10월 5일부터 본격적인 연습이 시작되었다. 연습실은 역삼동에 있는 스타서치의 연습실 두 개와 오디뮤지컬컴퍼니의 연습실을 사용했다.

초반 연습은 해외 스태프가 참여하지 않은 상태에서 박칼린 음악 코디네이터의 지도 아래 노래를 익히는 데 주력했다. 노래를 어느 정도 마스터할 무렵 음악 감독인 가이 심슨과 안무가 퍼트리샤 머린이 연습에 합류했다. 가이는 배우들이 놓치는 리듬을 지적하고 올바른 리듬, 개별 곡들의 포인트에 해당하는 부분을 정확히 숙지시켰다. 또 배우들의 합창 부분에서는 음을 놓치거나 키를 잘못 잡고 있는 파트를 정확히 지적해냈다. 퍼트리샤는 세부적인 움직임까지는 아니지만 배우들이 무대에서 움직여야 하는 큰 동선들을 잡아주고, 발레리나들의 발레 지도를 맡았다.

연습실에는 실제 공연장의 비율을 축소하여 각각의 위치를 잡아놓은 마킹 작업이 되어 있었다. 어느 정도 음악을 마스터하고 움직임이 완성된 10월 22일부터 연출자인 아서 마셀라가 연습에 합류했다. 아서는 「오페라의 유령」 한국 공연 연출을 포함하여 이 공연이 올라간 전 세계 공연 중 무려 12개국이 넘는 곳에서 연출을 담당할 만큼 「오페라의 유령」에 관해서라면 전문 연출자다. 그가 참여하면서 연습은 디테일하게 진행되었다. 음

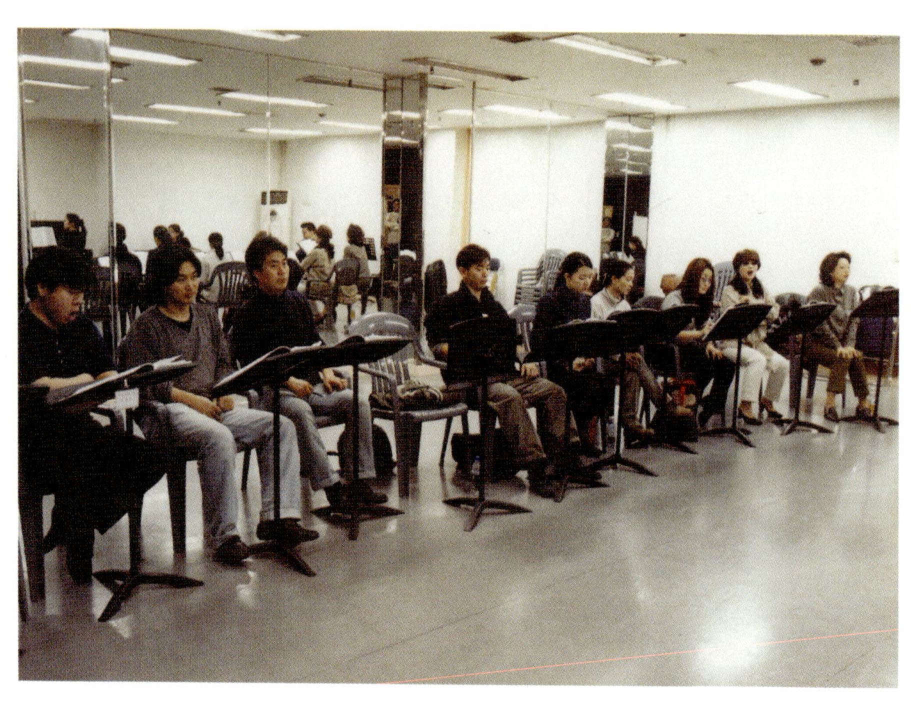

전체 합창 연습 장면.
국내 음악 코디네이터와 함께 전체 뮤지컬 넘버를 마스터한 다음 세부 연습에 들어갔다.

악 감독이 박자나 노래에 중심을 두어 연습을 이끌어나갔다면, 연출자는 배우들의 캐릭터나 처해 있는 상황에 중점을 두어 디테일한 연기를 지도하면서 개별 장면에 필요한 느낌을 이끌어내도록 도왔다.

연습 3주 만에 전체를 런스루 하다

역삼동 연습실에서 오전 9시부터 오후 6시까지 주 6회를 강도 높게 연습했는데, 주중에는 1막 연습을 세밀하게 하고 주말에는 1막 전체를 런스루* 하는 식으로 진행하였다. 첫 주 1막, 둘째 주 2막 그리고 셋째 주에는 1·2막 전체를 연습하면서 3주 만에 전체 동작선과 연기 등을 점검해갔다.

주연과 조연은 오디션을 통해 선발했지만, 공연 사이사이에 필요한 단역(경매 장면에서 경매인 같은 단역)과 몇몇 배역의 커버는 캐스팅을 정하지 않은 상태였다. 아서는 연습 도중 배역의 이미지가 비슷한 싱어들 중에서 오디션을 보고 단역과 커버의 배역을 결정하였다.

배우들의 연습 스케줄 관리와 연습에 필요한 소품 관리 그리고 배우들의 스케줄 조정은 무대 팀이 맡아 담당했다. 우리나라의 무대감독은 대개 무대에서 일어나는 일만 맡고 나머지는 연출부에서 담당했는데, 무대 팀이 배우 스케줄에 관여하면서 공연이 좀 더 원만하게 진행될 수 있는 체계를 갖추었다. 연습이 웬만큼 이루어진 후부터는 소품 팀이 투입되었다. 실제 무대에서 사용하는 소품은 아니었지만 분위기나 연기하는 데 익숙해지기 위한 연습용 소품을 별도로 준비하여 연습에 도움을 주었다. 소품 팀은 배우가 등장하거나 퇴장할 때 소품을 챙겨주고, 실제 공연 때와 같이 장면 전환을 원활하게 해주었다.

런스루 runthrough
중간에 쉬지 않고,
처음부터 끝까지 연결되게
해보는 연습.

연습은 1분 1초까지 계산해서

국내 뮤지컬 작품의 연습은 구체적인 일정이 나오지 않아서 일단 날마다 나와 시간을 보내야 하는 비효율적인 면이 있다. 물론 다른 배우의 연습을 지켜보는 것이 불필요한 일은 아니지만 본인에게 필요치 않은 부분까지 매번 참여하는 것은 소모적이다. 「오페라의 유령」 연습은 매일 낮 12시를 즈음해서 이튿날 연습 일정을 공고해 배우들이 연습실에 나오더라도 연습이 없는 시간대에 휴식을 취하거나 개인적인 시간을 보낼 수 있게 했다. 배우들은 이러한 방식의 연습에 차츰 익숙해졌으며 더욱 집중적으로 연습에 몰입하게 되었다. 그러나 성악을 주로 하던 이들에게는 이러한 연습 방식 역시 지나치게 혹독한 것이었다. 개별 연습이 중심이 되고 함께 하는 연습 시간이 적은 오페라와 달리 거의 날마다 연습실에 나와야 하기 때문에 일부 배우들은 난감해했다. 해외 스태프들은 이에 대해 연습에 참여할 수 없으면 당장 그만두라고 강경한 태도를 보였다.

연출자가 참여한 3주 간의 연습 후 11월 13일부터 배우들은 LG아트센터 무대에서 연습을 했다. 이때부터는 실제 공연 시스템처럼 월요일은 쉬고 오후 2시에 출근하여 공연이 끝나는 밤 10시 30분까지 연습을 했다. 장기 공연에 앞서 신체 리듬을 공연 때와 똑같이 맞춰놓기 위해서였다. 무엇보다도 무대에서 프리뷰를 포함해 3주 동안 연습을 했다는 건 그동안의 우리 뮤지컬 환경에서는 상상도 할 수 없는 일이었다. 촉박하게 진행되는 일정 때문에 무대 디자인하는 시간을 제외하면 배우들이 무대에서 가질 수 있는 리허설 시간은 불과 하루나 이틀 정도였다. 그것도 조명이나 무대 테크니컬 팀 점검과 겹쳐서 배우들이 무대를 익힐 수 있는 시간은 많지 않은 것이 우리의 현실이었다.

그러나 「오페라의 유령」은 무대나 조명과 호흡을 맞춰가며 2주의 연습 시간을 가졌고, 프리뷰를 통해 1주 동안 실제 공연과 똑같이 관객들을 객석에 두고 시연하였다.

무대로 와서도 똑같은 연습이 반복되었다. 우선 장면별로 무대에서 동선이나 장면 전환이 어떻게 이루어지는지를 반복했고, 점차 세분화되면서 의상이나 기타 소품을 이용했으며, 나중에는 분장까지 한 상태에서 실제와 똑같은 공연을 하였다. 연습에 참여한 스태프나 배우들은 이렇게 무대에서 실제로 연습하는 과정이 얼마나 필요한지 절감했다고 입을 모았다.

12월 2일 본격적으로 공연이 시작되고도 연습은 계속되었다. 짧은 시간 동안 체계적으로 연습했지만 메인이 아닌 얼터네이트나 커버들은 원래 자신이 맡은 역할 외에 별도의 배역까지 익혀야 하기 때문에 연습 시간이 부족했다. 공연을 시작한 후 약 두 달 동안은 낮 시간에 별도의 연습 스케줄을 짜서 커버들의 연습을 진행했다. A팀과 B팀으로 나누어 연습했는데 저녁에 공연이 있는 터라 많은 시간을 할애할 수는 없었다. 하루에 2~3시간 정도밖에 시간이 주어지지 않았기 때문에 국내 연출가였던 김학민은 세밀하게 나아가기보다는 일단 전체적으로 한 번 연습한 다음 방향을 잡고 세부적으로 연습을 해나갔다. 당장 메인 배우가 사고라도 나면 대체할 방법이 문제였기 때문이다.

연습은 LG아트센터 지하 연습실도 사용했지만 주로 무대를 이용했다. 때에 따라선 조명이나 무대 세트까지 움직여가며 연습했다. 공연이 시작되고는 커버들의 전체적인 연습 외에 개별적인 연습도 자율적으로 이루어졌다. 특히 또 다른 팬텀 역의 김장섭은 피앙지 진용국에게 개별 레슨을 받는 등 노력을 아끼지 않았다. 많은 배우들이 본연습 외에도 보이지 않는 노력을

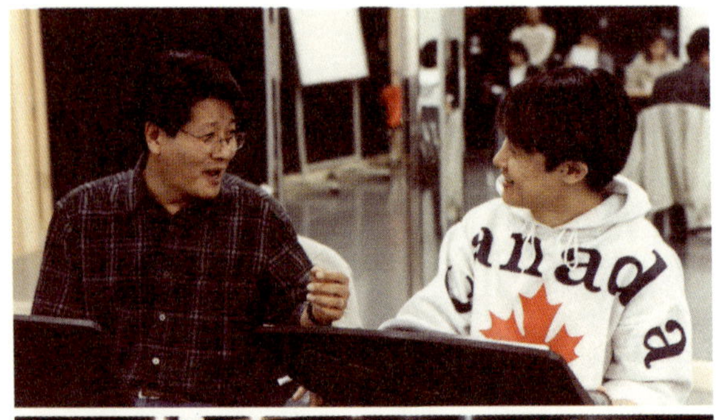

완벽한 앙상블을 위해
끊임없이 대화를 나누는
피르맹(김봉환)과
앙드레(서영주).

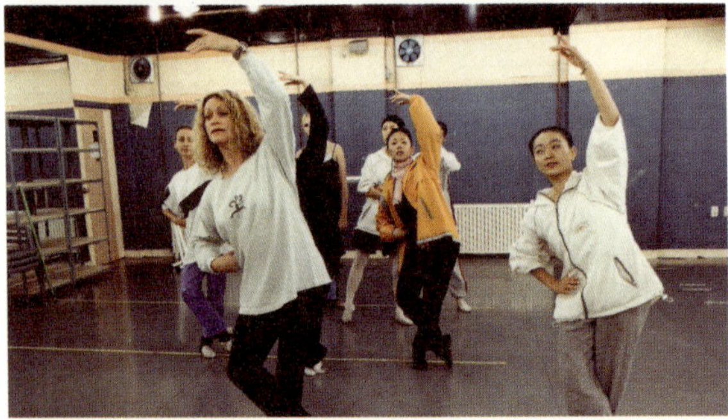

안무가 퍼트리샤 머린(좌)과
맥 지리 역의 노지현(우)의
극중 발레 연습.

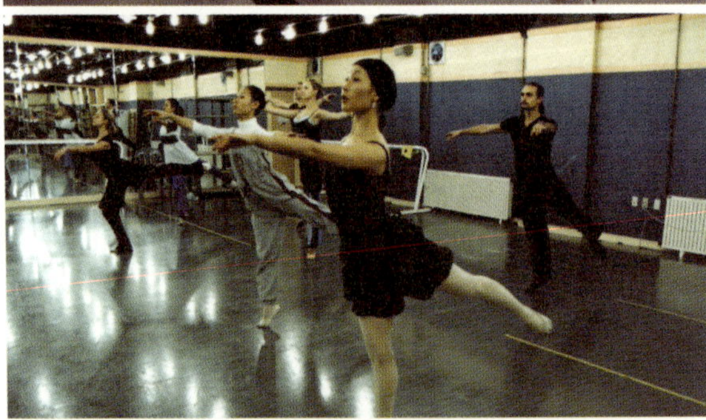

막이 오른 이후에는
앙상블들의 커버 연습이
이어졌다.

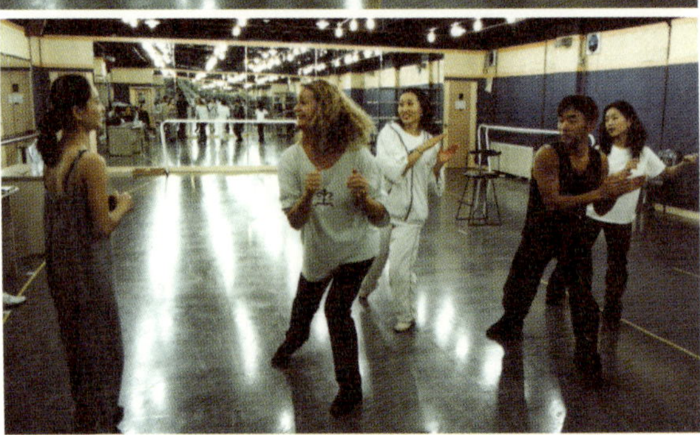

기울이면서 「오페라의 유령」은 날로 발전해갔다.

공연 초기 오전 연습이 끝나고 나면 댄스 캡틴 노지현(맥 지리 역)이 배우들의 동작 하나하나를 꼼꼼이 체크해두었다가 수정해주었다. 노지현은 영국 무대에서 같은 맥 지리 역으로 활동한 경험이 있었다. 발레리나들은 항상 몸의 유연성을 유지하기 위해 일주일에 월·수·금요일 3회 1시간씩 정기적으로 발레 트레이닝을 했다. 이후에는 발레리나뿐 아니라 일반 배우들을 위한 재즈 트레이닝 프로그램도 추가할 만큼 배우들의 참여도가 높았다.

테크니컬 리허설[*]

「오페라의 유령」은 무대 메커니즘 면에서 최고 수준의 작품으로 손꼽힌다. 화려한 오페라 하우스에서 분장실로, 다시 지하 호수로 숨가쁘게 이어지는 무대 전환은 어떠한 찬사도 부족할 정도다. 원활한 진행을 위한 무대 팀의 리허설은 2001년 11월 5일부터 실시되었다. 배우도 오케스트라도 없는 상태에서 순수하게 무대 팀만의 리허설을 먼저 일주일 동안 실시하였다.

우선은 무대 전환에 익숙해지기 위해 한 장면마다 무대가 전환되는 순서를 순차적으로 반복했다. 기존의 해외 스태프나 기술·무대감독이 정확한 타이밍을 알고 있기 때문에 1초라도 틀리면 다시 반복했다. 국내의 기술·무대감독들은 해외 스태프와 녹화 테이프를 통해 이미 충분하게 타이밍을 익혔다. 크리스틴이 '나를 생각해줘요'를 부르고 분장실로 들어가는 장면은 암전 후 4초 만에 분장실로 전환해야 하기 때문에 많은 연습이 필요했다. 「오페라의 유령」은 무대 전환이 음악에 의해 이루어지기 때문에 무대감독이 상황에 따라 큐 사인을 조절할 수 없고, 무

테크니컬 리허설
Technical Rehearsal
개막 전에 모든 배우들이 배경과 조명이 설치된 무대에서 의상을 입고 소도구·의상·장치를 교체해가면서 작품을 처음부터 끝까지 실제 공연과 똑같이 연기하는 것.

대 스태프들이 조금이라도 긴장을 늦추면 사고가 날 가능성이
있었다.

일주일에 걸친 스태프들만의 리허설이 끝나고, 11월 13일부
터는 배우들이 실제 무대에서 연습을 시작했다. 이때 무대 팀들
은 배우들과 함께 타이밍 맞추는 연습을 했는데, 전술했다시피
무대 스태프들은 장면 전환에 충분히 익숙해진 상태였다. 전동
기를 이용하는 장면이 많고 특수 기계장치들이 사용되어 중간
중간 말썽을 일으키기도 했지만 모두 본공연에서 실수를 줄이
기 위해 거쳐야 하는 과정이었다. 무대 테크니컬 리허설은 프리
뷰까지 포함하면 무려 4주에 걸쳐 이루어졌다.

드디어 … 오프닝

2001년 12월 2일, 「오페라의 유령」의 막이 올랐다. 관객들에게는 공연의 시작이지만, 수많은 배우와 스태프들에게는 땀과 눈물로 빚어 세상에 내놓는 「오페라의 유령」이었다. 화려함 뒤에 맺혀 있는 땀방울과 눈물의 가치를 확인할 날이 온 것이다.

화제를 불러일으킨 공연이니 만큼 오프닝에는 주요 인사들과 유명 연예인들로 북적거렸는데, 흰 옷 때문인지 객석 맨 앞줄에 앉아 있는 앙드레 김 선생이 눈에 띄었다. 새삼스러운 일은 아니지만 농담 반 진담 반으로 제작자들 사이에서는 앙드레 김 선생의 참석 여부와 공연이 끝날 때까지 자리를 지켰는지가 관심의 대상이 되기도 했다. 왜냐하면 아무 공연이나 참석하지 않을 뿐더러 간혹 공연이 마음에 들지 않으면 인터미션[•] 때 나가버리기 때문이다.

말로만 듣던 화려한 공연을 기다리는 관객들과 관계자들이 모두 숨을 죽이며 지켜보는 가운데 드디어 막이 올랐다. 나는 첫 공연의 무대에 서는 배우 못지않게 떨리는 마음으로 1막을 지켜보았다. 리허설 때처럼 마음속으로 극의 순서, 타이밍, 조명, 오케스트라, 배우의 등장 등을 하나하나 미리 떠올리며 무대에 시선을 고정하고 있었다. 인터미션 때는 그대로 앉아 있을 수 없을 만큼 관객들의 반응이 궁금했다. 로비로 나가 아닌 척하며 관객들이 주고받는 얘기에 귀를 기울일 정도였다.

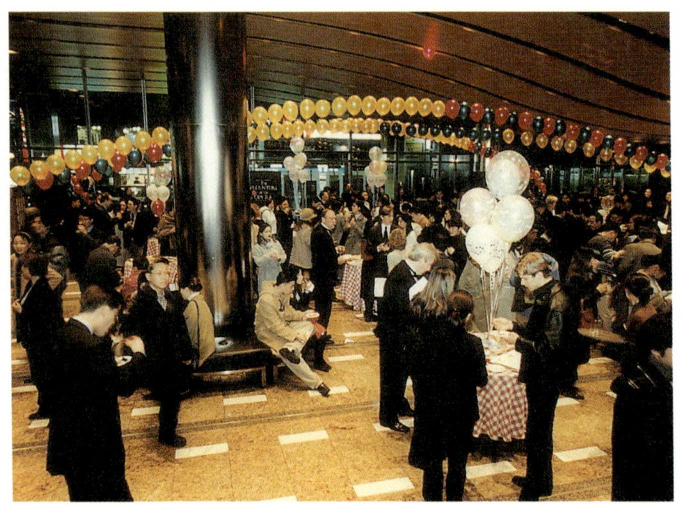

　공연 내내 긴장한 탓인지 손에 땀이 나서 연신 바지에 비벼댔지만 소용없었다. 마음속으로 '내가 왜 이러지. 공연을 감상해야지' 하고 스스로를 달래며 객석을 둘러보았다. 해외 스태프 전원은 객석에 앉아 오프닝 공연이자 한국 스태프들에 의해 처음으로 진행되는 공연을 숨죽이며 지켜보고 있었다. 그동안 해외 스태프들은 모든 노하우를 한국 스태프들에게 전하느라 무진 애를 썼고 그러는 과정에서 서로 얼굴을 붉힐 때도 있었지만 이날만큼은 순수한 관객이 되어주었다.

　한국 스태프들과 출연 배우들은 나를 포함한 관객들의 기대를 저버리지 않았다. 관객이 되어 극의 흐름에 집중하니 2막은 1막보다 더 빨리 지나갔고, 더 이상 긴장을 느낄 겨를도 없이 공연은 끝나버렸다.

　어느덧 커튼콜이 시작되었고 객석의 반응은 뜨거웠다. 마음 한구석에 염려스러운 부분이 없지 않았는데 열광적인 커튼콜을 보니 공연에 대한 확신이 생기기 시작했다. 초청 인사들과 모든 관객은 「오페라의 유령」을 전원 기립 박수로 맞아주었고, 나와 동석했던 RUC 대표 팀 맥팔레인은 서로 눈이 마주치자마자 누가 먼저랄 것 없이 얼싸안고 기뻐했다.

첫날 첫 공연이니 만큼 가슴 뭉클한 장면이 연출되었다. 극장 맨 앞줄에 있던 마니아들이 일제히 일어나 무대를 향해 준비한 장미꽃을 던지자, 극장 안은 박수와 환호로 술렁거렸다. 무대 위의 몇몇 배우들은 쉬이 가라앉지 않는 객석의 뜨거운 호응에 눈물을 훔쳤다.

2001년 12월 2일 「오페라의 유령」은 그렇게 환희 속에서 막이 올랐고, 내 기억 속에서 영원히 지워지지 않을 공연으로 남게 되었다.

클로징 나이트

「오페라의 유령」 한국 공연의 항해는 2002년 6월 30일 244회 공연으로 닻을 내리면서 피날레를 장식했다. 「오페라의 유령」 당일 캐스팅은 미리 공지하지 않는다는 전례를 깨고, 241회 공연부터 마지막 244회 공연까지는 캐스팅을 여러 날 전부터 미리 공개했다. 팬텀 역의 윤영석과 김장섭, 크리스틴 역의 이혜경과 김소현이 서로 엇갈려 상대역이 되어 4회의 공연 동안 한 번씩 공연을 가졌다. 243회 일요일 낮 공연에서는 242회에 이르는 공연 동안 무대에서 단 한 차례 만났던 얼터네이트 김장섭 · 김소현 커플이 두 번째 무대를 선보였다. 244회 마지막 공연에는 메인 배우인 윤영석과 이혜경이 무대에 올랐다.

배우들은 7개월 동안, 아니 연습 기간까지 포함하면 약 1년 동안 몸담아왔던 공연이 막을 내린다는 사실이 믿기지 않은 듯했다. 마지막 공연에는 공연이 진행되면서 자연스럽게 형성된 팬클럽 '더 팬'* 회원이 다수 참석해 분위기가 한층 고조되었다. 대단원의 공연을 마치고 마지막 커튼콜에 입장하는 배우들의 발걸음에는 아쉬움이 묻어났다. 관객들은 커튼콜의 처음을 여는 발레리나들이 들어서자 일제히 기립 박수를 보냈다. 그동안 감동을 선사한 배우들의 수고에 대한 관객의 예의였다. 앙상블에 이어 조연, 주연 배우들이 등장하자 박수와 함성 소리는 한껏 높아져갔다. 마지막 무대에는 서지 않았지만 얼터네이트

더 팬the phan
the fan이 맞지만, phantom의 앞 글자 ph를 따서 붙인 이름이다.

로 참여한 팬텀의 김장섭, 크리스틴의 김소현, 칼롯타의 이유라가 커튼콜 무대에 함께 올라왔다. 크리스틴의 이혜경은 아쉬움의 눈물을 흘렸고, 이번 무대로 일약 스타덤에 오른 팬텀 역의 윤영석은 커다란 눈에서 굵은 눈물방울을 떨구었다.

모든 배우들을 대표하여 피르맹 김봉환이 관객에게 "「오페라의 유령」이 우려와 염려 속에 막을 올렸지만 많은 관객들의 성원으로 공연을 성공적으로 마칠 수 있었다"는 감사의 인사말을 전했다. 배우들의 인사를 끝으로 커튼이 다시 내려졌지만 관객들은 자리를 뜰 생각을 하지 않고 계속해서 환호와 박수를 보냈다. 밤은 깊어가고 있는데 누구 하나 먼저 돌아갈 생각을 하지 않았다. 박수에 호응하듯 배우들이 커튼콜에 회답하기를 반복, 그리고 다시 나타난 모든 배우가 반주 없는 육성으로 '이제 끝났어, 밤의 노래여!'를 부르며 막이 닫히고 팬텀이 무대에 놓았던 하얀 가면으로 조명이 깨어질 듯 하얗게 부서지면서 244회 마지막 공연은 막을 내렸다.

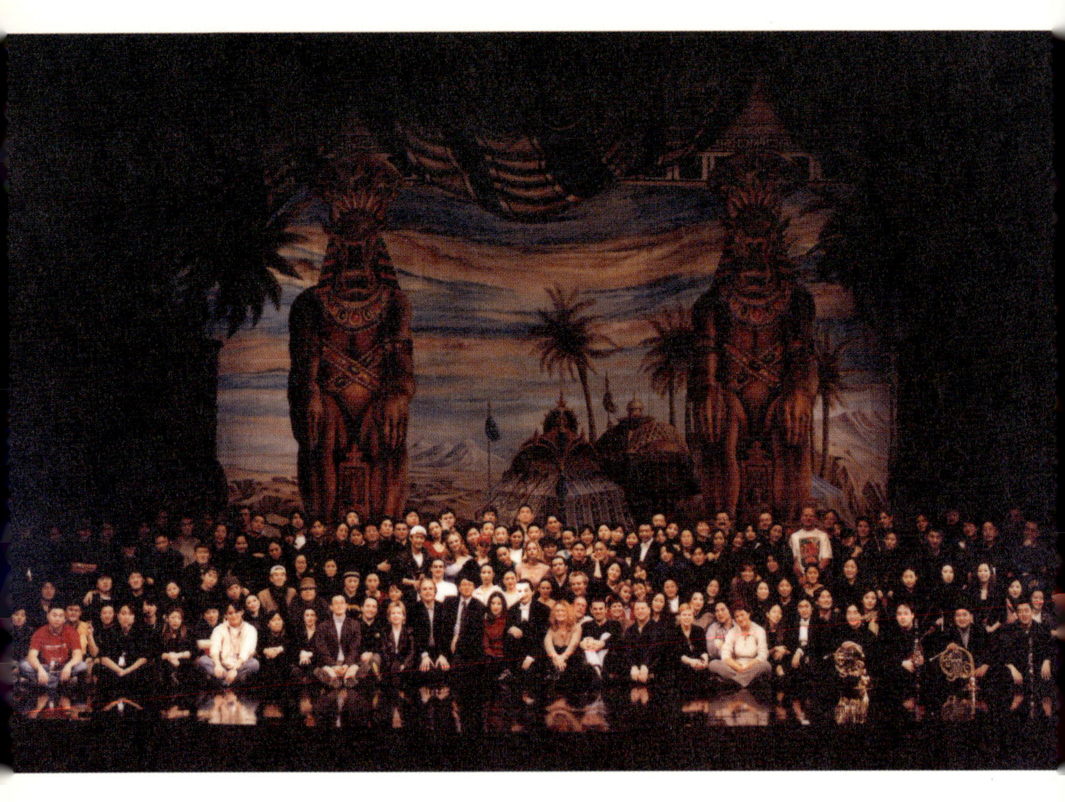

공연이 끝나는 것을 아쉬워하며
배우와 스태프가 한자리에 모여 기념 촬영을 했다.

작품의 퀄리티냐, 마케팅의 성공이냐

「오페라의 유령」은 한국 뮤지컬계의 역사를 바꾸었다. 7개월 동안 공연하며 24만여 명의 관객을 동원했는데, 이는 유료 점유율 94퍼센트에 달하는 기록이다. 이러한 결과는 수십 년을 공연계에 몸담고 있던 문화 관계자들조차 예상하지 못한 수치였다.

이제 짚어볼 문제가 하나 남았다. 뮤지컬 「오페라의 유령」의 성공 요인이 작품 자체에 있었느냐 마케팅에 있었느냐 하는 것이다. "좋은 작품을 들여왔는데 어떻게 마케팅이 잘못될 수 있겠어요?" 하고 반문할 수도 있다. 그러나 좋은 작품이라는 이슈만으로 성공할 수는 없다. 좋은 작품이어도 실패할 수 있고, 실패하기도 한다. '좋은 작품'이니까 관객은 당연히 극장으로 나와야 한다? 누가 봐도 공감할 수 없는 이야기다. 긴 공연 기간 동안 그때그때 시기적절한 마케팅 전략이 필요하며, 그에 걸맞은 홍보 이슈를 끊임없이 개발해야 한다. 다행이라면 「오페라의 유령」은 많은 이슈를 가지고 있는 작품이었다는 점이다. 작품 자체도 그러하지만, 「오페라의 유령」 공연 자체가 우리 문화계에서는 대단한 이슈였으니까.

불과 몇 년 전까지만 해도 국내 공연계는 마케팅 전략이 따로 없다고 할 만큼 아주 적은 예산에 체계적이지 못한 주먹구구식 마케팅을 구사하고 있었다. 마케팅 예산이 책정되지 않은 공연도 많았다. 「오페라의 유령」은 100억 원대의 뮤지컬이라는 화제성 외에도 마케팅이 무엇인가를 확인시켜준 공연이었다. 실제로 국내 공연계에서 기획·제작·마케팅으로 세분화된 선진 마케팅 기법을 도입한 것은 「오페라의 유령」이 처음이라고 해도 과언이 아니다.

우리는 「오페라의 유령」을 공연했던 국가들 중 우리나라와 경제지표가 비슷한 국가나 도시에서 실행했던 마케팅 전략을 준거로 삼았다. 그들이 구사한 마케팅 전략을 차용하되 여기에 한국적인 상황을 고려해 첨삭을 가하는 것을 원칙으로 삼았다. RUG의 마케팅 디렉터였던 사라 로리가 한국에 와서 「오페라의 유령」의 기본적인 마케팅 기법과 전략 노하우를 전수해주었다. 그것은 「오페라의 유령」만의 특별한 마케팅 방법이었다. 나라별로 문화지표나 경제지수가 다르지만 「오페라의 유령」에는 공식과도 같은 독특한 마케팅 전략이 있었다.

국내 스태프와 사라 로리가 마주 앉아 여러 차례 회의를 진행하면서 처음에는 회의 문화의 차이 때문에 어려움을 겪기도 했다. 우리는 하나의 목표를 향한 장시간 회의에 익숙하지 않던 때라 양쪽의 주장이 서로 상반되면 회의가 더 이상 진전되지 않는 경우가 발생했다. 때로는 회의 문화를 만들어가기 위해 일부러 몇 시간씩 회의를 강행하기도 했다. 「오페라의 유령」 마케팅은 필립 코틀러의 마케팅 5단계 이론*(R-STP-MM-I-C)에 따라 시장을 철저히 세분화시켰으며, 세분화된 집단 중 목표 관객을 선정하여 관객의 성향에 맞는 구체적인 공략으로 포지셔닝해 나갔다.

RUG가 전 세계 「오페라의 유령」 공연에 적용했던 마케팅 사례와 이론을 바탕으로 국내 상황에 맞는 전략을 짜는 데 한 달 이상의 시간이 걸렸다. 그것도 날마다 종일 회의를 강행해서 얻어낸 것이다. 기본적인 전략과 이론은 RUG에서 전달되었지만 실제 한국에서의 공연 마케팅은 공연 매니지먼트사 클립서비스에서 다각도로 분석하여 단계별 실행안을 내놓았다.

공연 상품에는 일반 상품과 다른 마케팅상의 특수한 요인이 있다. 영화처럼 공격적으로 소나기성 자금을 마케팅에 쏟아부을 수도 없다. 영화처럼 무한 복제가 가능한 문화 상품이라면 스크린 수를 늘려가면서 무한대의 수익 창출이 가능하겠지만 공연물은 그와는 다른 프로세스의 상품이다. 그렇기 때문에 한정적인 사전 제작비와 예산을 잘 조율해서 얼마나 효율적으로 쓰느냐가 관건이다. 또한 광고는 돈을 들인 만큼 상품을 알릴 수 있지만 홍보만큼 신뢰성을 담보하기는 어렵다. 홍보는 있는 사실에 근거하여 언론을 통해 일반 대중에게 전달되는 것이기 때문에 비교적 용이하게 신뢰를 심어줄 수 있고, 비용도 광고에 견주면 거의 들지 않는다고 볼 수 있다.

홍보를 위해서는 무엇보다도 미디어를 잘 운영하는 전략이 필요하다. 「오페라의 유령」은 세계적으로 입증된 RUG의 전략대로 무대 메커니즘을 철저히 비밀에 부쳐 신비화하는 전략으로 진행되었다. 누구나 쉽게 취재하거나 볼 수 있다면 그만큼 절대적 가치는 떨어질 것이다. 실제로 RUG는 언론의 취재를 위한 공개 프레스 콜(Press Call)에서도 많은 것을 보여주려고 하지 않고 딱 세 가지 장면만 연출해 보여주었는데, 그것도 각 장면의 처음부터 끝까지가 아니라 하이라이트 부분에 한해서였다. 대신 촬영 카메라를 위해 세심하게 배려해주었다. 몇 분에 불과한 장면이지만 충분히 촬영할 수 있도록 장면 연출 프로그램을 짜는 것으로 불만의 소지를 잠재우는 능숙함을 보여주었다. 예컨대 모든 장면은 두 번씩 연출해 스틸 카메라와 영상 카메라가 겹치지 않게 촬영할 수 있도록 하였고, 부족한 부분은 재촬영할 수 있는 기회를 주었다. 또한 장면 연출이 끝날 때 모든 배우들이 정지 동작을 취해 클로즈업이나 특정 부분을 길게 촬영할 수 있도록 했다. 이와 같은 절제되고 비공개적인 홍보 전략은 「오페라의 유령」이니까 가능한 부분도 있겠지만, 작품의 신비한 매력을 유지시키고 증폭시켜주는 효과로 나타났다.

이러한 홍보 방법은 이후 명품 마케팅이라는 표현으로 굳어졌다. 「오페라의 유령」 정도의 고품격 상품을 구매하는 소비자라면 그만큼 문화적 소양도 높다는 귀결을 은연중에 암시했다. 이런 컨셉은 모든 홍보물을 통해 일관되게 표현했으며 포스터 하나에서도 드러나게 했다. 「오페라의 유령」으로 시작된 명품 마케팅이라는 용어는 그 후 다방면에서 차용되었다.

최대의 마케팅 과제는, 뭐니 뭐니 해도 7개월이라고 하는 국내 공연 사상 초유의 장기 공연을 어떻게 성공적으로 이끌어갈 것인가였다. 지역별 · 연령별 · 직업별로 문화지수를 조사하고, 「오페라의 유령」의 관람 의향과 원하는 가격대도 설문 항목에 넣었다. 리서치 결과를 토대로 「오페라의 유령」의 흥행 및 시장성을 예측하고, 객관적인 기준에서 가장 적절한 티켓 가격을 결정하기 위해서였다. 요즘은 보편화된 과정이라 할 수 있지만 그때만 해도 공연계에서는 진일보한 전략이었다. 다른 공연 상품과도 비교했다. 그리하여 같은 4대 뮤지컬인 「미스 사이공」, 「레 미제라블」, 「캣츠」 등과 비교해서 절대 우위에 있음을 확인할 수 있었다. 극장의 인지도, 접근성, 주변 환경 등을 종합적으로 고려한 결과와 한국적인 상황을 결합하여 마케팅 전략을 세우고 실행에 옮겼다.

158　　공연 개막 4~5개월 전인 7월 23일부터 티켓 박스를 열었다.

일반적으로 공연 한두 달 전에 티켓 판매를 시작하는 것이 관례였던 당시로는 파격적인 전략이었다. 예매 문화가 자리 잡지 않았을 때여서 몇 개월 전에 티켓 박스를 오픈한다는 것은 모험에 가까운 일이었다. 그렇지만 철저한 마케팅 전략이 있었기에 그러한 계획도 가능했으며 매우 효과적이기도 했다. 또한 7개월의 기간을 모두 채우기 위해서 전체 티켓 박스를 한꺼번에 열지 않고 한 달에 한 블록씩 지정하여 열고, 예매율이 70퍼센트에 이르면 비로소 다음 블록의 티켓 박스를 열었다. 이와 같은 티켓 박스 오픈 방식은 「오페라의 유령」에서 처음 선보였으며, 예매 문화를 정착시키는 데 일조했다.

첫째도 홍보, 둘째도 홍보

비용을 크게 들이지 않고도 집중도와 높은 신뢰도를 끌어낼 수 있는 홍보. 홍보에서 가장 중요한 것은 '이슈'다. 절대 공연을 제작하는 처지에서의 이슈가 아니다. 뉴스를 찾는 기자의 입장에서 이슈를 만들어야 한다. 이것은 아주 중요하다. 더불어 독자의 입장, 다시 말하면 관객의 입장에서 이슈를 발굴해야 한다. 이것은 독자와 관객이 원하는 것을 확실히 알고 있을 때라야 가능해진다.

공연을 제작할 때는 성공한 작품의 사례를 계속 떠올리면서 스스로를 자각시켜야 한다. 망각의 동물인 덕분에 인간이 살아갈 수 있는 측면도 있지만 잊어서는 안 되는 것들도 있다. 자만하기보다는 성공할 수밖에 없었던 전략들을 되뇌어보아야 한다. 「오페라의 유령」 한국 공연을 제작하고 나니 그들이 왜 그렇게 저작권과 관련하여 자신들의 것을 지키려고 하는지 수긍이 갔다. 그것은 작품의 가치였다. 명품이라는 것은 전통과 역사·희소성을 지녀야 하는데, 문화 상품을 보존하고 지키려는 노력은 작품의 가치를 더욱 높이는 역할을 한다.

티켓을 판매하기 시작한 7월 23일부터 일주일 동안 1만 장 정도가 예매되었다. 그 후 많을 때는 하루에 3천~4천 장이 팔려 나가는 바람에 LG아트센터와 클립서비스 서버가 종종 다운되기도 했다. 요즘은 이러한 수치가 대수롭지 않지만 그때는 센세이셔널한 것이었다. 공연 개막 이전까지 약 2만 8천 장이 예매되었는데, 예매율을 좀 더 높이기 위해 나는 RUG에 편지를 썼다. 오픈한 블록이 70퍼센트의 점유율을 보이면 다음 블록을 오픈하는 것이 RUG의 전략이라면, 내 전략은 90퍼센트의 점유율을 기록할 때까지 기다렸다가 터질 것처럼 빵빵한 풍선이 되면 다음 블록을 오픈하는 것이었다. RUG 측에 설명할 때도 "빵빵한 풍선이 되어 터지려고 하면 다음 박스를 오픈하겠다"고 해서 웃음을 자아내기도 했다.

1월과 2월은 공연계의 비수기인데, 이때에도 표를 구하기 힘들다는 느낌을 주고 싶었다. 이 전략은 잘 맞아떨어져서, 우려했던 1월과 2월의 공연도 매진 기록을 이어갈 수 있었다. 뿐만 아니라 7개월 동안 티켓 판매가 끊어지지 않도록 계속해서 이슈를 만들어냈다. 이러한 홍보 사이사이 적절하게 광고를 내보냈다. 밖에서 느끼기에는 광고비를 엄청 쏟아부은 것으로 알지만 절대 그러지 않았다. 「오페라의 유령」은 7개월의 공연 기간과 공연 전 마케팅 기간을 포함한 10개월여 동안 140회 정도의 TV 광고를 내보냈다. 티켓 박스 오픈 직전이나 오픈 당일 등 마케팅상 특별한 이슈가 있을 때에 한하여 광고를 내보냈고, 이리하여 광고와 홍보는 시너지 효과를 만들어냈다.

 최고의 작품이 최고의 마케팅이 된다고 생각하기 쉽지만, 작품성이 최고라고 해서 최고의 흥행을 보장하는 것은 아니다. 최고의 작품에 많은 마케팅 이슈가 있으면 그것이 바로 최고의 마케팅이 된다는 의미다.

오스트리아의 세계적인 지휘자 헤르베르트 폰 카라얀이 내한 공연을 할 때 관객이 기립 박수를 보내주지 않아 언짢아했다는 유명한 일화가 있다. 그런데 기립 박수에 익숙하지 않은 우리나라 관객들이 「오페라의 유령」 첫 공연이 끝나고 커튼콜이 이어지자 기립 박수로 화답을 했다. 이 광경은 오프닝 공연에 초청받은 기자들에 의해 화제로 다루어졌다.

이제야 밝히지만, 첫 공연만큼은 의도된 연출이었다. 객석 맨 앞줄에 '더 팬'에 속해 있는 마니아들을 앉히고 장미꽃을 손에 쥐어주었다. 앞줄에서 기립 박수가 시작되자 관객들은 하나둘 일어서기 시작했고, 자연스레 모든 관객이 기립 박수 행렬에 참여하게 된 것이다. 그 뒤로 매 공연마다 기립 박수가 이어졌고, 이것이 구전되어 「오페라의 유령」을 보고 나서는 기립 박수를 해야 한다는 공식이 세워졌다.

이 또한 최고의 작품이기에 가능한 마케팅이다. 이러한 사례들은 커뮤니티 운영자와의 간담회라든가 친목 도모의 자리 등 끊임없는 만남을 통해 이루어졌다. 지금은 커뮤니티 문화가 활성화되어 있지만 '더 팬'처럼 커뮤니티를 만들어 주도적으로 활동하는 것은 그때로서는 매우 이례적인 일이었다.

이슈를 개발하라

7개월 공연의 중반기를 넘어서는, 또 한 번의 마케팅 이슈가 필요한 시점에 공연이 100회를 맞이했다. 100회를 공연했다는 것은 그동안의 마케팅 전략이 성공했다는 지표이기도 했다.

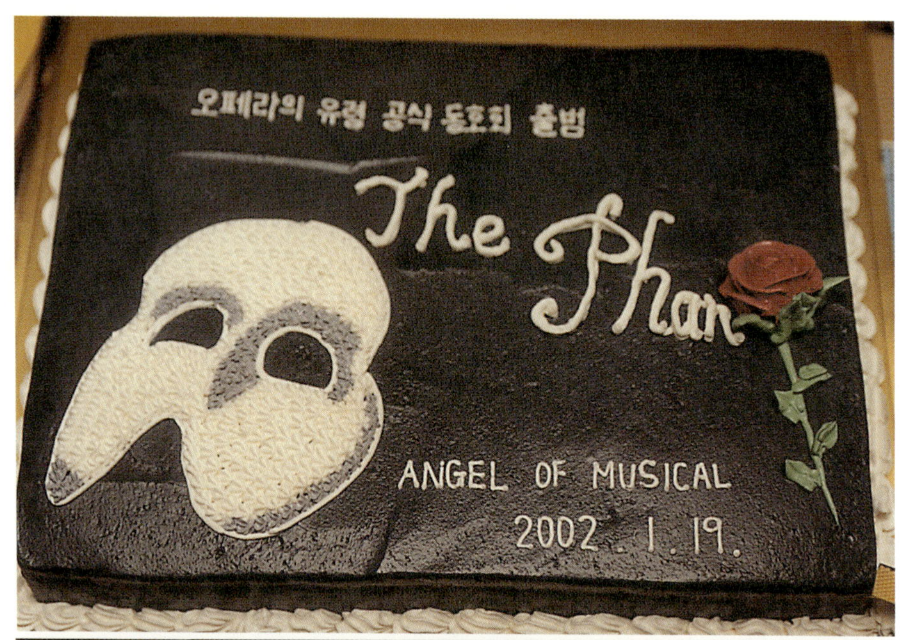

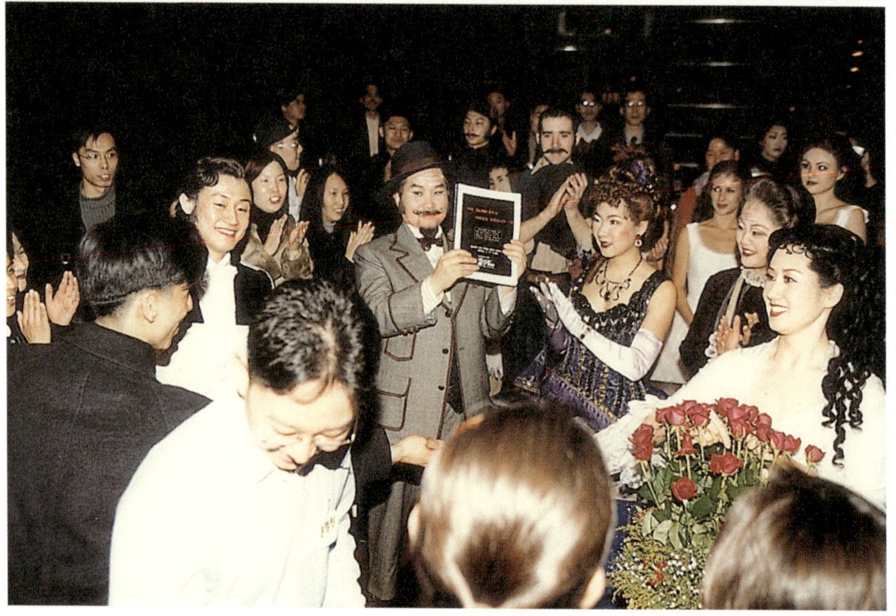

공식 커뮤니티를 형성하여 주도적으로 활동한 '더 팬'의 열정은 세간에 화제가 되었다.

그래서 100회 공연 자체를 마케팅의 소중한 도구로 활용하기로 했다. 100회를 기념하기 위해 마스크를 쓰고 검은 망토를 두른 팬텀들이 거리로 나가 관객들을 만났다. 이것이 일반인의 시선을 끌면서 단연 화제가 되었다. 또한 100회 공연 주간을 설정하여 일주일 내내 공연장 로비에서 전시를 비롯한 행사를 진행함으로써 관람객들이 「오페라의 유령」의 발자취를 함께 느끼고 즐길 수 있게 했다. 베일에 가려져 있던 팬텀 마스크 분장 시범도 보여주고, 관객에게 직접 공연 메이크업을 해주기도 했다. 100회 공연 당일에는 처음으로 주연 배우 사인회를 실시해 많은 참여를 유도했으며, 이 덕분에 티켓 매출이 증가하는 효과를 이끌어낼 수 있었다.

그렇게 중반을 넘기고 5월까지의 티켓 박스를 오픈한 상태에서, 마지막 6월 한 달을 남겨놓고 그 한 달을 위한 새로운 전략을 논의했다. 때마침 한국을 흥분의 도가니로 몰아넣은 2002년 월드컵 시즌이었기에 공연에 지장을 받지 않을 무언가가 필요했다. 그래서 6월 티켓 박스 오픈 이슈로는 '마지막 기회'라는 것을 최대한 강조했다. 그리하여 마지막 공연 날짜부터 시작해서 거꾸로 박스가 채워지기 시작했다. 월드컵 경기가 있는 날의 공연도 모두 매진이었다. 월드컵도 「오페라의 유령」의 열기는 꺾지 못했다는 말이 나올 정도였다. 한국 축구대표팀의 경기와 공연이 겹쳤을 때는 휴식 시간에 경기 스코어를 방송으로 알려주었고, 모든 관객이 '대한민국'을 연호하기도 했다. 'Be the reds!'가 찍힌 월드컵 티셔츠는 아니어도 유독 붉은색 옷차림의 관객이 많았던 시즌이었다.

6월의 박스가 매진된 상황에서 우리는 「오페라의 유령」 마케팅을 마무리 짓는 작업에 들어갔다. 더 이상의 언론 홍보가 필

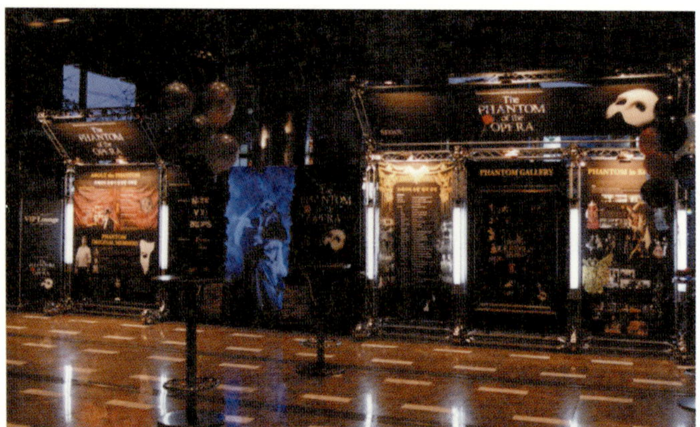

100회를 기념하는
공연장 로비 전경.

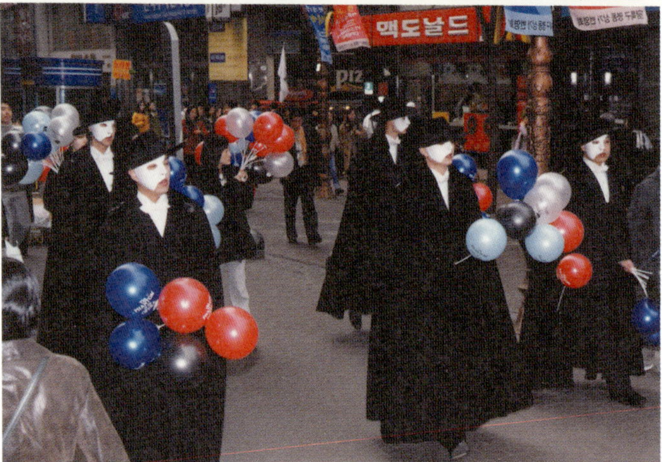

마스크를 쓰고
검은 망토를 두른 유령들이
거리를 활보하며
100회 공연을 기념하고 있다.

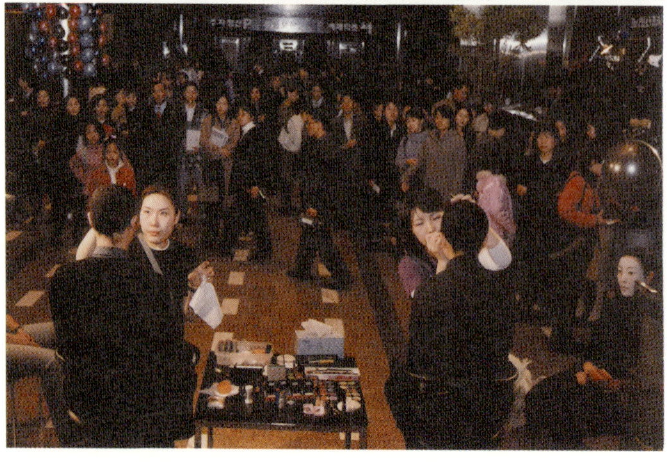

베일에 가려져 있던
팬텀 마스크 분장 시범 후,
관객에게 공연 메이크업을
해주는 모습.

요 없을 만큼 공연은 성황리에 끝나고 있었지만, 뭔가 「오페라의 유령」만의 독특한 마무리를 하고 싶었다. 공연에 관한 각종 기록을 정리하고 준비하여 공연이 끝나기 전부터 대외적으로 알리기 시작했다. 이러한 활동은 시종일관하는 마케팅 전략으로 비쳐졌으며, 공연 마케팅의 좋은 사례가 되었다.

마케팅과 관련하여 한 가지 더 이야기하자면, 중복 관객에 대한 이야기다. 개인적인 조사에 따르면 맨해튼의 뮤지컬 관객은 연간 30만 명밖에 되지 않는다고 한다. 뉴욕 시민 중 약 5퍼센트에 해당하는 사람들이 브로드웨이의 공연물을 본다는 이야기다. 물론 관광객들을 감안하더라도 30만 명의 관객으로 브로드웨이의 극장들을 채운다는 것은 도저히 불가능한 일이다.

이것은 무엇을 뜻하는가? 브로드웨이 관객 가운데 10~15퍼센트가 중복 관객이라는 이야기다. 영국의 「스타라이트 익스프레스」 공연에는 17년 동안 500회를 본 우체부 관객이 있었다. 그는 마지막 공연 때 머리에 기차 모양의 모자를 쓰고 나타날 정도로 열성 관객이었다고 한다. 「캣츠」에 심취한 어느 뉴요커는 300회 이상을 보았다고도 하고, 실제로 한국의 「캣츠」 빅탑 시어터 공연에서는 100회를 본 마니아도 있었다.

스스로 중복 관객이 된 이들은 자발적으로 작품을 홍보하고 다니는 역할을 한다. 우리 공연계도 중복 관객의 수를 늘여야 하는데, 이것은 마냥 기다린다고 해서 되는 일은 아니다. 중복 관객이 될 수 있는 커뮤니티를 적절하게 운영하는 것도 공연 마케팅의 한 방법이 될 수 있다. 그러나 마케터들이 커뮤니티를 이용해서는 안 된다. 그들이 공연을 더욱더 즐길 수 있도록 매니지먼트해주고 도와주기만 하면 된다.

지금까지 행한 많은 일들은 그것이 마케팅과 관련되든 그렇지 않든 모두 사람이 하는 일이다. 그것은 사람 간의 대화, 커뮤니케이션으로 이루어진다. 마케팅도 결국 본질적인 것, 인간적인 것을 가치 있게 다루어야 성공할 수 있다. 일로만, 상업적으로만 접근해서 될 일이 아니다. 프로듀서는 비즈니스적인 면모와 인간적인 면모를 두루 갖추어야 하며, 모든 역할을 수행하기 위해 커뮤니케이션에 능해야 한다.

「오페라의 유령」이 걸어왔던 길을 뒤돌아볼 때마다 그 안에는 열의로 가득 찬 사람이 있었음을 새삼 확인하게 된다. RUC의 팀 맥팔레인 대표와 인간적으로 신뢰를 쌓은 이후 공연이 성사될 수 있었고, 좋은 작품을 만들어내기 위해 서로 믿고 도와주는 배우들과 스태프들이 있었기에 성공적인 공연이 가능했다. 무엇보다 프로듀서의 마인드를 꿰뚫고 지향하는 바를 향해 함께 달리고자 했던 팀원들이 있었다는 것 또한 사람이 하는 일이라는 것을 말해준다.

보통 마케팅과 프로듀서는 별개라고 생각하지만 기획·제작·마케팅을 총괄하는 사람이 프로듀서다. 모든 과정에 대한 이해를 토대로 어떤 사람과도 커뮤니케이션을 잘 이끌어낼 수 있을 때, 그리고 지속적으로 관계를 유지할 수 있는 신뢰가 바탕이 될 때 프로듀서는 성공할 수 있다.

마케팅은 전략도 중요하지만 기획 · 제작 · 마케팅 팀 간의 커뮤니케이션이 더욱 중요하다. 「오페라의 유령」 한국 공연은 그러한 모든 요소가 유기적으로 잘 결합되어 나온 결과였다.

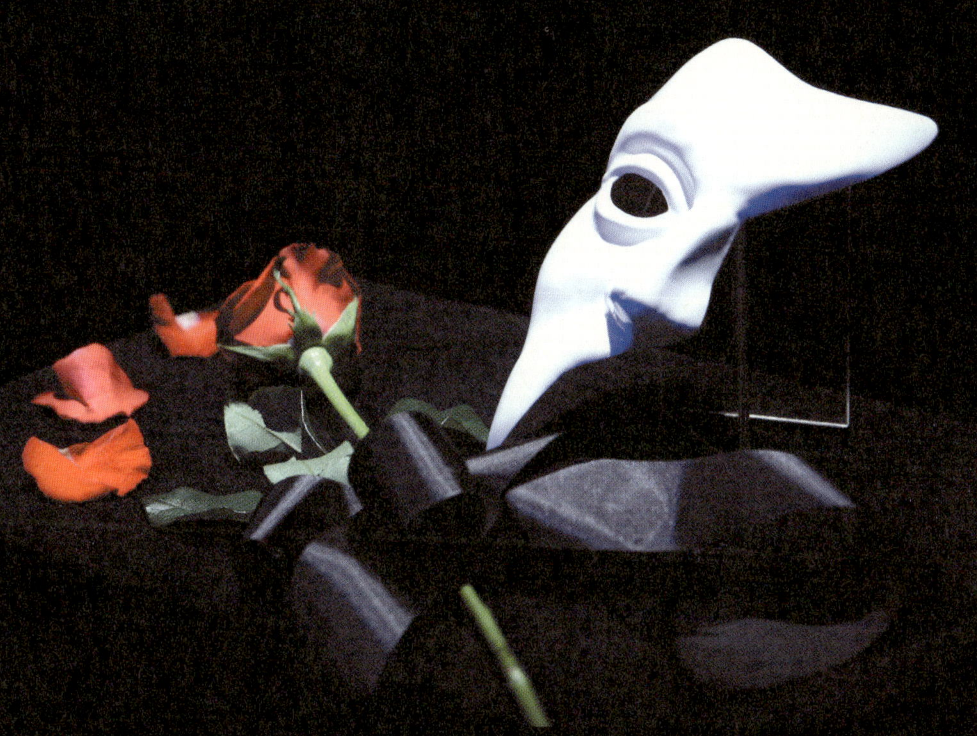

제3부
인터내셔널 투어 팀을 만들다

관객들의 갈증, 프로듀서의 갈증

라이선스 제작으로 올려졌던 「오페라의 유령」 한국 공연이 막을 내리자 많은 사람들이 한결같은 질문을 했다. "앙코르 공연 안 합니까? 잘될 것 같은데요." 왜 안 올리고 싶겠는가. 프로듀서로서도 관객의 반응이 좋은 공연이라면 계속해서 올리고 싶은 것은 인지상정이 아니겠는가. 그러나 장기 대관할 수 있는 극장이 없다면 말이 앙코르 공연이지 새로 시작하는 것과 거의 같은 제작비가 든다. 그래서 막연히 생각한 것이 「오페라의 유령」 해외 팀의 내한 공연을 추진해 오리지널 공연을 보고 싶어하는 국내 관객들의 갈증을 달래주자는 것이었다.

그러나 「오페라의 유령」은 해외 순회공연 팀이 따로 없다. 프로덕션의 볼륨이 워낙 큰 데다 만만치 않은 예산이 소요되기 때문에, 한 나라 한 도시를 겨냥한 투어 팀이란 애초부터 불가능했다. 그렇다면 「오페라의 유령」 한국 투어 공연은 어떻게 가능했을까.

「오페라의 유령」 인터내셔널 투어 팀이 한국에 오기까지는 2003년 7월 31일부터 2004년 4월까지 공연한 「캣츠」 빅탑시어터 전국 순회공연이 큰 힘이 되었다. 「캣츠」 빅탑시어터 공연은 수원에서 먼저 약 3주 동안 트라이아웃 공연으로 선보였다.

경희대학교 수원 캠퍼스 안에 지어진 빅탑시어터에 대해서는 약간 우려되는 바가 있었는데, 수원이라는 도시의 시장 규모와 공연장의 접근성 등이 마케팅상의 주요 과제였다. 급여 수준이나 인력의 질적 수준이 높다고 자부하는 삼성전자를 주요 타깃으로 삼기는 했지만, 그동안 수원에서 열린 여타 공연의 성과를 고려하면 다소 모험적인 성격도 있었다.

그러나 그 모든 우려를 뒤로한 채, 트라이아웃 공연이었지만 3주 동안 85퍼센트 이상의 점유율을 기록하며 성황리에 공연을 마쳤다. 이러한 수치는 우리나라의 뮤지컬 관객층이 예전과 비교할 때 훨씬 두터워졌고 성숙해졌다는 것을 뜻했기 때문에 팀 맥팔레인과 나는 몹시 고무되었으며, 이제 한국에서 다시 「오페라의 유령」을 올려야 할 때가 되었음을 직감했다.

그때부터 나는 다시 「오페라의 유령」에 사로잡혔다. 이리저리 따져보고 생각에 생각을 거듭해보았다. 「오페라의 유령」을 공연해서 손해를 보지 않으려면 최소 14만 명의 관객을 동원해야 하고, 티켓 가격은 평균 8만 원이 되어야 한다. 그러나 이 가정대로 진행된다고 해도 한국에서만 공연하기 위해 그런 엄청난 제작비를 감당하기는 어려운 구조였다.

어떤 생각을 오래 하다 보면 반드시 해답이 떠오른다. 문제는 오랫동안 생각을 하지 않는다는 것이다. 그것이 생각의 힘인지도 모르겠다. 내가 얻어낸 해답은 「오페라의 유령」 아시아 투어였다. 팀 맥팔레인에게 최소 3개국이 참여하여 사전 제작비 부담을 줄이는 방식을 제안하기에 이르렀다. 그는 자신들이 생각하지 못한 새로운 형태의 제작 방식을 제안하자 놀라움을 감추지 못했다.

이렇게 해서 우리나라·중국·남아프리카공화국 등 3개국이 참여한 공동 프로듀싱 형태로 투어 공연을 진행하게 되었다. 이

 제 한 도시에서 5개월 이상 공연해야만 수익이 발생하는 제작

「캣츠」 지방 순회공연에서 선보인 '빅탑시어터'(Big Top Theatre)는 대규모 이동식 가변극장으로 호주에서 제작되었다. 빅탑시어터 같은 이동식 가변극장은 미국·유럽·호주 등 문화 선진국에서 주로 중소 도시 공연을 위해 사용되고 있다. 80X120미터의 공간이 필요하며, 기본 좌석은 공연에 따라 가변적으로 1,500~1,900석까지 배치할 수 있는데, 우리나라의 「캣츠」 빅탑시어터는 1,800석으로 구성되었다.

빅탑시어터는 일반 건축과는 다른 신개념 공법을 적용해 '움직이는 오페라 하우스'라 불릴 만큼 최상의 시설과 환경을 갖추고 있다. 안락한 시설과 로비·화장실·판매 시설 등 모든 부대시설을 완벽하게 갖추었으며, 그 밖에 안전이나 소방 등의 문제까지 철저히 고려해 제작된다. 설치와 철거에 소요되는 시간은 설치 이틀, 철거에 하루, 국내 지역 간 이동 시간까지 고려하면 최단 사흘에서 최장 나흘이다. 또 모든 시스템이 분리·조립의 형태로 만들어져 기동성이 매우 뛰어나 어디서든 공연이 가능하다.

빅탑시어터가 거대한 공간을 필요로 하는 공연장인 만큼 자연 환경과도 친화적으로 설계된다. 호주의 경우, 도심에서 벗어난 자연 공간에 설치되어 기존 공연장에서는 느낄 수 없는 이채롭고 낭만적인 분위기를 연출했다. 냉난방 등 모든 시설이 자가 전력으로 작동되기 때문에 환경에도 나쁜 영향을 주지 않는 친환경적인 시설이라고 할 수 있다.

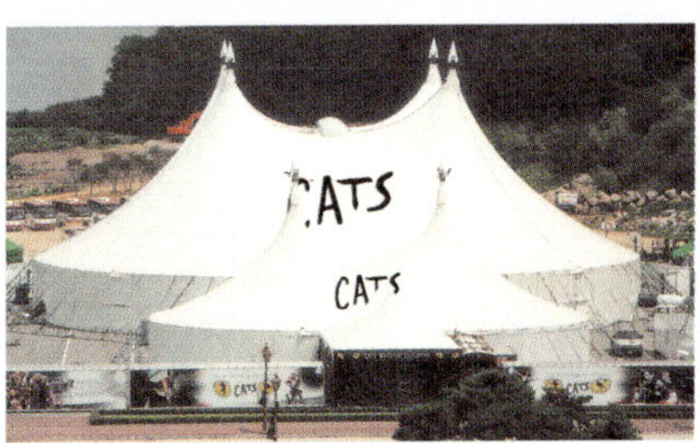

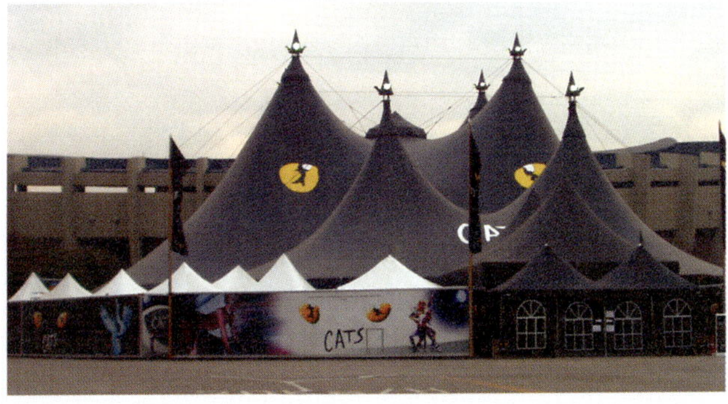

환경에 대한 부담은 감소되었고, 사전 제작비는 3개국이 분담하게 되었다. 타이완·홍콩·싱가포르까지 모두 여섯 지역을 목표로 2005년 「오페라의 유령」 인터내셔널 투어 프로덕션이 시작되었다.

남아프리카공화국 공연을 시작으로 중국 상하이에서 공연 후 한국에서 막을 올리기로 했다. 프로덕션의 완전한 셋업을 위한 트라이아웃으로 진행된 남아프리카공화국 공연은 케이프타운에서 2004년 4월부터 6월까지, 프리토리아에서 7월부터 10월까지 공연되었는데 전석 매진을 기록하며 대성황을 이루었다. 중국 상하이 공연 또한 전회 매진되는 기록을 세웠다.

뮤지컬계에서는 날이 갈수록 투자와 제작 형태의 다각화가 절실해지고 있다. 국내 순수 창작품이 해외로 진출하거나, 브로드웨이나 웨스트엔드에서 올라가는 작품에 대한 투자를 통해 해외 시장으로 접근하는 방식도 가능하다. 그러한 모색과 함께 나는 세계적인 제작사와 손잡고 프로덕션을 형성하여 해외 시장까지 영역을 넓히는 새로운 제작 형태를 시도한 것이다.

영화가 가져온 시너지 효과

「오페라의 유령」 인터내셔널 투어 프로덕션 구성 논의가 한창이던 2004년 초, 영화 「오페라의 유령」이 제작되고 있었다. 이것이 뮤지컬에 어떤 영향을 끼칠 것인가를 두고 의견이 분분했다. 지금의 한국 영화 시장으로 봐서는 영화의 흥행 여부가 공연의 성공에 긍정적인 영향을 끼칠 수 있는 촉매제가 될 수 있을 것 같았다. 나의 희망적인 확신에 팀 맥팔레인은 반신반의했지만 우리는 곧 영화 「오페라의 유령」을 충분히 활용할 수 있도록 치밀한 계획을 세우게 되었다. 영화와 뮤지컬 공연이 시간차

없이 바로 이어지는 것보다는 최소 6개월의 공백은 두어야 한다는 것이 중론이었다. 또한 CJ엔터테인먼트에는 영화와 공연에 동시에 투자하도록 건의하기도 했다. 한 기업에서 영화와 공연에 대한 동시 투자가 확정되자 영화「오페라의 유령」을 전 세계에서 처음으로 우리나라에서 개봉하는 것이 가능해졌다. 이것은 세계 영화 시장에서도 놀라워할 만한 이례적인 일이었다.

혹자는 「오페라의 유령」이 영화화되자 신비감이 떨어진다거나 영화로 이미 한 번 본 사람들은 공연장을 찾지 않을 수 있다고 걱정했다. 하지만 CJ엔터테인먼트가 극장에서 행한 출구조사 결과, 영화를 본 관객들이 더욱 뮤지컬을 보고 싶어하고 기대감이 높다는 결과가 나왔다. 우리는 공연의 성공을 더욱 확신하게 되었다.

정말 중요한 것은 배우였다

「오페라의 유령」투어 공연은 프로덕션 구성을 어떻게 할 것인가에 대한 초기 기획이 매우 중요했다. 영어 버전이고 오리지널 프로덕션이라 해도 주요 배역에 누가 출연하느냐는 여전히 중요한 문제였다. 남아프리카공화국 케이프타운과 프리토리아에서 트라이아웃 공연을 끝내고 중국 상하이 공연을 앞둔 시점에서, 나는 RUC 측에 캐스팅과 관련해 특별한 제안을 했다. 적어도 팬텀과 크리스틴 역은 브로드웨이 무대에서 활동했던 역량 있는 배우가 반드시 필요하다고 요구한 것이다. 그러자 RUC에서는 몇 명의 브로드웨이 배우를 제시했고, 나는 그들 중 브로드웨이 무대에서 팬텀 역할로 무려 1,800번이나 무대에 오른 브래드 리틀(Brad Little)을 지목하였다. 나는 공동 프로듀서로서 한국 공연은 브래드 리틀을 꼭 써야 한다고 주장했다. RUC 측은 비싼 개런티 문제를 내세우며 난색을 표했지만 결국 내 의견을 받아들였다.

트라이아웃 공연으로 남아프리카 케이프타운에서 오픈했고, 브래드는 한국 공연이 있기 전 중국 상하이 공연부터 합류했다. 상하이에서 팬텀 연기를 하는 브래드의 공연을 보고 나니 나는 안심이 되었다. 브래드 리틀은 노련한 연기로 관객을 휘어잡는 대단한 기량을 소유한 배우였다. 그 무렵 중국인들에게는 뮤지컬이 생소할 수도 있었는데 매회 전석 매진을 기록했으며, 브래

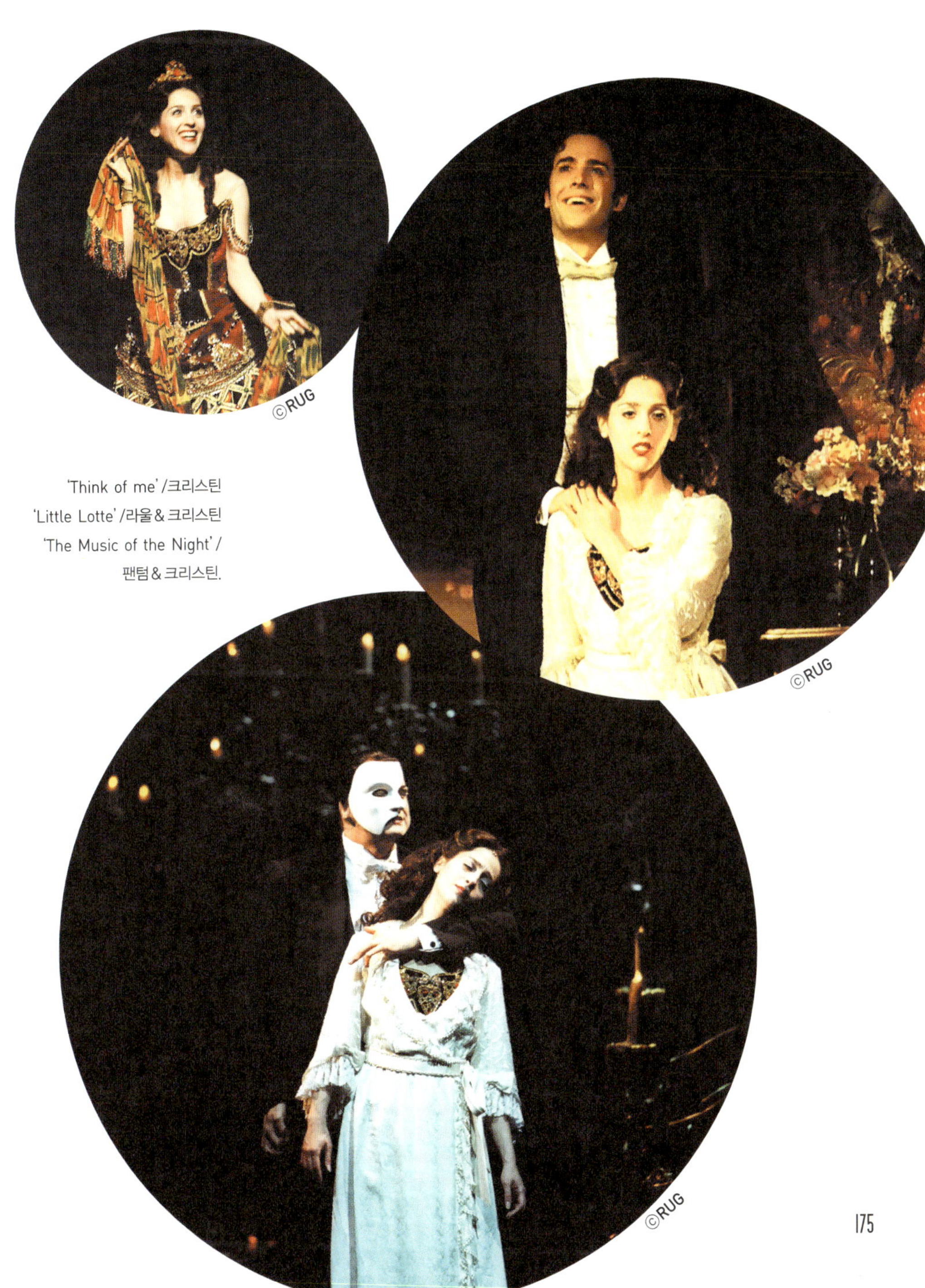

'Think of me' /크리스틴
'Little Lotte' /라울＆크리스틴
'The Music of the Night' /
팬텀＆크리스틴.

드의 연기에 관객들의 반응은 뜨거웠다.

2004년 12월 18일부터 다음해 3월 13일까지 중국 상하이의 그랜드 시어터(1,800여 석)에서 공연한 「오페라의 유령」은 지금까지 중국에서 공연된 해외 팀의 공연 중 최고의 제작 규모이자 최장기 공연으로, 2003년 「캣츠」의 기록(53회 공연, 총 8만 명 관람)을 경신하며 15만 명 이상이 관람하는 기록을 세웠다.

대형 뮤지컬을 자주 접하지 못한 중국 관객들은 화려한 의상과 무대를 한순간에 지하 호수로 바꾸는 스펙터클한 장면 등에 놀라며 매 공연마다 탄성을 터뜨렸다. 전문 직종에 종사하는 사람의 한 달 월급에 가까운 티켓 가격에도 불구하고 두 번씩 관람하는 관객도 많았을 정도로 중국 관객에게 「오페라의 유령」은 그야말로 충격과 감동을 동시에 안겨주는 작품이었다.

중국 공연에서부터 인기를 모은 브래드 리틀은 이미 한국의 팬들에게 소문이 자자할 정도였다. 만나는 사람들마다 "이번 팬텀 괜찮다면서요?"라는 인사를 받았다. 공연 석 달 전인 3월 14일 주연 배우인 팬텀의 브래드 리틀, 크리스틴의 아나 마리나(Ana Marina), 라울의 재러드 칼랜드(Jarrod Carland)가 불과 하루 전날 중국 공연을 끝내고 한국의 팬들과 함께하는 자리를 마련했다. 예술의전당 자유소극장에서 200여 명의 한국 팬들을 마주한 그들은 흥분을 감추지 못했으며, 생생한 라이브로 주요 뮤지컬 넘버를 선보였다. 이때부터 이미 팬들은 브래드 리틀의 압도적인 카리스마에 매료당한 듯했다.

브래드 리틀은 무대에서뿐만 아니라 실제로도 풍부한 유머 감각에 여유로운 미소를 지닌 배우였다. 그는 무대에서 관객을 바라본 시간이 긴 만큼 관객의 심리를 꿰뚫기라도 하듯 적시적소에 농담을 건넬 줄도 알며, 팬들에게 재미있는 답변을 하기도

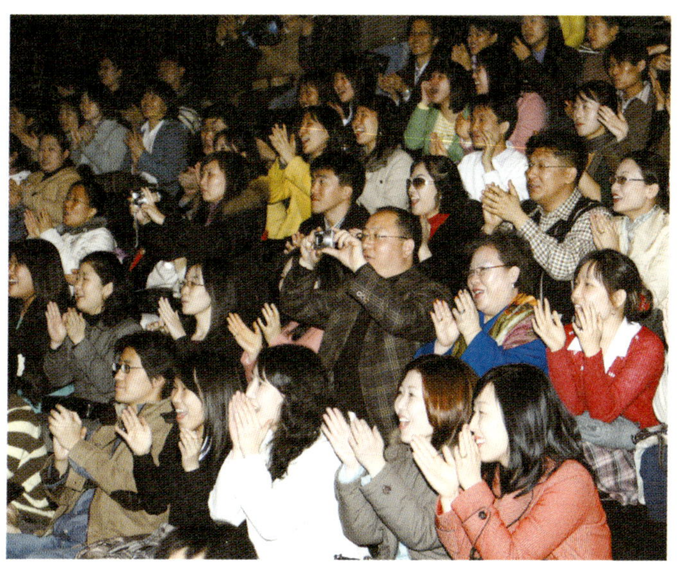

했다. 팬 미팅에서 어느 팬이 "당신이 크리스틴의 아버지라면 사윗감으로 팬텀과 라울 중 누구를 선택하겠느냐?"는 다소 돌발적인 질문을 했다. 이에 브래드는 "정말 좋은 질문이다. 지금까지 1,800회 이상 공연을 해오면서 이런 질문을 받아본 적은 없었다"며 일단 팬에게 덕담을 한 뒤 "당연히 라울이죠. 세상에 어떤 아버지가 살인자에다가 괴팍한 팬텀을 사윗감으로 선택하겠습니까"라고 답변해 팬들의 웃음을 끌어냈다. 그는 팬들의 질문에 여유 있고 재치 있게 응대하며 편안하면서도 흥분된 자리를 만들었다.

브래드는 중국과 한국 관객의 성향을 금세 파악했고, 그로 인해 중국과 한국 팬들의 열성적인 사랑을 한 몸에 받게 되어 너무나 기뻐했다.

2005년 「오페라의 유령」 예술의전당 공연은 공연 오픈 약 4개월 전에 티켓 박스를 오픈했고, 박스 오픈 한 달 전에 모든 마

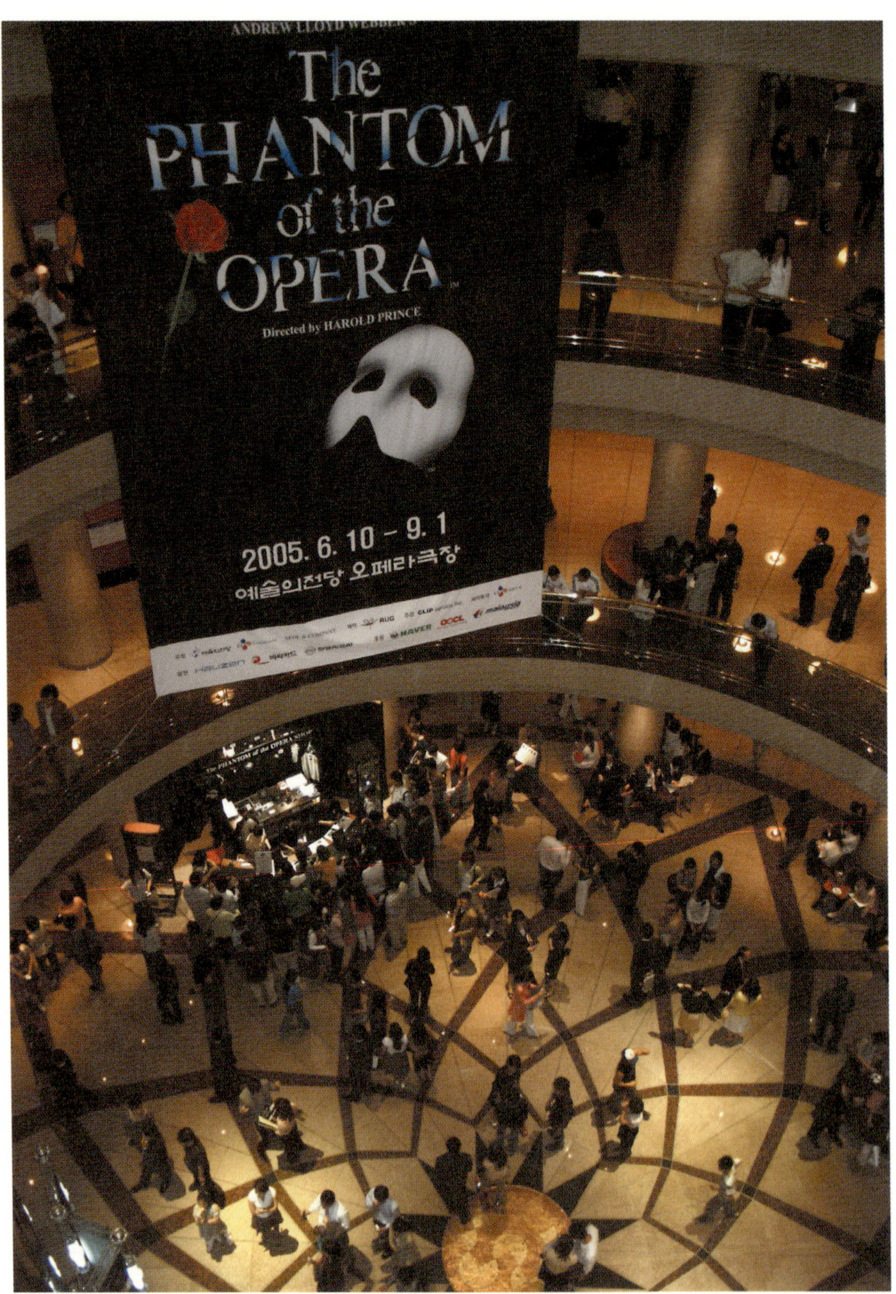

인터내셔널 투어 팀이 공연했던 예술의전당 오페라극장 로비.

케팅 전략이 세워졌다. 가장 고민했던 점은 티켓 오픈 이후 일주일 동안 예매되는 티켓 수량이었다. 이 일주일 동안의 예매 기록이 바로 공연 전체를 예측할 수 있는 지표가 되기 때문이다. 첫날 예매 결과는 기대 이상이었다. 2001년보다 시장이 많이 팽창되었고, 또한 한국 공연과 영화의 흥행 등에 힘입어 작품에 대한 인지도가 어느 때보다 높아서 어느 정도 기대는 했지만 1만 3천 장을 기록하면서 뮤지컬 1일 예매 기록을 경신했다.

2005년 6월 10일 예술의전당 오페라극장에서 인터내셔널 투어 공연이 막을 올렸다. 우리 배우들이 출연한 한국 공연 이후 정확히 3년 6개월 만에 다시 만나는 「오페라의 유령」이었지만 그 감동은 여전했으며, 오히려 더욱 깊어졌다.

공연에 몰입하는 것은 순간이었지만 2시간 40여 분 공연이 끝나고 커튼을 내리기는 쉽지 않았다. 6월 10일 첫날 첫 공연에서 내가 받은 감동은 「오페라의 유령」 자체의 엄청난 힘에서 비롯되었다기보다는 끝날 줄 모르는 박수 속에서 느껴지는 관객의 힘에서 나온 것이었다. 3, 4년 전보다 훨씬 넓어지고 깊어진 관객들의 뮤지컬 사랑을 확인하는 순간이었으며, 이제는 라이선스 뮤지컬이든 우리 뮤지컬이든 제대로만 만들면 관객이 찾아주리라는 희망을 발견하는 순간이었다. 함성과 쏟아지는 박수 속에 커튼콜이 무려 다섯 번씩이나 반복되는 등, 회를 거듭할수록 공연은 마치 그날이 마지막 공연인 듯한 착각이 들 만큼 폭발적이었다. 전체 배우들의 앙상블과 주연들의 연기가 주는 감동은 오리지널 공연을 기다려온 한국 관객의 기대를 저버리지 않았다.

한결같은 공연을 위하여

브래드 리틀이나 크리스틴의 마니 랍(Marni Raab)과 아나 마리나 그리고 라울의 재러드 칼랜드 등 배우에게 쏟아지는 관객들의 사랑과 공연의 완성도를 생각하면 배우들의 매니지먼트는 사실 티켓 매출만큼이나 중요한 사안이다. 특히 3개월가량 해외에 체류하면서 날마다 무대에 오르는 배우에게는 자기 관리만으로는 충족되지 않는 것이 있다. 여러모로 환경이 낯선 나라에서 혼자 힘으로 자기 관리를 하는 데는 한계가 있기 때문이다. 그래서 나는 배우들의 자기 관리를 돕는 조력자 역할을 자처했다. 그들이 아프기라도 하면 그들을 기다리는 관객들은 어떻게 하란 말인가? 물론 배역마다 커버 역할은 있지만 말이다.

노래를 부르는 뮤지컬 배우들의 건강 관리에서 가장 중요한 것은 목 관리다. 브래드를 비롯한 몇몇 배우는 음성 관리 전문 병원인 예송이비인후과 음성센터(원장 김형태)에서 음성 관리를 받게 했다. 목소리에 특별한 이상이 생기지 않아도 지속적인 관리를 통해 성대의 이상 유무를 체크했다. 특히 팬텀의 경우는 일반인들로서는 불가능한 음역을 노래로 소화해야 한다. 테너와 바리톤의 고음과 저음을 모두 내야 하는데 3개월이라는 장기 공연을 오로지 혼자 감당해야 했기 때문에 성대 보호에 각별히 신경을 써야 했다. 그는 솔로·듀엣·트리오의 난이도 높은 노래 외에도 괴성이나 울분을 토하는 등 변화무쌍한 목소리 연

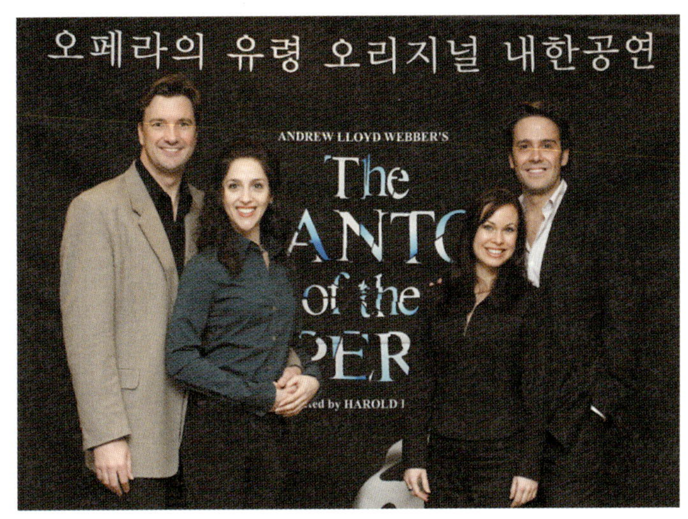

인터내셔널 투어 팀에 참여한 팬텀 역의 브래드 리틀, 크리스틴 역의 마니 랍과 아나 마리나, 라울 역의 재러드 칼랜드(왼쪽부터).

기가 많아 장기간 컨디션 좋은 목소리를 유지한다는 것은 여간 어려운 일이 아니었다. 외국에서 온 배우들에게는 낯선 기후 환경도 성대에 무리를 줄 수 있는 요인이 되므로 관리를 소홀히 한다면 공연 수준을 일정하게 유지할 수 없게 된다.

브래드 리틀은 「오페라의 유령」을 2천 회 이상 공연한 기록을 가지고 있는, 팸텀 역할로는 타의 추종을 불허하는 배우답게 100회 공연 중 99회를 혼자 거뜬히 소화해내는 괴력을 보였다. 고음과 저음을 자유자재로 내면서 2막에는 거칠게 소리치거나 울부짖는 노래가 많아 한 번 공연하기도 힘든 배역인 만큼 우리로서는 감히 상상할 수 없는 일이다.

여기서 브래드 리틀과 관련한 여담 몇 가지를 이야기하겠다. 중요한 이야기일 수 있기 때문이다. 그런 괴력의 음색과 성량을 가진 그가 2009년 「지킬앤하이드」 한국 공연에서, 그것도 오픈 다음날 무슨 연유에서인지 립싱크를 하였고, 그날 앞줄에 앉아 있던 뮤지컬 마니아들이 인터넷에 항의의 글을 쏟아낸 사건이 발생했다. 브래드 리틀에게 관심이 많았던 관객들은 한바탕 소동을 벌였고 환불 요구로까지 이어졌다.

무엇이 잘못된 걸까? 브래드를 만나 얘기를 들어보니 자초지종은 이러했다. 대만에서 「오페라의 유령」 투어 공연이 끝나자마자 「지킬앤하이드」를 연습했고, 한국 도착 즉시 트라이아웃 공연에다 홍보 스케줄 등 일정이 너무 빡빡했다. 제작 발표를 연기해달라고 요청했지만 받아들여지지 않았고 결국 그날 2막 공연 때 목이 잠겨 노래를 할 수 없게 되었다. 그래서 무대 뒤에서 커버가 대신 노래를 부른 것이다.

공연 사고가 나자마자 브래드는 2005년 「오페라의 유령」 때를 떠올리며 도움을 요청했고, 나는 성대 관련 전문 병원인 예송이비인후과에 예약을 해주었다.

앞서 말했듯이 여러모로 환경이 낯선 나라에서 배우 혼자 힘으로 자기 관리를 하는 데에는 한계가 있다. 한 가지 예를 들자면 2005년 당시 투어 공연을 하면서 나는 브래드가 골프광이라는 사실을 알게 되었다. 그는 항상 한국의 골프장에 가고 싶어 했다. 그런데 문제는 2005년 당시 그는 일주일에 8회 공연을 하면서 100회까지 공연을 해야 했다. 그때만 해도 브래드는 한국에 잘 알려져 있지 않아서 커버가 공연을 한다 해도 크게 문제는 없었겠지만 나는 관객들에게 브래드의 공연을 보여주고 싶었다. 그래서 나는 그의 건강을 위해 매주 월요일 오후 시간으로 직접 부킹을 했는데, 일기 예보에 비가 올 것 같은 날은 시내 관광을 하거나 쉬도록 유도했다. 내가 직접 골프를 예약한 이유는 이른 아침에 골프 치는 것을 방지하기 위해서였다. 주말 2회 공연을 토요일과 일요일 연속으로 하고 나면 엄청나게 체력이 소모되기 때문에 일요일 밤에는 충분한 수면을 취하게 하고 월요일 오후 시간에 골프를 치도록 유도한 것이다. 골프장으로 향하는 차 안에서는 많은 이야기를 나누었는데 내가 목소리를 아끼라고 주문하면 잠시 멈추는 듯하다가 이내 얘기를 쏟아냈다. 그가 한번은 미군 사령관 초청으로 월요일 아침 일찍 골프를 갔다가 비를 맞고 플레이한 사실을 이야기했고, 나는 그에게 불같이 화를 냈다. 브래드는 너무 자신의 사생활을 간섭하는 것 아니냐고 대꾸하였지만 나중에는 이러한 배려를 이해하고 더욱 몸 관리를 잘해서 최상의 공연을 하겠다고 다짐했고 실제로 매 공연마다 기립 박수를 받았다.

처음에는 배우의 컨디션을 관리하려고 시작했는데 어느덧 3개월이 지나자 그와 나는 친구가 되어버렸다. 그동안 진심으로 그를 소중하게 생각하고 그렇게 대했다. 결국 그 모든 노력은 관객에게 고스란히 돌아갔고 극장을 찾은 수많은 관객들은 특별한 감동을 경험할 수 있었다.

이제 브래드와 나는 서로가 새로 준비하고 있는 뮤지컬에 참여하기길 바라는 사이가 되었다. 그리고 나는 무엇보다도 먼저 「지저스 크라이스트 슈퍼스타」의 브래드를 만나고 싶다. 「지저스 크라이스트 슈퍼스타」 유럽 투어 공연에서 예수 역을 맡았던 브래드가 겪었던 에피소드 때문이다. 이탈리아였는데 공연이 끝나고 숙소로 돌아가려고 극장 밖으로 나왔을 때 극장 뒷문에는 관객들이 그를 기다리고 있었다. 대부분의 관객들은 사인을 받고 돌아갔지만 그중 몇몇 관객은 다가와 흡사 예수님을 바라보는 눈길로 브래드의 몸에 경건하게 손을 갖다 대었다고 한다. 그때 만났던 그 이탈리아인들의 눈빛이 기억에 남는다고 했던 것처럼 브래드가 또 다른 모습으로 「지저스 크라이스트 슈퍼스타」에서 예수 역으로 우리 무대에 설 날을 기대해본다.

의심할 것도 없이 세계에서 가장 유명한 뮤지컬인 「오페라의 유령」. 그 팬텀 역할을 브로드웨이와 세계 각지에서 1,800회 이상이나 연기하고, 이제 한국의 관객들을 찾아갈 브래드 리틀(Brad Little). 그를 뉴욕에서 만나기로 했다.

장소는 그리니치 빌리지의 카페 에스페란토. 1시간이 지나도 그는 나타나지 않는다. 도대체 어떻게 된 일일까? 순간 울리는 전화벨. 그는 장소를 잘못 알고 있었다! 지금 있는 곳은 옆 블록의 카페 에스파뇰. 헐레벌떡 달려가니, 6척 장신에 범상치 않은 목소리로 미안해 어쩔 줄을 모르는 이 사나이. 얼굴에는 커다랗게 '착한 사람'이라고 써 있다. 서둘러 나에게 앉기를 권하고, 묻기도 전에 서울 공연에 대한 기대감을 풀어놓는다. 뿜어져 나오는 유쾌한 카리스마. 난 벌써 사르르 녹았다.

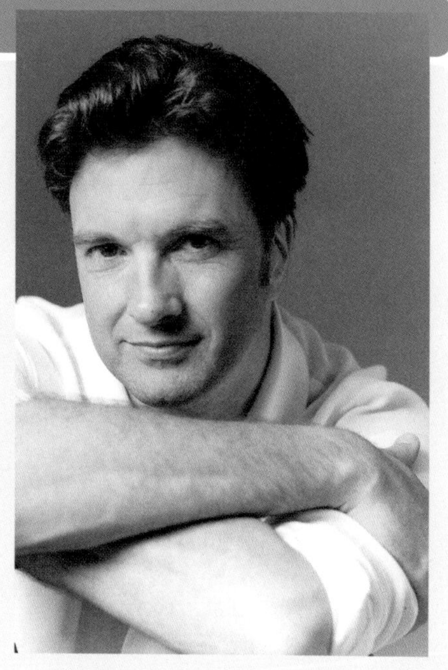

__브래드__ 중국 공연(그는 얼마 전 상하이에서 팬텀을 연기했다)을 마치고 서울에 들러 잠시 만난 관객들의 반응이 무척이나 좋았다. 배우는 관객들의 환호가 있어서 연기하는 것 아닌가. 중국에 서양식 공연이 있었던 적이 별로 없어서인지, 상하이에서는 '그 밤의 노래'가 끝나고도 박수를 치지 않아 힘이 들더라. 참, 한국 관객들은 배우가 노래하고 있는 도중에도 박자를 맞추어 박수 치는 걸 좋아한다고 들었다. 진지한 노래를 부르고 있을 때 그러면 어떻게 하지? (그는 열린 음악회식 박수와 함께 '그 밤의 노래'를 불러 보인다. 웃지 않을 수 없다!)

웹사이트(www.bradlittle.com)를 방문해보았다. 아버지가 당신에 대해 써준 이력이 무척이나 인상적이었다.

__브래드__ 아, 나의 아버지! 내 연기 인생에 가장 큰 영향을 끼친, 정말 놀라운 분이다. 연극과 교수인 동시에 목사이신데, 내 결혼식 주례도 서주셨다. 아버지 덕에 나는 아기였을 때부터 무대에 서왔다. 기억하는

첫 작품은 여섯 살 때 동네 꼬마로 출연한 「지붕 위의 바이올린」이다. 그때 부모님이 주인공을 하셨다.

__그럼 어릴 때부터 배우가 되기 위한 레슨을 꾸준히 해왔는가?__

__브래드__ 아니다. 어렸을 때는 농구선수가 꿈이었다. 사실 딱 한 번 6개월 동안 보이스 레슨을 받은 것이 전부다. (와, 이건 정말 예외적인 경우다. 진짜 타고났나 보다). 하지만 공연을 할 때마다 훌륭한 음악감독이나 동료 배우들에게 묻고 상의하며 많이 배우게 된다. 다듬어지지 않은 듯 '지르는 목소리'가 내 트레이드마크이기도 하다.

__팬텀 역을 맡기 전에 라울로 시작했다는데?__

__브래드__ 처음에는 그저 앙상블 멤버이자 라울의 언더스터디(understudy: 임시 대역 배우)였다가 연출가인 해럴드 프린스의 눈에 들어 라울 역으로 무대에

서게 되었다. 그렇게 거의 2년여 동안 라울 역을 하며 팬텀의 언더스터디를 하던 중, 드디어 다른 네 명과 함께 팬텀 오디션을 보게 되었다. 앞선 두 명의 배우들이 멋들어지게 부르는 '그 밤의 노래'를 들은 후 세 번째로 오디션에 들어갔고 막 노래를 시작했다 싶었는데, 객석에서 "잠깐, 멈춰!" 하는 소리가 들렸다. 프린스였다! '망했다' 싶은 나에게 그는 이런 저런 연출 노트를 해주며 다시 노래를 부르게 했다. 그렇게 프린스의 연출에 따라 나는 세 곡의 노래를 불렀다. 그날 저녁 라울로 분장한 나를 찾아온 프린스의 말, "자네가 팬텀을 연기할 때 내가 아까 한 얘기들을 잊지 말라구." 그렇게 팬텀이 된 후로 나는 1,800회 이상 이 역을 연기해왔지만, 참으로 신기한 일은 싫증이 나지 않는다는 것이다. 그가 매일 밤 나를 어디로 데리고 갈지 모르기 때문이다. 나는 이 캐릭터를 너무너무 사랑한다.

그런 당신이 「아이 러브 유」(I love you, You're Perfect, Now Change)에 출연한 적도 있다는 것을 알고 놀랐다.
브래드 정말 재미있는 경험이었다. 나 같은 타입의 배우가 언제 그런 코미디 공연을 하겠는가! 그런데 그 미국적이기 이를 데 없는 뮤지컬이 한국에서도 공연되었다니 놀랍다.

웹사이트에 치타 사진이 많던데…
브래드 신시내티에서 「오페라의 유령」을 공연한 후 초대를 받아 그곳 동물원의 호랑이과 동물들을 가까이 볼 기회가 있었는데, 아파서 먹지 못하게 된 지 오래되어 곧 안락사 시킬 예정인 치타의 우리를 지나가게 되었다. 치타와 눈이 마주쳤을 때 나는 홀린 것처럼 내 뒤의 벽에 몸을 기대었다. 그런데 이 녀석, 있는 힘을 다하여 고개를 들더니, 우리에서 걸어 나와 내 얼굴 바로 앞까지 다가오는 것이 아닌가. 그리고 내 무릎에 머리를 떨구고는 가르릉거리기 시작했다. 나를 초대해준 분은 그냥 울음을 터뜨리셨고…. 그날부터 그 녀석은 음식을 먹으며 건강을 되

찾아 3년이나 더 살았다. 그 경험 이후 나도 치타들을 위해 뭔가 꼭 하고 싶다는 생각에서 아프리카의 치타들을 위해 모금하는 순회 콘서트를 2년에 한 번씩 열고 있다. 지난 주에 있었던 콘서트 후에는 감동한 어느 신사분이 1막이 끝나자마자 50만 달러(!)를 기부하기도 했다.

한국에서 3개월이나 있게 된다. 무슨 계획이라도?
브래드 한국 관객들이 이 공연에 친숙하다는 것은 잘 알지만, 영어로 공연되는 「오페라의 유령」에 어떤 반응을 보일지 기대 가득, 흥분 상태다. '한국적'이고 '한국인스러운' 것을 많이 느끼고 배우고 싶다. 상하이에서는 도시 자체의 특성도 있겠고 중국이라는 나라가 빠르게 서양화가 이루어지는 탓도 있겠지만, 사람들에게서 중국적인 것을 느낄 수 없어 너무나 아쉬웠다. '자신다움'을 잃지 않는 것은 정말 중요한 일이라고 생각한다.

"관객의 한 명으로서 당신의 팬텀이 매우 기대된다. 앗, 해 지기 전에 사진 찍으러 나가야겠다."
"그러자. 아, 그런데 지금 뭐 하는 거냐. 당연히 내가 낸다. 맥주 한 병 마셔놓고!"
"앗! 고, 고맙다…."(이래도 되는 건가?)

브래드 리틀. 이 남자가 무대에서 팬텀이 되었을 때 얼마나 열정적일지 상상하기란 결코 어려운 일이 아니다. 치타 이야기를 직접 들려주지 못하는 게 얼마나 아쉬운지 모르겠다! 치타가 가르릉거리는 대목에 이르렀을 때, 나는 정말로 눈물을 주룩 흘릴 뻔했다. 오래전에 일어난, 아마도 수없이 되풀이했을 이야기. 하지만 그는 여전히 그 순간의 생생한 아름다움을 나에게 전해주고 있었다. 그가 농구의 길을 택하지 않은 거, 정말 고마운 일 아닌가.

See you in Seoul, Little Phantom!

인터뷰어_이지혜

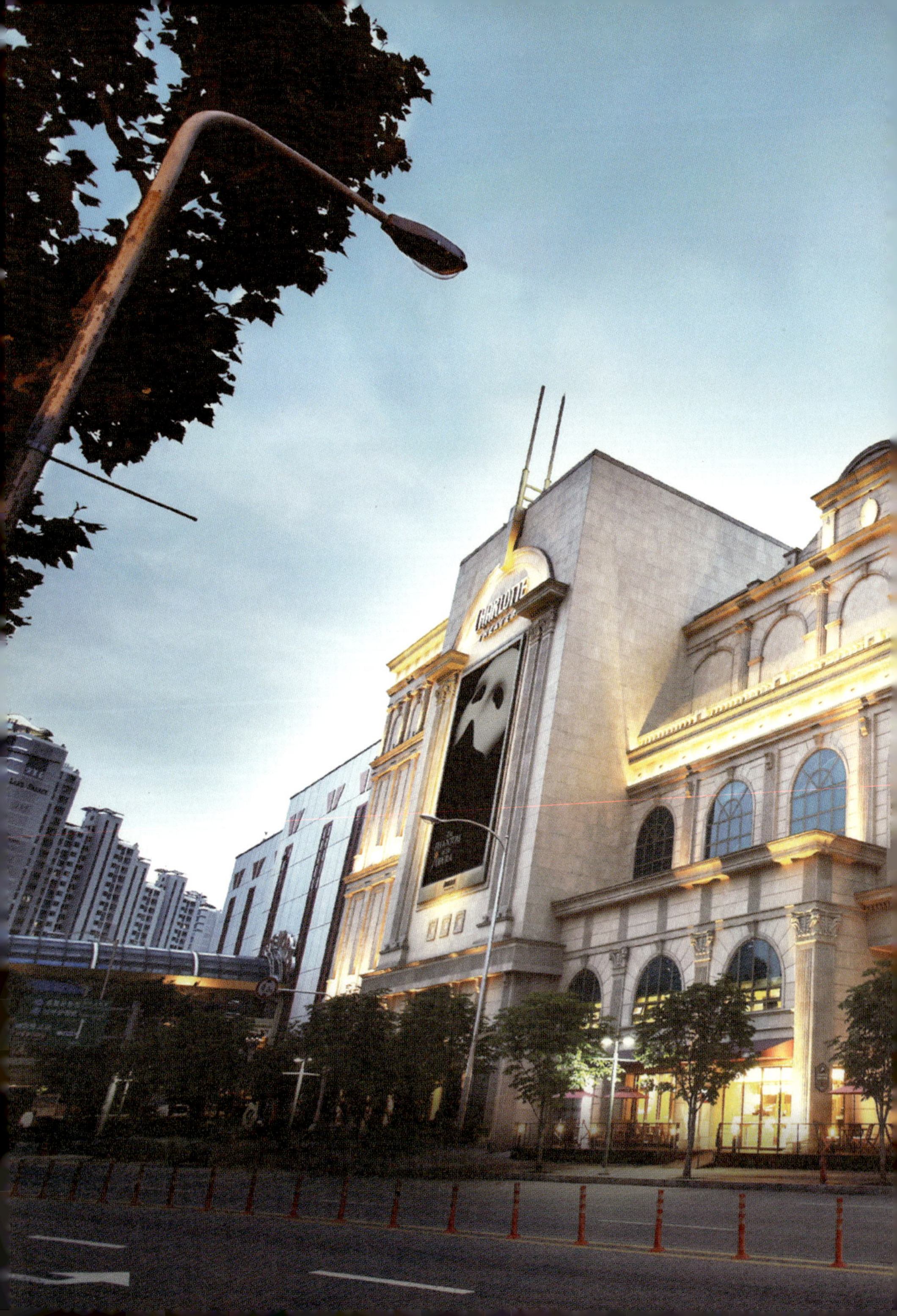

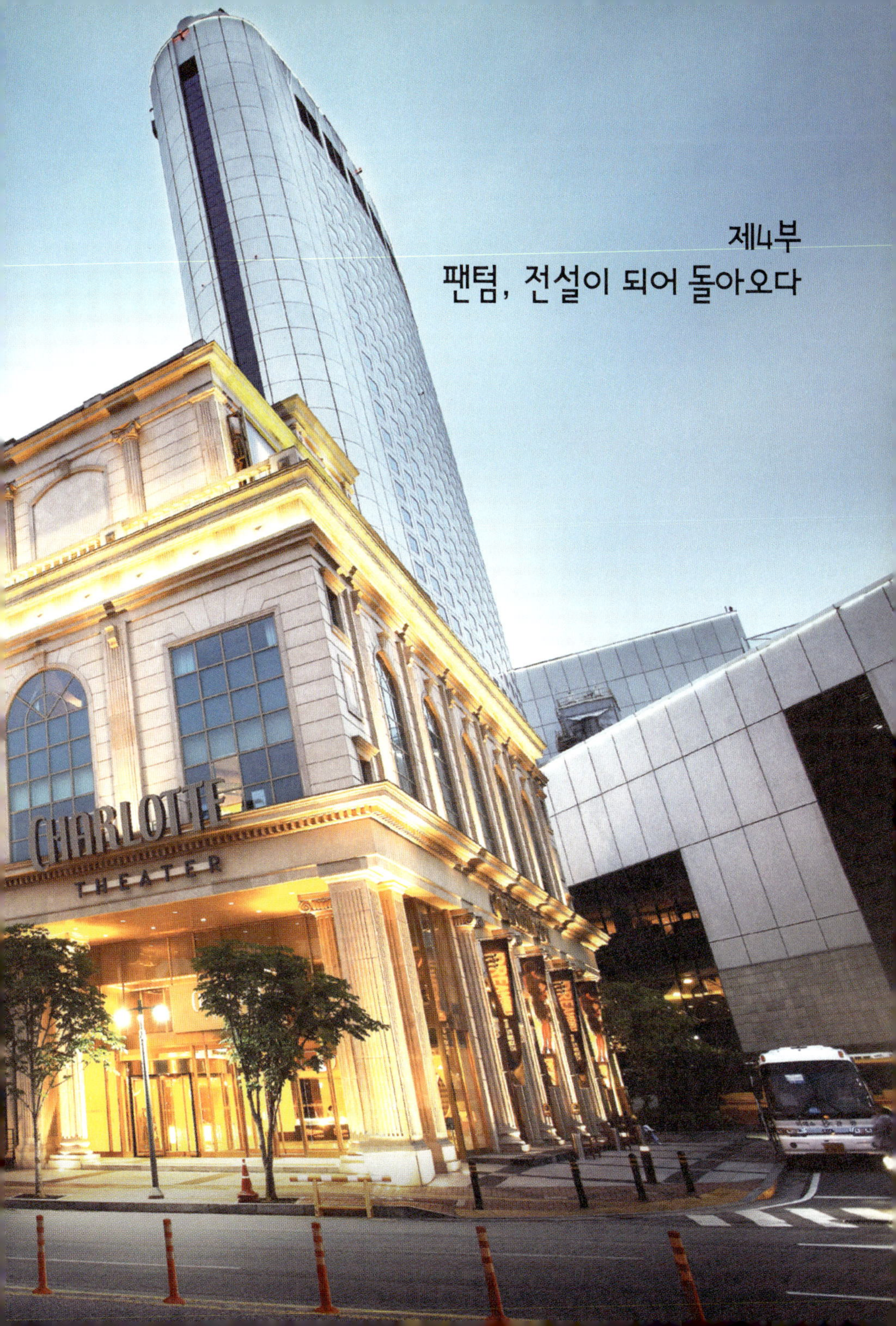

제4부
팬텀, 전설이 되어 돌아오다

역사는 진행 중

뉴욕 브로드웨이의 머제스틱 극장은 2006년 1월 9일 특별한 역사, 특별한 공연을 맞이했다. 모든 좌석에는 극중 가면무도회 장면에 나오는 마스크가 관객을 기다리고 있었다. 그 특별함은 뮤지컬 「캣츠」의 고양이 분장을 한 배우가 등장해 팬텀 마스크를 쓴 배우에게 지휘봉을 넘겨주는 퍼포먼스를 통해 선포되었다. 이날은 바로 브로드웨이 역사상 최장기 공연 기록을 다시 쓰는 날이었다. 7,485회라는 브로드웨이 최장기 공연 기록을 갖고 있던 「캣츠」가 팬텀에게 그 권좌를 물려주었고, 7,486회를 맞는 「오페라의 유령」의 팬텀은 그날부터 새로운 주인공이 되어 오늘도 새로운 브로드웨이의 역사를 써나가고 있다.

이날 공연에는 VIP를 비롯해 「오페라의 유령」을 거쳐간 배우·스태프 등 1,600여 명이 초대되어 특별한 밤을 함께 나누었다. 앤드루 로이드 웨버와 프로듀서 카메론 매킨토시, 연출자 해럴드 프린스, 안무가 질리언 린, 초연 무대에서 팬텀 역을 열연했던 배우 마이클 크로퍼드 등이 영광의 자리를 빛냈다.

1986년 런던에서 초연된 후 24년째 롱런 중인 「오페라의 유령」은 지금까지 27개국 144개 도시에서 1억 명이 넘는 관객을 매료시켰고, 오늘밤에도 새로운 관객들과 팬들에게 이루지 못한 사랑의 애절함을 호소하고 있다. 이른바 세계 뮤지컬의 빅4로 불리는 「캣츠」(1982~2000), 「레 미제라블」(1987~2003), 「오페라의 유령」(1988~2009년 현재), 「미스 사이공」(1991~2001) 중에서 「오페라의 유령」만이 브로드웨이와 웨스트엔드에서 동시 공연되고 있으며 최장기 공연의 역사를 쓰고 있다. 2000년대 접어들면서 브로드웨이의 관객 수 감소와 9·11 사태 이후 관객들의 성향 변화에도 아랑곳하지 않고 강력한 마력과 흥행성을 자랑하며 신화를 만들어가고 있는 것이다.

「오페라의 유령」이 롱런하는 이유에 대해 제작자 카메론 매킨토시는 "불가능한 사랑을 그리는 스토리"이며 "인간이라면 누구나 그러한 사랑의 통증을 안고 살아가지 않는가!"라는 말을 했다. 비정한 사랑이 안겨주는 카타르시스는 그 시절 오페라 하우스의 매력적인 공간과 접속할 수 있게 한다. 「오페라의 유령」은 우선 원작 소설부터가 매우 흥미롭다. 평범한 일상 속에 묻고 사는 사랑의 열병을 끄집어내주는데, 그것이 누구도 거부할 수 없는 앤드루 로이드 웨버의 뛰어난 음악과 만나 여느 뮤지컬과 뚜렷하게 다르면서도 한마디로 설명할 수 없는 파토스를 느끼게 한다. 머리와 가슴을 동시에 뚫고 지나는 듯한 웨버의 음악과 시공을 초월한 러브 스토리가 그 어떤 무대보다도 강렬한 잔상을 남겨준다. 카메론 매킨토시도 앤드루 로이드 웨버를 가리켜 "대중을 움직이는 앤드루 로이드 웨버의 감각에는 어떤 식의 찬사가 어울릴지 모르겠다"고 말한 바 있다.

금세기 안에 「오페라의 유령」과 같은 작품이 다시 탄생할 수 있을까? 정작 앤드루 로이드 웨버는 "뮤지컬의 성공에는 결과만 있을 뿐 흥행의 공식은 따로 존재하지 않는다"고 말했지만 그 자신의 작품인 「오페라의 유령」을 넘어서는 작품을 만들어내지 못하고 있는 것은 이미 「오페라의 유령」이 세기를 뛰어넘는 '신화'가 되었기 때문일 것이다.

영화계에서는 영화의 흥행 여부에 따라 속편을 만드는 경우가 흔하지만, 그리고 요즘은 대작일수록 애초에 연작이나 속편을 염두에 두고 시나리오 작업을 하기도 하지만, 뮤지컬은 단 한 번도 속편이 제작된 적이 없었다. 그러나 「오페라의 유령」은 그 불문율을 깨고 속편에 해당하는 「러브 네버 다이스」(Love Never Dies)를 제작 중이다. 2010년 런던 초연 예정으로, 20년 만에 만들어지는 앤드루 로이드 웨버의 「오페라의 유령」 속편은 비밀 작전을 방불케 할 만큼 노출을 극도로 꺼리고 있어 전문가들도 무척 궁금해하고 있다. 나 역시 간단한 멜로디 몇 마디만 들었을 뿐 RUG 대표를 포함한 그 누구도 철저히 입을 다물고 있다. 과연 「오페라의 유령」의 역사를 다시 쓸 강력한 작품이 탄생할지 관심이 모이고 있다.

불황… 그리고 돌아온 팬텀

2001년 「오페라의 유령」 공연 이후 국내 뮤지컬 분야는 수직 상승 곡선을 그리면서 여러모로 유의미한 경제적인 변화를 이끌어내며 문화 산업의 한 장에서 자신의 역할과 위상을 담당해왔다. 그러나 수직을 그리던 성장세는 2008년 미국발 금융 위기로 경제 한파와 함께 마이너스로 돌아섰다. 그런 상황에서 나는 다시 「오페라의 유령」을 올리게 되었다. 외환 위기가 끝난 직후인 2001년 「오페라의 유령」을 하겠다고 나섰을 때 모두들 불가능한 일이라고 했지만 결과는 대성공이었듯이, 2009년의 「오페라의 유령」도 공연 시장의 규모를 다시 확장하고 활성화하는 데 한몫을 하리라 기대한다.

아이러니하게도 어려운 경제 상황에서 문화 소비를 향한 욕구는 더욱 강해진다. 경제적으로나 심리적으로 어쩔 수 없는 환경에 몰릴수록 현실에서 잠시 벗어나 마음을 달래줄 친근한 대상을 찾게 마련이고, 이때 문화 컨텐츠들은 다정한 벗을 자청한다. 현실 세계가 주지 않는 위안과 자유를 음악이나 책, 영화나 공연 등에서 얻고자 하는데, 일반적인 수준의 감동을 넘어 매우 강력하고 스페셜한 것일수록 인구에 회자된다. 「오페라의 유령」은 아름다운 선율을 통해, 운명의 드라마를 통해, 웅장한 무대 판타지를 통해, 일상에서 경험할 수 없는 숭고함에 대한 경험을 주고 관객들의 감성을 일깨워 새로운 활력을 불어넣는다.

　7개월 동안 공연한 2001년 「오페라의 유령」 한국 초연의 관객 수는 24만 명으로, 단일 공연으로서는 아직까지 깨지지 않고 있는 국내 유일무이한 기록이다. 「오페라의 유령」보다 오래 공연한 대작이 몇 편 있었지만 그 기록에는 근접하지 못했다. 2009년 시즌 「오페라의 유령」은 약 11개월이라는 장기 공연과 그간 폭발적으로 증가한 뮤지컬 관객층을 바탕으로 24만 명이라는 자체 기록을 넘어, 한국 뮤지컬계에서는 한 공연이 동원할 수 있는 최대 관객 수라고 예측하는 꿈의 숫자인 30만을 넘어설 것으로 예상된다.

　다시 한 번 국내 뮤지컬 역사의 새로운 기록을 남길 팬텀의 무대에 대한 기대감은 티켓 예매가 시작된 첫날 이미 증명되었다. 티켓이 오픈된 2009년 5월 13일, 하루 만에 1만 3,500장이 예매되면서 다시 기록을 경신했다. 2005년 내한 공연 때 1만 3천 장이라는 높은 예매율을 보였던 1일 기록을 가뿐히 넘어선 것이다. 뮤지컬 동호회는 물론이고 일반 예매와 기업 구매 등 고른 분포로 8년 만에 부활한 '팬텀(phantom) 현상'의 시작을 화려하게 알렸다.

　2005년의 성공적인 투어 공연 이후, 나는 「오페라의 유령」을 한국 관객들에게 다시 선보이기 위한 계획에 들어갔다. 시공간을 초월해 전 세계적으로 사랑받고 있는 「오페라의 유령」을 보고 싶어하는 관객층이 지속적으로 생겨난다는 이유도 있었지만, 퀄리티 높은 컨텐츠만이 뮤지컬 인구를 확대시켜주는 역할을 할 수 있다는 이유도 있었다.

　「오페라의 유령」은 여느 공연처럼 컨텐츠와 공연장이 확보되었다고 해서 공연이 가능한 작품이 아니다. 최소 3~4년 전부터 기획에 들어가야만 가능한 이유는 바로 「오페라의 유령」의 무대 세트 때문이다. 전 세계적으로 「오페라의 유령」의 무대는 현재 공연 중인 브로드웨이·웨스트엔드·일본·유럽과 아시아-태평양 투어 공연을 위한 무대 세트까지 모두 4점이 존재한다. 브로드웨이와 웨스트엔드·일본은 장기로 공연 중이기 때문에 결국 유럽이나 아시아-태평양 지역에서 공연이 없는 기간에 한해 무대를 사용할 수 있다는 이야기다. 곧 공연은 우리나라의 환경뿐 아니라 해외 공연 팀의 프로덕션 일정과도 맞아야 가능하다는 것이다. 「오페라의 유령」 무대는 제작 비용이 200억 원에 이르는 규모라 제작은 감히 생각할 수도 없다. 이러한 까다로운 제작 환경에 맞추어야 하기에 2009년 한국 공연을 위해 2005년 내한 공연 때부터 준비 단계에 돌입했다.

국내 최초의 뮤지컬 전용 극장인 샤롯데씨어터가 있어서 약 11개월에 이르는 장기 공연이 가능해졌다. 앞에서 언급한 것처럼, 워낙 대규모의 제작비가 들어가는 「오페라의 유령」은 최소 7개월 이상의 장기 공연이 아니고서는 생각할 수 없는 프로덕션이다. 뮤지컬 전용 극장인 샤롯데씨어터는 현재 「오페라의 유령」이 공연되고 있는 런던의 허 매저스티 극장●과 뉴욕의 머제스틱 극장●●과 비교해 무대 크기가 거의 동일하며 폭은 그보다 깊다. 때문에 뉴욕과 영국 공연과 마찬가지로 무대와 객석이 좀 더 가까이에서 호흡할 수 있다. 2008년 「캣츠」 관람차 샤롯데씨어터를 방문한 세계적인 연출가 트레버 넌은 "극장 외관에서 풍기는 이미지와 로비, 공연장 내부가 빅토리아 시대의 느낌을 주는 허 매저스티 극장처럼 「오페라의 유령」의 작품 분위기와 잘 어울릴 것"이라고 평했다.

영국의 허 매저스티 극장
1705년 개장한 이 극장은 처음에는 앤 여왕의 이름을 딴 여왕극장(The Queen's Theatre)이었다가 남성 군주가 왕좌를 승계하면서 1714년부터는 국왕극장 (The King's Theatre)이라 불렸고, 1837년 빅토리아 여왕이 왕위를 계승하면서 지금의 이름으로 바뀌었다. 1897년에 새롭게 디자인해 개장했으며 이후 최초의 영국 뮤지컬 코미디 「추 진 쇼」(1916) 「페인트 유어 웨건」(1953) 「웨스트사이드 스토리」(1958), 1967년부터는 2,030회 공연한 「지붕 위의 바이올린」이 올려졌다. 1986년부터 「오페라의 유령」이 공연 중이다.

뉴욕의 머제스틱 극장
1927년 4월 28일에 개장한 뉴욕의 머제스틱 극장은 타임스 스퀘어에서 수년 동안 가장 큰 극장이었다. 극장 입구에 층계가 없는 것이 특징이며, 기울어진 오케스트라석은 다른 어느 극장보다 더 좋은 시야를 제공한다. 뮤지컬 코미디인 「헬자포핀」(1941) 「회전목마」(1945) 그리고 전쟁 후에는 퓰리처 상을 수상한 「남태평양」과 토니 상 7개 부문을 수상한 「뮤직맨」 등을 공연했다. 1960년대에는 「퍼니걸」 「지붕 위의 바이올린」 「42번가」 등으로 최고의 흥행 성적을 올렸다. 1988년부터 「오페라의 유령」이 공연 중이다.

꿈의 무대를 향한 6개월 간의 오디션

팬텀을 맞는 2009년 한국 뮤지컬 환경은 놀랍도록 달라져 있었다. 프로듀서인 나에게 가장 눈에 띄는 것은 두터운 배우층이었다. 배우층이 두터워졌다는 것은 국내 뮤지컬 시장이 그만큼 성장했다는 반증이기도 하여 나는 곱절로 반가웠다. 2001년에는 팬텀이 나타나기를 기다리며 아홉 차례의 오디션을 치렀던 반면, 이번에는 가능성 있는 팬텀 후보자들을 두고 과연 누구를 뽑아야 할까 하는 행복한 고민을 할 수 있게 되었다. 클래식 분야 인재들의 적극적인 참여는 확연하게 달라진 양상이라 할 수 있는데, 전통 성악가가 뮤지컬 무대에 선다는 것은 금기의 벽을 깨는 일이어서 그들을 뮤지컬 공연에 참여시키려다 실패했던 기억들이 새삼스러워졌다.

이번에는 세계 각지에서 활동하는 내로라하는 성악가들이 자진해서 오디션장으로 찾아왔다. 전통 발레를 선보여야 하는「오페라의 유령」이지만 발레 전공자를 무대에 세우는 일도 만만치 않은 일이었다. 2001년에는 그 벽을 넘지 못해 결국 러시아 키예프 국립발레단에서 전공자를 데려와야 했는데, 이제는 발레 전공자들도 오디션장으로 찾아왔다. 뮤지컬의 위상이 이렇게 달라지고 있구나 싶어 벅찬 감회가 밀려들었다. 가까운 예로, 2008년「캣츠」한국 공연 때도 전통 발레를 필요로 하는 공연 특성상 발레 전공자가 필요해 이런저런 고민이 많았다. 그러나 오디션 전의 우려와 달리 많은 인재들이 오디션을 보았다. 국립발레단 소속의 대표적인 발레리노 등 실력자들이 합류하면서 「캣츠」가 지닌 춤의 매력을 고스란히 재현하며 관객들에게 완성도 높은 무대를 선사할 수 있었다. 이제 배우를 양성하는 뮤지컬 학과가 생겨나고 있고, 대중 연기자나 가수들의 뮤지컬 진출도 일반화되었다.

2001년과 다를 바 없이 오디션은 까다롭고 철저하게 진행되었다. 1,000명이 넘는 지원자의 30~40퍼센트는 성악가와 성악도들이었다. 특히 소프라노 응시자가 넘쳐나 오디션 때부터 수준 높은 앙상블이 예견됐다. 보통 오디션을 진행하게 되면 배우가 자발적으로 응시하기도 하지만 제작사 쪽에서 캐릭터에 맞는 정상급 배우에게 오디션 지원을 요청하는 경우가 많다. 그러나 이번 오디션에서는 이례적으로 단 한 명의 지원 요청도 없이 모든 배우들이 자발적으로 지원했다. 또한 국내뿐 아니라 해외에서 활동하는 성악가와 성악도를 비롯하여 국내 주연급 뮤지컬 배우들이 오디션을 보았다. 이것이 바로 작품이 가진 힘일 것이다. 배우들에게도 「오페라의 유령」은 꼭 한 번 해보고 싶은 열망의 무대이자 로망인 것이다. 특히 크리스틴 역에 지원한 배우들 중에는 스타 탄생을 예고할 만한 인재들이 눈에 띄게 많았고, 극중 수준급 오페라를 보여줘야 하는 칼롯타와 피앙지 역 또한 활동 중인 프리마돈나와 프리모우오모*들이 선호했다.

댄서 역시 2001년 공연 때는 무용계의 지원이 부족했던 것과 달리, 현역 댄서들의 활발한 지원과 전문 무용수들의 뮤지컬 장르로의 유입이 눈길을 끌었다. 이러한 전문적인 앙상블 구성이 훌륭한 무대를 만들어내는 데 얼마나 중요한 부분인지는 굳이 설명할 필요조차 없다.

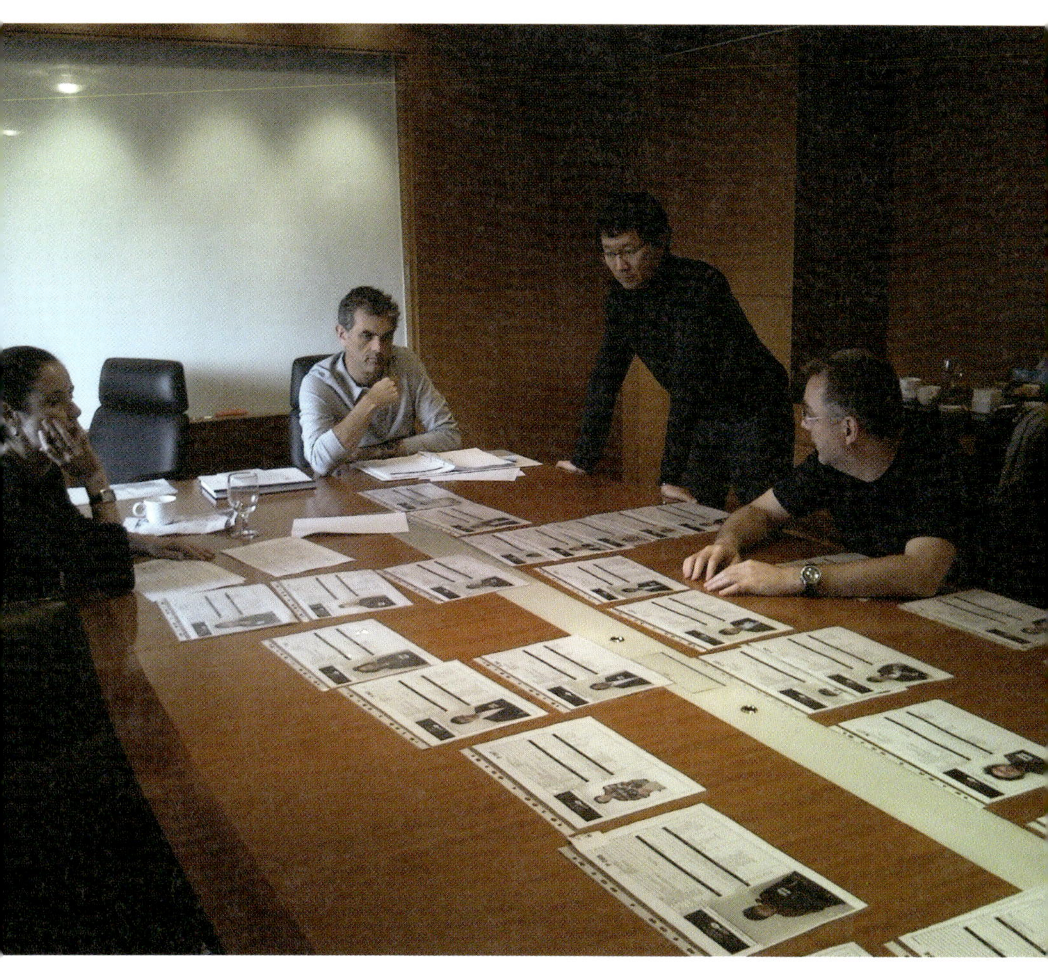

심사단이 최종 명단에 오른 배우들의 평가표를 살펴보고 있다.

해외 크리에이티브 팀의 3차에 걸친 공식 오디션을 통해 주요 조연과 앙상블이 결정되었고, 이후 총 네 차례에 걸친 프라이빗 콜백 오디션을 진행하면서 팬텀·크리스틴·라울 역을 몇몇 배우들로 좁혀나갔다. 2009년 2월 16일에는 최종 오디션을 진행하기 위해 해외 크리에이티브 팀이 재입국하여 한국 측 크리에이티브 팀과 각 배역별로 마지막 오디션을 진행했다. 최종 물망에 오른 배우들의 마지막 재점검을 위한 이 자리에서 배우의 목 상태와 기능적인 세밀한 부분까지 체크한 결과 네 명의 인물이 쉽게 물망에 올랐다. 누구나 꿈꾸지만 누구나 설 수 없는 특별한 무대이기에, 2008년 11월부터 2009년 3월까지 6개월이라는 오디션 과정을 통과한 배우들만이 「오페라의 유령」 무대에 설 수 있는 영광을 거머쥐게 되었다.

새로운 주역들

팬텀·크리스틴·라울 역 모두 더블캐스트로 지난 2001년 공연 때 팬텀과 크리스틴으로 사랑받았던 윤영석과 김소현이 다시 캐스팅됐으며, 양준모와 최현주·홍광호·정상윤이 새로운 얼굴로 찾아온다.

팬텀 역은 윤영석과 양준모가 차지했다. 2001년 9차 오디션에 극적으로 나타나 기나긴 오디션의 막을 내리게 했던 윤영석. 부드러운 외모와는 달리 팬텀의 다양한 감정을 안정적으로 연기하며 오디션을 무난히 통과한 윤영석은 뮤지컬 캐릭터 중 최고로 손꼽히는 팬텀 역에 두 번이나 캐스팅이 되는 영광을 안았다. 당시 30대 초반의 나이에 팬텀으로 데뷔하여 8년이 흐른 지금, 경력과 연륜이 더해져 원숙미 넘치는 팬텀을 선보일 것으로 기대된다. 특히 윤영석은 음침한 세계 속 '팬텀'의 슬픔과 분노를 금속성의 차가운 음색으로 표현해내는 거의 유일한 배우로, 팬텀 역에 꼭 맞는 음색을 가지고 있었다.

또 한 명의 팬텀은 캐스팅과 동시에 스포트라이트를 받았던 양준모다. 오페라로 데뷔하여 뮤지컬, 연극에 이르기까지 장르를 불문하고 종횡무진 활약했던 양준모는 단순히 파워 있게 잘하는 노래가 아닌, 가슴 깊은 곳에서 우러나오는 드라마틱하고 애절한 감정을 노래로 잘 표현하여 오디션에서 높은 점수를 받았다. 집중도 높은 파워와 열정을 쏟아내어 그 자체로 '팬텀'의 이미지를 심어준 배우다. 2009년 「오페라의 유령」 무대를 통해 그의 진가가 관객들에게 폭발적으로 드러날 것으로 예상된다.

경쟁이 치열했던 크리스틴 역은 2001년 크리스틴 역을 맡았던 김소현이 다시 열연한다. 2001년 이후 꾸준한 성장을 보이며 한국 뮤지컬계의 대표적인 여배우로 발돋움한 김소현은 풋풋한 신예 스타로 활약하던 때와 달리 성숙한 여인의 아름다움을 내뿜는다. 윤영석과 마찬가지로 크리스틴 역을 두 번이나 차지하게 된 행운아라고 하지만, 그녀만큼 빼어난 노래 실력과 외모에서 풍기는 아름다움으로 크리스틴을 구현할 배우를 찾기는 어렵다.

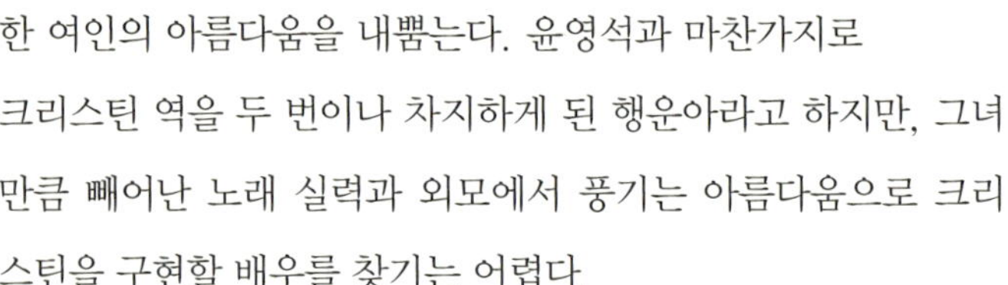

다시 팬텀이 된 윤영석.

그리고 이번 공연을 위해 일본 활동을 잠시 중단하고 온 최현주가 크리스틴 역으로 한국 무대에 데뷔한다. 일본 극단 시키(四季)* 소속의 최현주는 일본에서 「오페라의 유령」 크리스틴 역으로 혜성처럼 데뷔하여 약 2년 동안 공연한 바 있다. 최근에는 「위키드」, 「미녀와 야수」 등 흥행작의 여주인공으로 활약하며 일본 최고의 디바 자리를 지키고 있는 배우다. 당찬 표정과 흔들리지 않는 고음, 매력적인 음색으로 인상적인 오디션을 선보인 최현주는 휴식을 위해 국내에 들어왔다 우연히 오디션 공고를 보고 지원하게 된, 운명 같은 크리스틴이라고 할 수 있다.

라울 역에는 최근 뮤지컬 분야에서 가장 두각을 나타내고 있는 두 인물, 홍광호와 정상윤이 나란히 캐스팅되었다.

홍광호는 짧은 경력에도 불구하고 단숨에 뮤지컬 스타로 급

극단 시키(四季)

1953년 7월 일본에서 창립한 아시아 최대 규모의 극단으로, 2009년 창립 56주년을 맞았다. 현재 도쿄 · 나고야 · 교토 · 오사카 등에 8개의 전용 극장을 갖추고 있으며 2010년에는 10개로 늘어날 예정이다. "하루도 쉬지 않고 일본 어디에선가 시키의 공연이 올라간다"는 말이 나올 정도로 다양한 작품을 선보이고 있다. 소속 배우만 700여 명, 기술 스태프 등 구성원이 총 1,000여 명에 달하며, 연매출 250억 엔을 기록하고 있다.

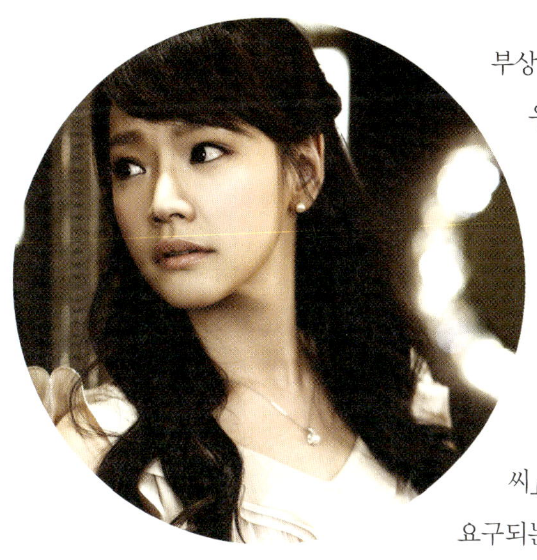

다시 크리스틴이 된 김소현.

부상한, 뛰어난 노래 실력으로 무장된 배우다. 2001년 오디션 때 '라울' 역으로 응시했다가 고배를 마셨던 홍광호는 8년 만에 꿈을 이루게 되었다. 나이답지 않은 원숙미와 호소력 짙은 목소리로 단숨에 심사단의 마음을 사로잡았다.

정상윤은 「쓰릴미」, 「씨왓아이워너씨」 등 노래뿐 아니라 섬세한 연기력이 요구되는 작품에서 평단과 관객들에게 큰 호평을 받고 있는 배우다. 작품마다 전혀 다른 빛깔의 매력을 펼쳐 보였던 정상윤은 과한 힘을 배제하며 자연스럽게 표현하는 연기와 높은 가창력으로 오디션 내내 심사단의 집중 조명을 받았다. 외모와 가창력에서 모두 만족스러운 평가를 받았으며, 해외 크리에이티브 팀이 가장 주목하는 인물로 꼽히기도 했다.

오디션에서 이채로웠던 풍경 중 하나는 2001년 공연에 참여했던 많은 배우들이 다시 지원했다는 것이다. 주요 배역에서 앙상블에 이르기까지 거의 모든 배우들이 응시해 놀라움을 자아냈다. 그들은 한목소리로 다시 한 번 팬텀 무대에 서고 싶다는 설렘을 드러냈다. 현재 뮤지컬 무대에서 비중 있는 조연으로 활동하는 배우들이 앙상블 역할도 마다하지 않고 참여하기를 원하기도 했다.

2001년 초연에 출연했던 피르맹 역의 김봉환, 앙드레 역의 서영주, 칼롯타 역의 윤이나, 피앙지 역의 진용국이 다시 2009년 팬텀 무대에 오르게 된다. 「지킬앤하이드」, 「스위니 토드」 등 출

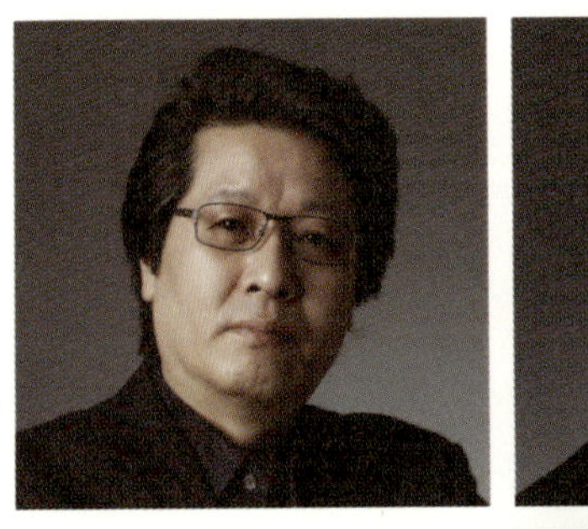
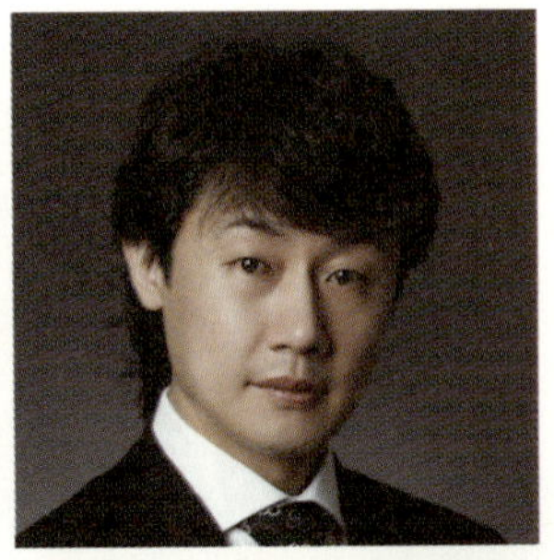
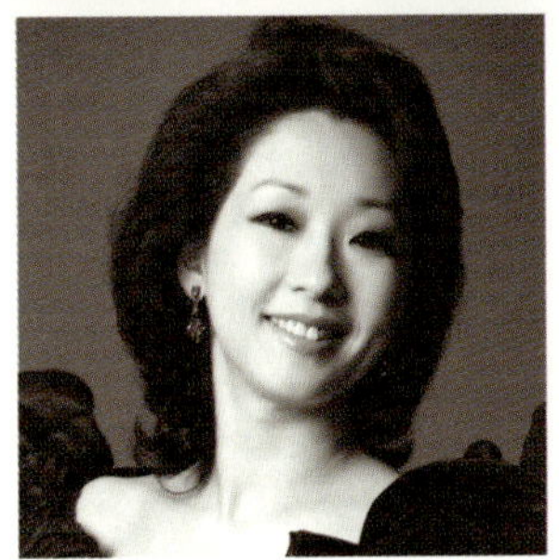
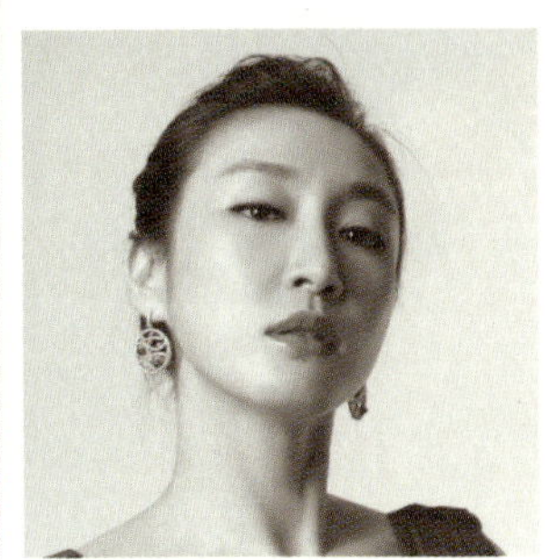

피르맹 역의 김봉환, 앙드레 역의 서영주.

칼롯타 역의 윤이나와 최주희.

연작마다 작품에 힘을 실어주는 연기를 선보여온 김봉환과 여러 작품에서 다채로운 연기로 꾸준한 사랑을 받고 있는 서영주는 섬세하고도 깊은 목소리로 지난 초연 때 배역을 완벽히 소화해주었다. 이번 오디션 현장에서도 노련하고 관록 있는 연기를 선보여 다시 팬텀의 무대에 오르게 되었다. 윤이나와 진용국 또한 2001년 성공적인 공연을 이끌어냈던 일등공신들이다. 거만하면서도 코믹함을 주는 개성 넘치는 캐릭터를 수준 높은 노래 실력으로 표현해내는 칼롯타 역의 윤이나와 시종일관 웃음을 자아내는 캐릭터로 최고의 노래 실력을 선보이며 인기를 모았던 진용국이 이번 공연에 다시 러브콜을 받았다. 그리고 칼롯타 역으로 새로운 인물인 최주희가 낙점됐다. 이탈리아 전국 콩쿠르, 제커리 국제 콩쿠르(미국 LA), 푸치니 국제 콩쿠르(미국 뉴욕), 메트로폴리탄 오페라 콩쿠르 뉴저지 대표 등 유수의 국제

202

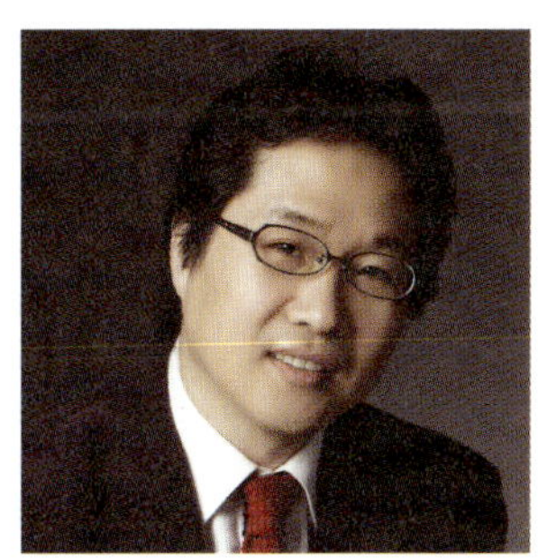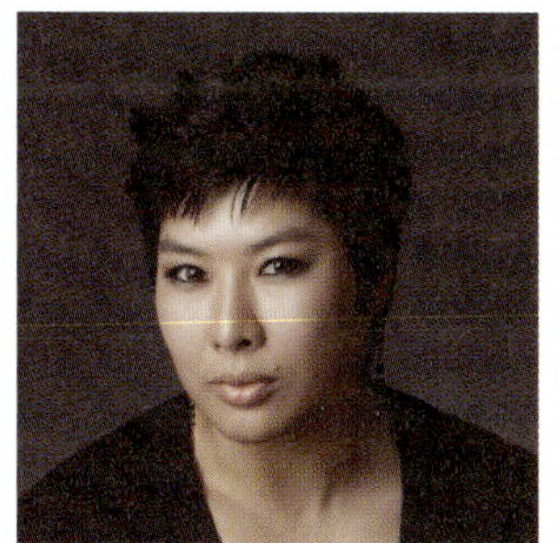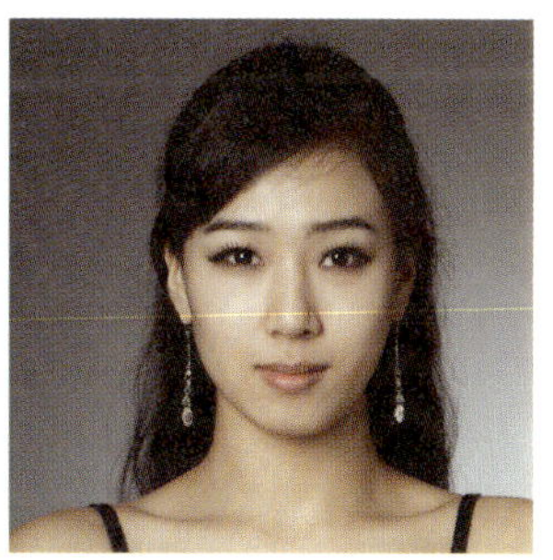

피앙지 역의 진용국, 마담 지리 역의 정영주, 맥 지리 역의 정단영.

콩쿠르에서 대상을 받았고 LA 오페라단에서 다수의 작품에 주역으로 활동한 인물이다. 1996년 브로드웨이에서 「킹앤아이」의 '텁팀' 역으로 토니 상 여우조연상에 노미네이트되고, 미국에서 오랜 전통과 권위를 자랑하는 시어터 월드 어워즈(Theatre World Awards)를 수상한 최주희는 외모에서부터 칼롯타의 도도함을 풍기며 뛰어난 노래 실력과 무대 매너로 심사단이 요구하는 캐릭터 연기를 노련하게 표현해내며 해외 크리에이티브 팀의 찬사를 받았다.

팬텀에 관한 비밀을 알고 있는 발레 감독 '마담 지리' 역은 어떤 무대에서든 확실한 존재감을 내뿜으며 뛰어난 연기력을 선보여온 정영주에게 돌아갔다. 그동안 폭발적인 가창력을 주로 선보여왔지만, 이번 무대에서는 매력적인 저음의 보이스 컬러로 신비스러운 분위기를 연출한다. 정영주는 지난 2001년 공연 때 오디션에 도전한 경험이 있던 터라 더더욱 이번 오디션에 대한 의지와 작품에 대한 애정이 남달랐던 배우다. 그리고 크리스틴의 단짝 친구인 맥 지리 역은 맑고 투명한 목소리와 수준급의 발레 실력으로 '준비된 맥 지리'라는 평을 얻으며 단연 돋보였던 정단영이 차지했다.

팬텀 역 양준모

양준모는 연습 때부터 몇몇 스태프의 눈시울을 젖게 할 만큼 호
소력 짙은 연기를 보여주면서 실제 무대 위에서의 모습을 더욱
궁금하게 했다. 캐스팅 발표 전부터 팬텀 역으로 세간에 가장
많이 회자될 만큼 그의 실력은 벌써 모두들 인정하고 있었지만,
팬텀으로 분한 양준모는 우리가 짐작했
던 것 이상의 팬텀을 보여주었
다. 고뇌와 열망을 간직한
팬텀의 캐릭터를 온몸
으로 표현해냈고, 그
런 그의 폭발적인
에너지에 빨려들어
가는 듯한 느낌을
주었다. '팬텀' 안에
서 자신의 끼를 마음
껏 표현해내는 모습은 마
치 놀이터에서 신나게 뛰어
노는 아이와도 같았다.

● 주요 출연작: 바람의 나라(2009), 연극 아일랜드(2009), 씨왓
아이워너씨(2008), 스위니토드(2007), 이블데드(2008).

크리스틴 역 최현주

원작 속의 크리스틴이 실제 우리 앞에 나타나 노래를 불러준다
면 아마도 이런 목소리가 아니었을까? 최현주는 작품 속 애절한
사랑 이야기를 완벽에 가까울 정도로 맑고 순수한 목소리에 실
어낸다. 지금까지 국내 뮤지컬 무대에서는 들어보지 못한 소리

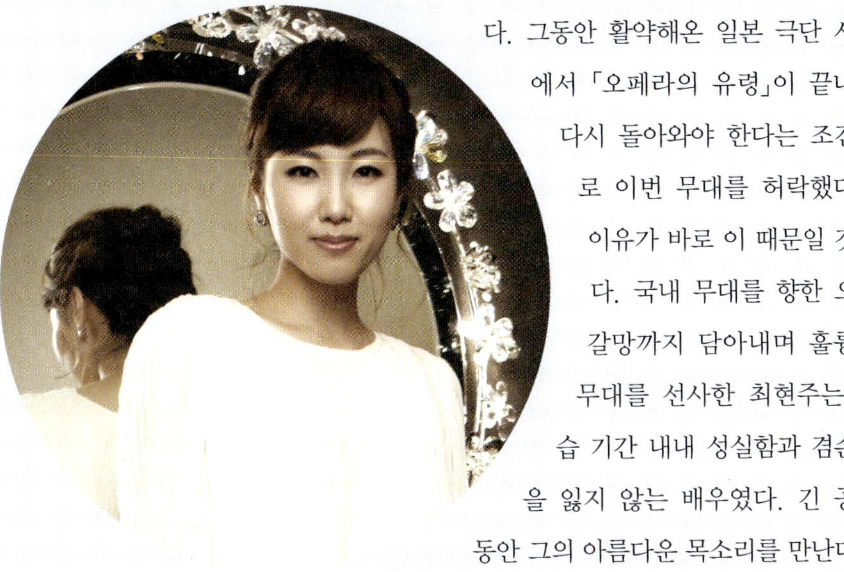

다. 그동안 활약해온 일본 극단 시키에서 「오페라의 유령」이 끝나고 다시 돌아와야 한다는 조건으로 이번 무대를 허락했다는 이유가 바로 이 때문일 것이다. 국내 무대를 향한 오랜 갈망까지 담아내며 훌륭한 무대를 선사한 최현주는 연습 기간 내내 성실함과 겸손함을 잃지 않는 배우였다. 긴 공연 동안 그의 아름다운 목소리를 만난다는 것은 행복한 일이 아닐 수 없다.

● 주요 출연작: 현 일본 극단 시키 소속. 지저스 크라이스트 슈퍼스타(2009), 위키드(2008), 미녀와 야수(2008), 오페라의 유령(2006~2008).

라울 역 홍광호

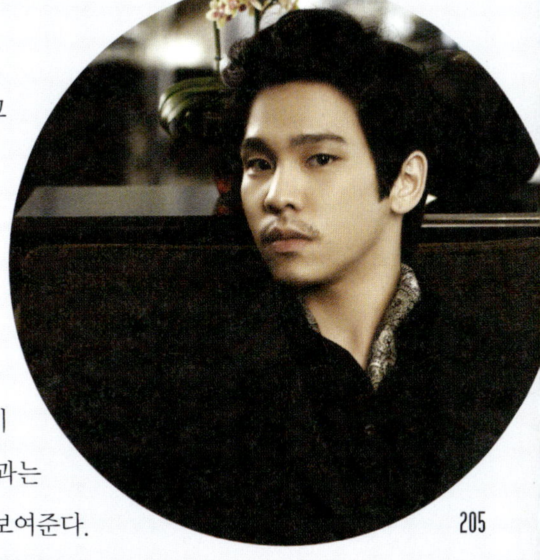

극중 한 여인을 두고 팬텀과 대결해야 하는 라울의 캐릭터는 실은 가장 표현하기 어려운 배역이다. 홍광호는 노래를 부르는 대목마다 자신이 대적해야 하는 팬텀과는 또 다른 카리스마를 보여준다.

올곧은 청년의 감미로운 사랑, 한 여인을 지켜내리라는 결단과 강인함을 뛰어난 가창력으로 형상화하고 있었다. 어느 때는 그 기운이 너무 강해 팬텀의 기(氣)마저 느껴진다고 할까. 오디션 때부터 팬텀 역의 가능성을 염두에 둔 이유도 바로 이 때문이다. 장기간 진행되는 이번 공연에서 홍광호의 성장이 기대되는 대목이다.

● 주요 출연작: 빨래(2009), 지킬앤하이드(2009), 씨왓아이워너씨(2008), 스위니토드(2007).

라울 역 정상윤

무대에 선 정상윤은 라울의 빛깔을 몸 전체에서 풍겨냈다. 외모부터 귀족적인 매력을 풍기는 그는 노래 실력까지 뛰어나 라울 캐릭터가 갖춰야 할 모든 것을 겸비했다. 자칫 과한 힘만으로 캐릭터를 보여주려는 배우가 있는 반면, 정상윤은 자연스러움으로 캐릭터를 만들어가는 배우다. 한 여인을 향한 사랑을 목숨과도 바꾸겠다는 캐릭터에 담긴 의지를 극 전체에서 이끌어낸다. 오직 사랑만 믿는 순수함과 팬텀에 대한 분노의 경계를 유연하게 오가면서 말이다.

● 주요 출연작: 쓰릴미(2009), 씨왓아이워너씨(2008), 컴퍼니(2008), 위대한 캣츠비(2008), 그리스(2007).

샹들리에 낙하 리허설

1911년 파리의 오페라 하우스. 휠체어에 앉아 한창 경매가 진행 중인 물건들을 바라보는 나이 든 노인(라울)이 회상에 잠기면서 「오페라의 유령」은 시작된다. 경매인에 의해 소개되는 오페라 하우스의 오래된 샹들리에. 한때 이곳의 비밀과 추억의 장면들을 낱낱이 비추었던 샹들리에가 움직이면서 오페라의 유령과 관련된 지난날의 기억이 무대 위로 펼쳐진다.

샹들리에는 그 첫 장면에서 주제곡 '오페라의 유령'에 맞춰 3층 발코니 높이까지 천천히 떠서 올라간다. 또한 그것은 1막 마지막 장면에서 극장주에게 화가 난 팬텀에 의해 다시 무대를 향해 곤두박질한다. 1막의 하이라이트는 바로 이 1톤에 이르는 대형 샹들리에의 낙하 장면이다. 머리 위로 스치듯 지나가는 샹들리에에 놀라 객석이 들썩이는 순간이기도 하다. 6천 개가 넘는 유리구슬로 장식한 샹들리에의 추락은 「오페라의 유령」에서 가장 인상적인 장면 중 하나로, 샹들리에가 설치된 곳과 인접한 좌석은 일명 '명당'이라 불리며 가장 먼저 예매되는 인기를 누린다.

샹들리에 설치를 위한 별도의 구조 엔지니어 팀이 구성되어 극장 구조부터 설계까지 꼼꼼히 사전 조사를 거친 뒤에야 설치할 만큼 샹들리에 셋업에는 정교함과 안정성을 요한다. 극장마다 환경이 다르기 때문에 설치 위치는 약간씩 달라진다. 예술의

전당 공연 때는 천장 한가운데에 자체 샹들리에가 달려 있어 이를 피하느라 무대와 좀 더 가까워졌기 때문에 낙하 거리는 조금 짧아졌고 낙하 각도는 더 가팔라졌다. 샤롯데씨어터는 뮤지컬 전용 극장이어서 이전 공연들에 비해 추가 공사가 크게 발생하지 않았으며, 샹들리에 셋업도 매끄럽게 진행되었다. 샹들리에는 13미터 높이에 설치되었다. LG아트센터에 설치했던 높이와 같다. 지금까지 샹들리에가 설치된 최대 높이는 뉴질랜드 공연인 15미터다. 샹들리에는 공연장의 높이에 따라 자유롭게 설치, 조정할 수 있도록 설계되어 높이에는 큰 지장을 받지 않는다. 샹들리에는 초속 1.8미터 속도로 떨어져 객석에서 정확히 2.15미터 높이까지 수직 낙하한 뒤 20여 미터의 궤적을 그리며 순식간에 무대 위로 하강한다. 2.15미터라는 기준은 객석에서 관객이 일어서거나 손을 뻗더라도 샹들리에와 부딪치지 않는 최적의 안전거리로 계산된 것이다. 설치 후에는 여러 차례 '낙하 리허설'과 안전 테스트가 진행되었다.

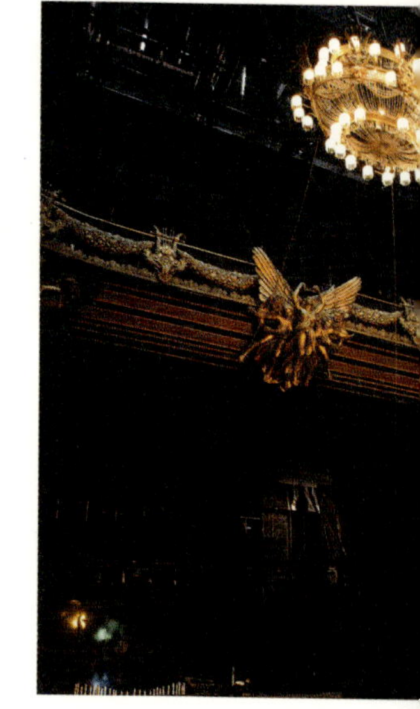

　좌석 위치에 따라 샹들리에 감상법도 달라진다. 샹들리에가 위치한 바로 아래쪽 좌석이라면 수직 하강의 스펙터클함을, 샹들리에가 설치된 위치에서 무대까지의 앞좌석이라면 머리 위로 샹들리에가 스쳐가는 짜릿함을 맛볼 수 있다. 또 샹들리에가 바라보이는 뒤쪽 좌석이라면 샹들리에가 수직 하강하여 무대 앞쪽으로 직진하는 모든 광경을 고스란히 눈에 담을 수 있다. 한 가지 덧붙이자면, 이번 샤롯데씨어터에서는 무대 셋업을 마친 뒤 전체 무대를 조망해본 크리에이티브 팀과 테크니컬 팀이 무대와 매우 근접한 1층 객석뿐 아니라 2층 객석까지 '마치 무대가 손에 만져지는 듯한 위치'라며 높은 만족도를 표했다.

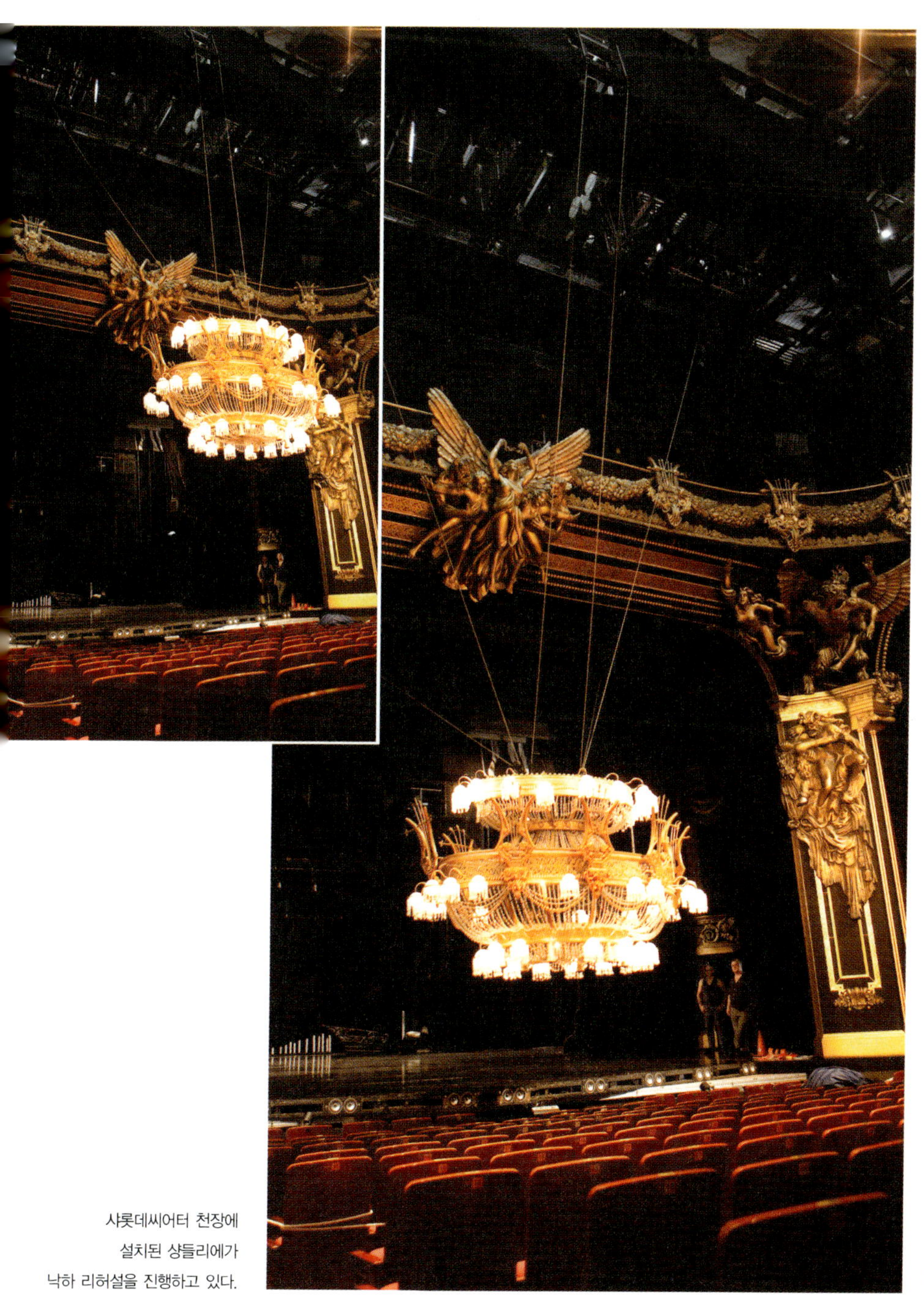

샤롯데씨어터 천장에
설치된 샹들리에가
낙하 리허설을 진행하고 있다.

진화하는 뮤지컬

지금은 브로드웨이에 올려진 신작들이 큰 시차를 두지 않고 국내에 바로 소개되기도 하지만 「오페라의 유령」이 국내에 처음 소개되던 2001년만 해도 무대 테크니컬적인 부분이나 배우 관리 시스템, 심지어는 무대 용어에 이르기까지 많은 부분이 정립되지 않은 카오스의 상태였다. 2001년 「오페라의 유령」을 계기로 무대 전반에 걸쳐 해외 선진 시스템이 자리 잡게 되었는데, 이때 선진 제작 시스템을 체계적으로 전수받은 인력들이 현재 국내 뮤지컬 산업에 중추적인 역할을 하고 있다. 이러한 전문 인력이 늘어나면서 한국 뮤지컬 시장도 하드웨어적으로는 세계적인 수준에 이르게 되었고, 제작 시스템도 다양해지고 전문화되어가고 있다.

2009년 선보이는 「오페라의 유령」도 제작 부문으로 들어가면 많은 부분에서 변화를 느낄 수 있다. 예전에는 각 분야에서 해외 스태프가 중심이 되고 국내 스태프는 지원 역할을 하는 구조여서 작은 소품 하나도 해외 크리에이티브 팀에 의해 움직였지만, 이번 공연에서는 의상·가발·소품 등 전반적인 무대 프러덕션이 한국 크리에이터와 기술 스태프가 주축이 되어 무대를 만든다. 예컨대 팬텀 마스크의 경우, 배우 얼굴을 본뜬 뒤 해외에서 제작했던 예전과 달리 이젠 모든 것을 국내에서 제작한다. 세계 어느 도시에서 공연되더라도 동일한 수준으로 최고의 퀄리티를 보여주는, 까다롭기로 유명한 RUG가 한국 프로덕션에 많은 부분을 맡긴 것은 그만큼 우리 프로덕션의 기술력을 신뢰할 수 있기 때문일 것이다.

국내 제작 시스템의 체계화와 전문 인력의 증가 외에도 다양한 방식의 제작을 통한 새로운 시도가 이뤄지고 있다. 뮤지컬 「드림걸즈」처럼 해외 크리에이터들과 손잡고 세계 시장을 겨냥한 작품이 나오는가 하면, 국내에서 만들어진 라이선스 작품을 아시아 시장으로 역수출하는 사례, 해외 작품에 대한 직접적인 투자, 유능한 해외 크리에이터들이 국내 작품에 참여하는 등 제작 방식이 점점 글로벌해지고 있다.

제작 시스템의 글로벌화는 '그들의' 것과 '우리의' 것의 경계를 모호하게 만들어놓았다. 이제 창작 뮤지컬을 '한국적인 소재를 가지고 한국인에 의해 만들어진 작품'이라는 개념으로 규정하는 것은 관객이 원하는 바도 아니며, 자칫 협소한 민족주의의 발로로 보일 수도 있다. 우리의 눈으로 세상을 보는 것은 중요하다. 그래서 우리 정서에 맞는 우리의 양식을 개발할 필요가 있다. 그러나 이와 더불어 '우리의 것'을 넘어 전 세계인이 공감하는 소재를 가지고 세계 시장에서 통용될 수 있는 작품을 만드는 것도 과제이다. 어느 나라, 어느 도시에서도 통용될 수 있는 글로벌 스탠더드는 국내 뮤지컬의 성장을 위해서도 필수적인 요소가 되었다.

하드웨어적인 성장에 견주어 가장 미흡하고 더디게 축적되어가는 분야는 대본·작곡 등 뮤지컬 창작 분야로 아직 갈 길이 멀다. 하지만 뮤지컬의 선진국인 영미권에서 뮤지컬을 전공한 해외파 인력들이 뮤지컬의 토대라 할 수 있는 대본·작곡 분야에서 활동 영역을 넓혀가는 추세다. 예술은 창의력이 기본이다.

따라서 이러한 분야에 대한 교육적 토대가 구조적으로 이루어
져야 하는데, 이것이야말로 단시간 안에 확충할 수 없는 분야
다. 상업 예술이 발전한 나라일수록 순수예술이 발전해 있고,
뮤지컬의 발전을 위해서는 전통 클래식의 발전이 수반되어야
한다. 미국의 뉴욕, 영국의 웨스트엔드 등 뮤지컬 선진 지역에
서 전문 교육을 받은 창작자들의 활동은 이러한 국내 현실에 새
로운 돌파구이자 대안이 되어줄 것으로 본다.

극장들이 생겨나고 있다

2001년 「오페라의 유령」이 성공을 거둘 수 있었던 것은 LG아트
센터에서 장기 대관이 가능했기 때문이라 하겠다. 그때만 해도
시설과 규모 면에서 대형 작품을 무대에 올릴 수 있는 공연장은
LG아트센터·예술의전당·세종문화회관·국립극장 정도였다.
그나마도 민간 소유인 LG아트센터를 제외하면 모두 국공립 극
장이어서 특정 작품의 장기 대관은 불가능했다. 하지만 제작비
가 많이 들어가는 대형 뮤지컬의 경우, 장기 공연은 성공을 위
한 필수 조건이다. 이는 곧 한국 뮤지컬의 성장과도 직결된 문
제라고 할 수 있다. 2001년 「오페라의 유령」이 성공한 이후, 문
화 산업 중 가장 성장 가능이 높아진 뮤지컬 분야에 대한 관심
은 뮤지컬이 공연될 수 있는 극장을 짓는 노력으로 이어졌다.

　그리하여 2004년 뮤지컬을 위주로 하는 충무아트홀이, 2005
년에는 국립중앙박물관 내에 극장 용(龍)이 생겼고, 2006년에는
국내 첫 뮤지컬 전용 극장인 샤롯데씨어터가 만들어졌으며,
2009년 삼성동에 코엑스아티움이 들어서는 등 몇 년 사이에 다
양한 공연장이 생겨났다. 이외에도 연강홀과 리틀엔젤스회관이
각각 두산아트센터와 유니버설아트센터로 이름을 바꾸고 리모

델링을 통해 뮤지컬 공연장으로 새롭게 태어났다. 건립 중인 공연장 소식도 다양하다. CJ엔터테인먼트에서 장기 임대하는 방식으로 대학로에 1,000석 규모의 공연장을 세우고 있으며, 신도림동에는 대성산업개발에서 짓는 1,200석 규모의 공연장이, 한남동에도 1,500석 규모의 공연장이 들어설 예정이다.

브로드웨이나 웨스트엔드가 특정 지역을 중심으로 극장들이 모인 벨트를 형성한 하드웨어적인 환경은 뮤지컬 산업을 활성화하는 데 중요한 밑거름이었다. 이러한 수많은 극장이 한 세기 전에 건설된 것에 비추어보면 우리나라에서 이러한 극장들은 이제 겨우 태동을 시작한 데 불과하다고 할 수 있다. 세계적으로 손꼽힐 만큼 값비싼 서울 땅에 민간 회사가 극장을 건립한다는 것은 꿈도 꿀 수 없는 일이다. 따라서 정부와 지자체의 지원, 대기업의 사회 환원 형태의 참여가 꾸준히 이뤄져야 한다. 뮤지컬 분야가 산업화의 초기 단계를 거치고 있는 국내 현실을 고려할 때, 몇 년 사이 뮤지컬 붐을 타고 일고 있는 공연장 건립의 흐름이 때론 정확한 시장 조사가 밑바탕 되지 못한 무분별한 사업이라는 지적도 있으나 한국 뮤지컬 발전을 위해서 가장 먼저 해결해야 할 문제임에는 틀림없다.

막강해진 쇼비즈니스와 투자 열기

2001년 「오페라의 유령」 시절을 떠올리면 이번 공연을 준비하는 과정은 행복할 뿐이라고 해야 할지도 모르겠다. 강산이 변한다는 10년 세월이 지난 것도 아닌데 변화된 이모저모는 그 이상으로 피부에 와닿았다. 그 무렵 공연을 위해 넘어야 했던 수많은 일을 떠올려보면, 진보된 제작 환경에서 선보이는 무대여서 감회가 새로울 지경이다.

　분수령과 같았던 2001년 「오페라의 유령」 공연 이후 뮤지컬은 산업으로 인식되기 시작했다. 24만 명의 관객을 동원, 당시 국내의 한 해 뮤지컬 관객 규모를 「오페라의 유령」 한 작품이 돌파함으로써 그해 뮤지컬 관객을 50만 명으로 확대시켰다. 출연진과 제작·기획 스태프 등 1일 170여 명이 참여하여 연인원 5만 5천여 명의 문화 인력 창출 효과를 가져온 「오페라의 유령」은 성공한 한 편의 뮤지컬에서 파생되는 경제적인 효과가 얼마나 큰 것인지를 확인시켰다. 이러한 성공은 브로드웨이나 웨스트엔드뿐 아니라 국내에서도 ‘팬텀 현상’을 일으키며 한국 뮤지컬 시장이 구매력 있는 시장으로 인식되는 전환점이 되었다.

　2001년 당시 공연 시장의 규모는 약 900억 원으로 이 가운데 뮤지컬은 약 400억 원 규모였으며, 그 뒤 해마다 약 20퍼센트씩 성장해왔다. 세계에서 가장 빠른 성장세를 기록하며 한국 뮤지컬 시장은 그렇게 지난 8년 사이 눈에 띄는 성장을 이룩했다. 19만 5천 명이 관람한 「오페라의 유령」 내한 공연은 2005년 최다 관객을 동원했는데, 이로써 그해 총 뮤지컬 관객이 처음으로 100만 명을 돌파하고 공연 시장 규모는 2,000억 원대로 커졌다. 2007년에는 뮤지컬 규모가 40퍼센트가량 큰 성장폭을 보였으며, 2009년 현재는 약 2,500억 원에 이르는 공연 시장을 형성하고 있는 것으로 추정된다. 무대에 올려지는 뮤지컬 편수도 크게 늘어나 2007년 서울에서만 160여 편의 뮤지컬이 올려졌는데, 이 중 1,000석 규모의 대작이 36편이었다. 2008년에는 무대에 올려진 140여 편의 뮤지컬 가운데 대작이 37편에 이르는 등 극장 잡기가 어렵다는 말이 나올 정도로 많은 뮤지컬이 제작되고 있다. 관객층도 20~30대에서 중장년 관객까지 그 범위가 꾸준히 확장되고 있다.

　이러한 성장 배경에는 뮤지컬이 산업으로서 충분한 가치가 있다는 판단에 따른 다양한 투자 자본의 유입도 한몫하고 있다. 공연 산업 분야가 새로운 수익 모델로 떠오르자, IMF 이후 벤처 열풍이 가라앉으면서 마땅한 투자처를 찾지 못하던 창투사와 자산운용사들이 영화 투자의 일부로서 자본을 투자하기 시작했다. 2001년 「오페라의 유령」 공연 때만 해도 코리아픽처스와 산은캐피탈 등 공연 투자사가 몇몇에 불과했지만, 지금은 뮤지컬의 투자가 보편화되었다. 본격적인 금융자본의 유입은 대작들이 앞다투어 국내 무대에 올려지는 등 뮤지컬 편수의 증가를 가져오는 일등공신이기도 하다.

　그러나 뮤지컬 산업에 대한 일부 창투사들의 이해 부족은 준비되지 않은 작품의 투자 등으로 성장 부피에 견주어 내실을 갖추지 못하는 병폐를 낳기도 하면서 유행처럼 불던 투자 붐이 뮤지컬 시장에서 빠져나가는 현상을 보이고 있다. 이제 막 산업화 궤도에 오르기 시작한 한국 뮤지컬의 진정한 산업화를 위해서는 더욱 합리적인 투자 시스템이 만들어져야 한다. 투자사는 전문 인력을 통한 철저한 시장 분석을 토대로 투자를 결정하고, 제작사 또한 금융자본을 받아들일 수 있는 투명한 회계 정산 시스템을 통해 신규 자본이 뮤지컬 시장에 지속적으로 유입되게 해야 할 것이다.

뮤지컬 「오페라의 유령」은 이제껏 어느 누구도 접하지 못했던 가장 아름다운 로맨틱 뮤지컬로 관객들의 마음을 사로잡는다. 현실 속의 고통과 각박하고 어지러운 세상사로부터 관객들을 미지의 세계로 이끄는 마법을 발휘하는 것이다.

뮤지컬 「오페라의 유령」에는 관능적인 무엇인가가 있다. 극의 전편을 에워싸고 있는 강력한 마력이 숨어 있다. 의상과 컬러는 에로틱하며 커튼 너머로 보일 듯 말 듯한 무엇인가는 욕망을 자극한다. 그러나 이는 실체가 아닌 극의 전반적인 분위기에서 비롯된다. 바로 스토리 전개의 모든 요소들이 이 관능적인 분위기를 가능케 하는 것이다. 보기에 아름다울 뿐만 아니라 듣기에도 매혹적이다. 이러한 모든 요소들은 결국 하나의 본질에 집약되고 만다. '아주 특별하고 로맨틱한 경험'으로 말이다.

당시 우리는 파리 오페라 극장의 검은 그림자와도 같은 이미지의 팬텀을 찾고 있었다. 넘치는 매력과 재능을 지닌 남자. 그렇다. 팬텀은 모든 사람들을 뛰어넘는 천부적인 재능과 지성을 소유한 사람이다. 그러나 이윽고 우리는 그의 숨겨진 과거들을 접하게 된다. 태어나자 마자 일그러진 형상에 버림을 받고 마스크 너머로 영원히 자신을 숨겨버린 한 인간의 이야기를. 뮤지컬 「오페라의 유령」은 결국 흉물스러운 몰골로 태어난 이에게 보이는 사회적 냉대와 무관심에 대하여 비난하고 있다. 모든 사람들이 외형이 아닌 내면의 아름다움과 선에 의미를 부여하는 본능을 지녔다고는 하나 이 사회는 그리고 우리들의 즉각적인 반응은 자주 이러한 법칙과는 다른 이면을 보인다. 무엇인가 추한 것을 볼 때 외형적인 추악함을 내면의 추악함으로 연결지어 유추하는 성향이다. 그러나 우리의 이성은 이러한 그릇된 논리의 어느 한 부분도 결코 맞지 않다는 것을 잘 알고 있지 않은가.

만약 마스크를 쓰고 평생을 살아야 했다면 어땠을까 하는 생각을 해보았다. 물론 결코 행복할 수 없었을 것이다. 또 다른 생각을 해보았다. 만약 팬텀을 반으로 나눌 수 있었다면 얼마나 멋진 은유가 되겠는가. 인간 내면의 상반된 양면을 분리하는 일이 되는 것이니 말이다.

무대에는 정갈하게 손질된 블랙 컬러의 세공품들이 등장한다. 아름다운 커튼과 오리엔탈 분위기의 드레이프, 금빛의 술 장식들과 고혹적인 가구들, 지면과 호수로부터 솟구쳐 올라오는 아름다운 촛대 장식들. 이러한 모든 볼거리들은 1870년대 파리의 오페라 하우스 무대와 함께 관객들을 미지와 상상의 세계로 이끈다.

「오페라의 유령」은 작품의 스토리 텔링이 주는 매혹적인 리듬과 에너지, 내면적인 힘과 내용의 따스함 역시 큰 공감을 줄 것이다.

에필로그

「오페라의 유령」은 지금까지 그 어떤 문화 콘텐츠보다 높은 수익을 창출한 작품이다. 전 세계에서 1억 명의 사람들이 이 작품을 관람했고, 6조 원이 넘는 매출을 기록했다. 이는 뮤지컬 산업의 미래적·경제적 가치를 극명하게 보여주는 사례다. 문화 산업에서 흔히 등장하는 원 소스 멀티 유즈(One Source Multi Use) 측면에서도 뮤지컬 산업의 잠재성은 크다. 브로드웨이에서 흥행한 뮤지컬을 영화화해 큰 부가가치를 창출한 사례도 얼마든지 찾아볼 수 있다.

2001년 12월 시작한 「오페라의 유령」 한국 초연 이후 8년이라는 세월이 흐른 지금, 뮤지컬 시장의 판도는 완전히 바뀌었다. 공연계나 정부가 뮤지컬을 문화 산업계의 일환으로 보기 시작하고 산업으로 접근할 필요가 있다는 생각을 하기 시작한 듯하다.

나는 여기에 그치지 않고 "뮤지컬은 산업이다"라고 다시 한 번 강조하고 싶다. 아직은 그 규모가 작지만 8년 동안의 성장 속도를 보면 머지않아 산업으로서 자리매김할 수 있을 것이라 확신한다. 그동안 뮤지컬은 게임이나 방송, 영화 등의 분야에 가려져 문화 산업으로서는 소외된 길을 걸어온 것이 사실이다. 한 예로 영화 산업의 경우를 보면, 오늘날 영화 산업의 1천만 관객 시대는 정부의 적극적인 육성책이 뒷받침되었기에 가능했다.

또한 전국적으로 수백 개의 상영관이 관객들이 손쉽게 접근할 수 있는 곳이면 어디든 자리 잡고 있는데, 너무 당연하게도 이 영화관이라는 공간 또한 한국 영화 산업 발전의 견인차 구실을 하고 있다.

뮤지컬 분야도 영화처럼 정부의 육성책과 뮤지컬 전용 극장이 필요한 때다. 브로드웨이가 세계 뮤지컬 시장의 메카가 된 것은 오랜 역사와 풍부한 극장 인프라에 기반한다. 브로드웨이의 42개 뮤지컬 전용 극장에서 흥행한 작품이 전 세계 시장에 공급되고 있다. 오프-오프 브로드웨이, 오프 브로드웨이, 브로드웨이 극장으로 나뉘는 체계적인 극장 시스템과 선진화한 제작 방식 역시 우리에게 절실한 과제로 제시되어 있다.

그러나 놀랍게도 인구 1천만의 거대 도시 서울에 뮤지컬 전용 극장은 겨우 한 곳에 불과하다. 앞으로 5년 안에 최소 두 곳 정도 새로 건립될 예정이지만, 그래도 서울은 인구 대비 공연 전용 극장이 절대적으로 부족하다. 지자체나 정부 산하의 공연장이 있긴 하지만 많은 장르의 공연을 소화해내야 하는 복합 공연장에서는 장기 공연이 불가능하다.

지역 균형 발전이라는 슬로건 아래 전국의 많은 도시에 문화예술 극장이 지어져 웬만한 중소 도시에도 공연장이 다 들어섰다. 대구의 경우 10개의 극장을 확보하고 있다. 인구 대비 전국에서 가장 많은 공연장을 확보하고 있는 대구는 그러한 극장 인프라를 적극 활용하여 해마다 대구국제뮤지컬페스티벌을 개최, 우리나라에서 뮤지컬 선호도와 관객 호응도가 가장 높은 도시로 탈바꿈하면서 문화도시로서의 위상을 드높이고 있다. 더불어 문화 소비 도시에서 문화 생산 도시로 변모해나가겠다는 목표를 세워 차근차근 사업을 진행하고 있다.

대구의 경우와 비교해볼 때 문화 생산의 중심지라고 할 수 있는 서울에서는 2008년 200여 편의 뮤지컬이 공연되었고 2009년에도 그 이상의 뮤지컬이 막을 열 것으로 예상되어 더 이상 뮤지컬 전용 극장은 남의 나라 이야기가 아니게 되었다(여기서 전용 극장이란 흥행이 가능한 뮤지컬 작품의 경우, 장기 공연이 가능한 공연장을 말한다). 그런 의미에서 「오페라의 유령」은 우리에게 많은 숙제를 제시했다. 극장 없이 뮤지컬의 산업화를 바라는 것은 토대 없는 건물을 지으려는 것과 다를 바 없다. 한마디로 그것은 실현 불가능한 망상일 뿐이다.

공공으로 운영하는 공연장은 순수 예술 장르에 더 많은 공연 기회를 주고, 뮤지컬이나 대중 콘서트 등의 상업적인 공연은 전용 극장에서 이루어질 때 비로소 순수 공연 예술과 공연 산업이 나란히 성장해나갈 수 있다. 그러나 엄청나게 오른 땅값과 건축비는 일반 제작사가 감당하기에는 꿈도 꾸지 못할 정도다. 일본의 뮤지컬 전문 단체인 시키(四季)가 지자체에서 무상으로 땅을 임대받아 가건물 형태의 극장을 건립한 예라든가, 대기업이 새 건물을 지을 때 극장을 짓도록 유도하여 운영권을 넘겨받게 하는 형태도 고려할 만하다.

그다음으로는 세계 시장을 겨냥한 뮤지컬을 만드는 것이 중요하다. 이른바 글로벌라이제이션(Globalization)이라는 말이 있다. 말 그대로 세계화라는 뜻이다. 세계적인 흥행 뮤지컬들이 앞다투어 소개되어 한국 소비자의 눈높이는 브로드웨이 관객 수준이다. 요즘은 해외여행을 하면서 뉴욕이나 런던 등지를 여행하는 사람들 가운데 많은 이들이 아주 당연하게 뮤지컬 관람을 하고 온다. 경험 많은 관객 중에는 뉴요커(New Yoker)나 런더너(Londoner) 못지않은 안목을 지닌 이들도 많다. 또 예전에는 뉴욕·런던 같은 대도시에나 가야 볼 수 있었던 대작 뮤지컬들이 요즘에는 여러 가지 형태로 우리 관객들을 직접 찾아온다. 십수 년 동안 검증받은 대작 뮤지컬들이 새로운 수요를 창출하기 위해 관객을 찾아 이동하는 것이다. 바로 이러한 세계적인 흐름 속에서 「오페라의 유령」 한국 공연도 가능했고, 2009년에는 무려 1년이라는 장기 공연에 돌입하게 된 것이다. 이제 한국 제작사의 라이선스 공연도 제작 방식이나 작품의 퀄리티 측면에서 상당히 높은 수준에 와 있다.

이러한 세계화한 시장 변화를 따라가지 못하는 고루한 생각이나 경직된 사고, 우리 것과 남의 것을 구분 짓는 전통적인 사고는 마땅히 지양되어야 한다. 그리고 우리 손으로 만든 창작 뮤지컬이니 부족함을 눈감아주거나 너그럽게 봐달라는 말도 통용될 수 없다. 세계적인 수준의 공연을 경험한 관객들에게 이러한 요구는 전혀 설득력이 없다.

갈 길은 명백하다. 뮤지컬 시장의 극대화 그리고 세계적인 수준의 새로운 뮤지컬 발굴, 세계적인 수준으로 성장하기 위한 작곡가·작사가·대본작가·연출가·안무가 등의 육성이 절실하다. 우리가 만든 작품을 브로드웨이에 수출하여 현지인들에 의해 공연되는 꿈을 꾸어본다. 뿐만 아니라 사업의 다각화를 통해 해외 유명 작품의 제작에 자본을 투자하거나 공동 프로듀서로 참여하여 선진 제작 기법을 익히고 로열티의 수혜자가 된다면 그 역시 우리 것이라는 포괄적이고 세계화된 마인드가 필요하다. 세계화 전략 그리고 이러한 '경험치'를 국내 창작물에 적극 도입하여 활용할 때 비로소 한국 뮤지컬의 세계화는 앞당겨질 것이다.

222　　번안 뮤지컬이라 해도 그 안에 우리 배우와 우리 인력이 참여

하고 있다면, 노하우를 전수받아 새롭게 창조하고 있다면, 그것은 우리 뮤지컬 콘텐츠나 다름없다. 실제로 남의 것을 가져다 자기 문화에 맞게 소화해 다시 세계 시장에 내놓는 문화 콘텐츠는 흔히 볼 수 있는 사례다. 「레 미제라블」이 그러한 예다. 원래 이 뮤지컬은 프랑스에서 시작되었지만, 세계적인 흥행을 기록하게 된 것은 후에 영국 제작진들이 재구성해낸 바로 그 버전이 있었기에 가능한 일이었다.

「오페라의 유령」 한국 공연 그리고 인터내셔널 투어의 공동 제작 방식, 2009년에 시작된 1년 장기 공연의 「오페라의 유령」 재공연은 한국 공연 산업에 하나의 방향을 제시하고 있다고 생각한다. 씨를 뿌렸으니 언젠가 열매를 거두어야 할 시간도 올 것이다. 규모의 경제를 통해 풍성한 과실을 나누는 한국 뮤지컬 산업의 발전을 진심으로 기대해본다.

- 전 세계 27개 국가, 144개 도시에서 65,000회 이상 공연되었으며, 1억여 명의 관객 동원과 50억 달러 이상의 흥행 성적을 올리고 있다.

- 2003년 8월 12일 런던 허 매저스티 극장에서 7,000회 공연을 기록했다.

- 로런스 올리비에 상 3개 부문 수상과 토니 상 7개 부문 수상을 비롯하여 전 세계 주요 시상식에서 50개 이상의 주요 상을 석권했다.

- 오리지널 캐스팅 앨범은 영국 뮤지컬 역사상 유일하게 대중 팝 차트의 1위를 기록하는 영광을 안았고, 영국과 미국 지역에서 골드 및 플래티넘 타이틀을 거머쥐며 200만 장 이상의 판매고를 올렸다.

- 뉴욕 프로덕션은 2006년 1월 6일 「캣츠」의 7,485회 공연 기록을 경신하면서 브로드웨이 최장기 공연 순위 1위에 등극했으며, 2009년 9월 17일에는 9,000회를 돌파했다.

- 「오페라의 유령」의 백미인 파리 오페라 하우스의 샹들리에는 총넓이 3미터에 무게만 해도 1톤에 달한다.

- 팬텀 분장에는 총 2시간이 소요되며, 지우는 데에만 30분의 시간이 소요된다. 팬텀의 최종 얼굴 분장을 위해서는 두 개의 가발과 두 개의 마이크 그리고 두 개의 렌즈가 필요하다.

- 「오페라의 유령」 무대의 드레이프(Drape)를 표현해내기 위해 2,230미터의 천이 사용되며 이 중 900미터가 특수 염색을 거쳤다. 총 길이가 226미터에 이르는 장식용 술에는 인도에서 직수입된 5,000개의 목조 구슬과 250킬로그램의 염색된 모 혼방 소재를 사용했으며 아프리카산 빗을 사용해서 모두 수작업으로 손질한다.

- 매 공연에는 230벌의 의상, 14명의 의상 담당자, 120번의 오토메이션 효과와 22개의 장면 전환, 281개의 촛불과 250킬로그램의 드라이아이스, 10개의 스모그 기계가 사용된다.

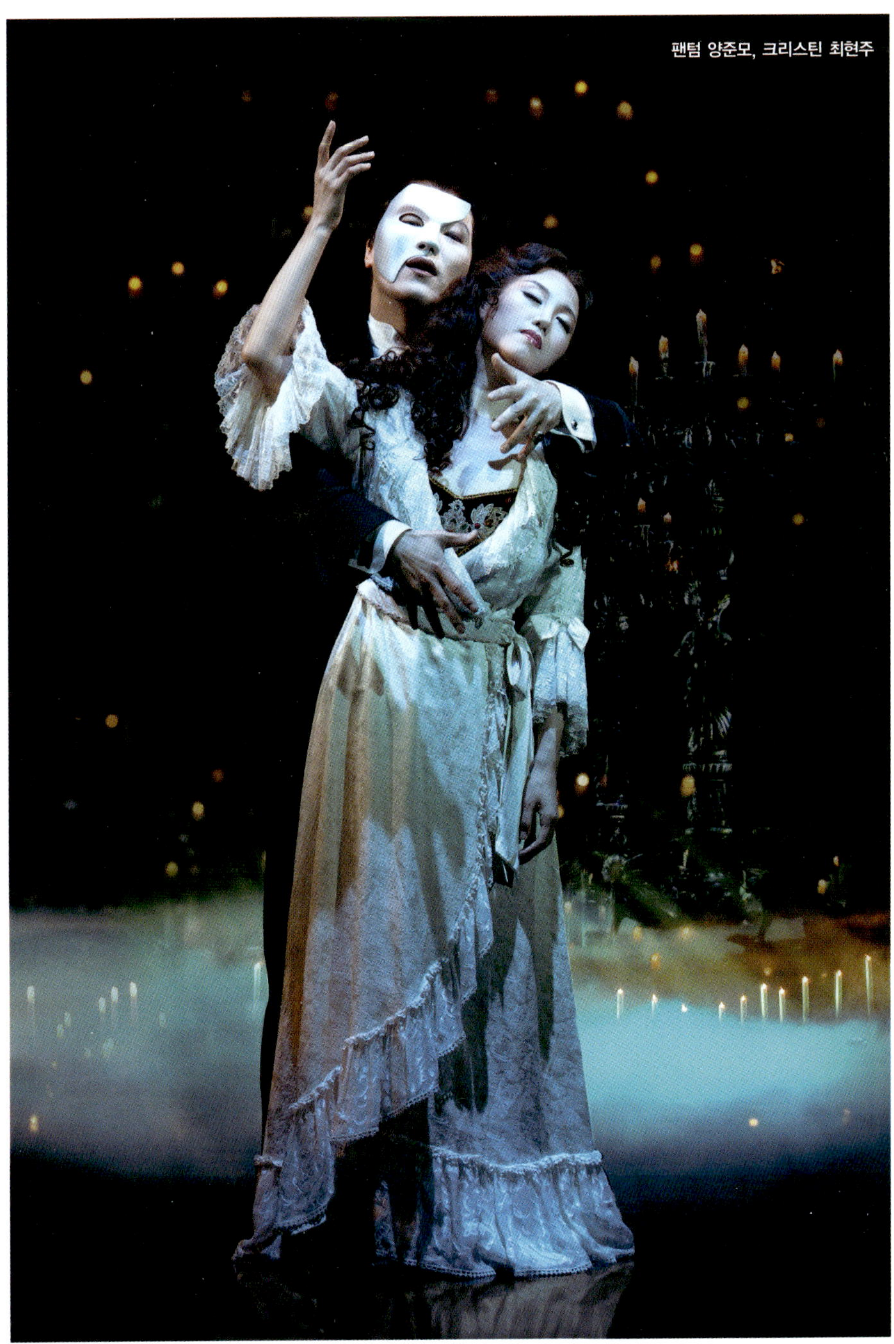
팬텀 양준모, 크리스틴 최현주

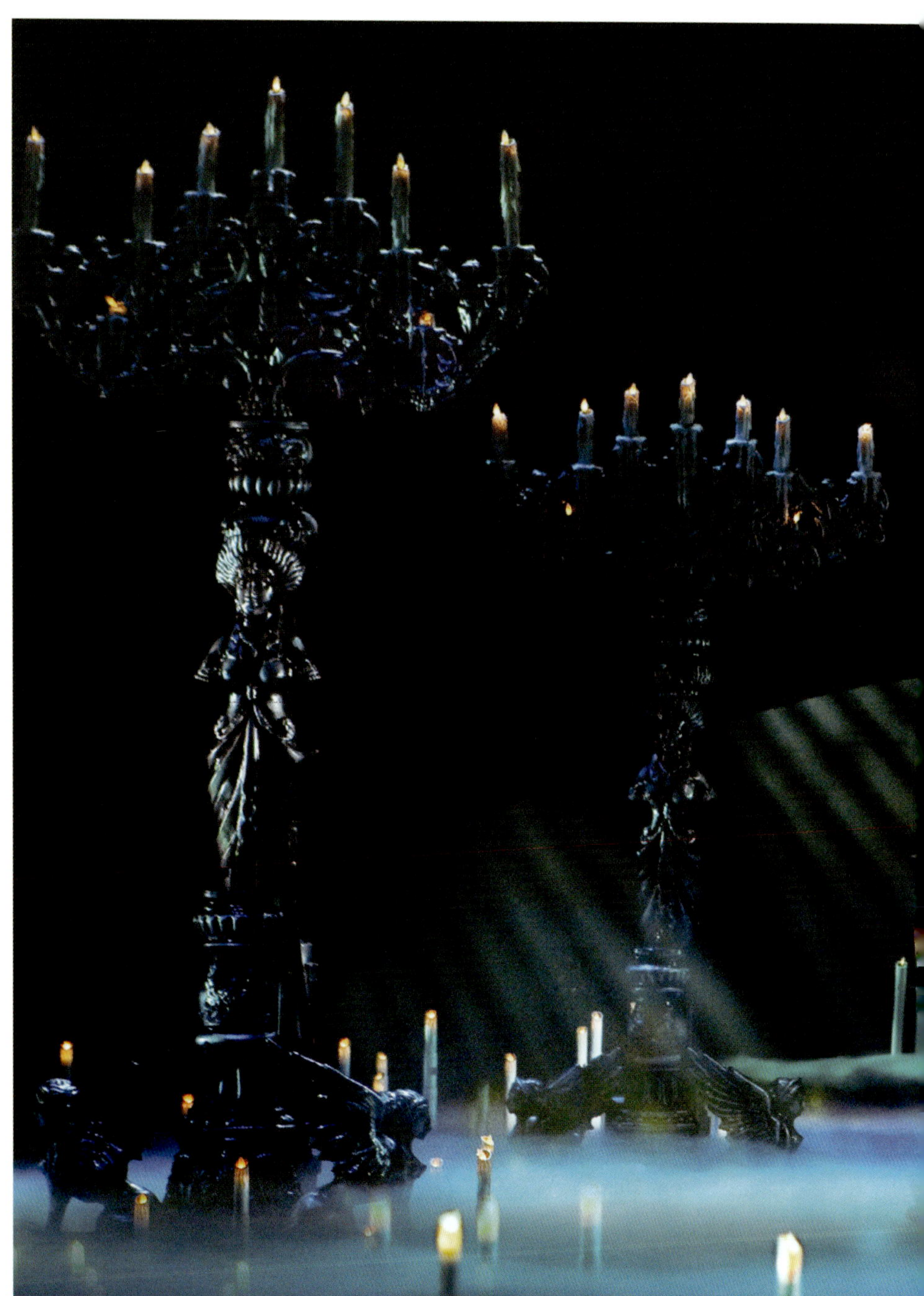

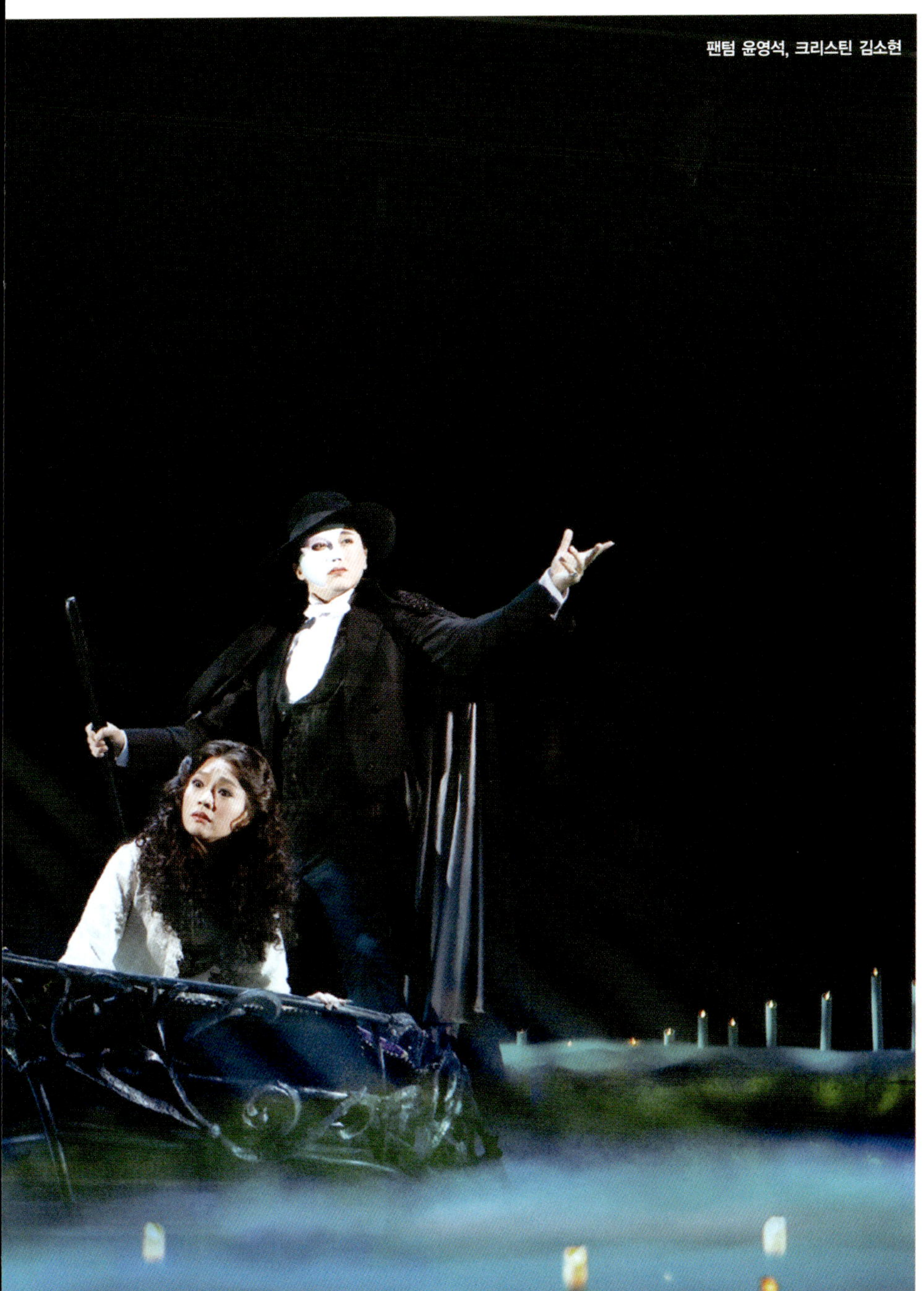

팬텀 윤영석, 크리스틴 김소현

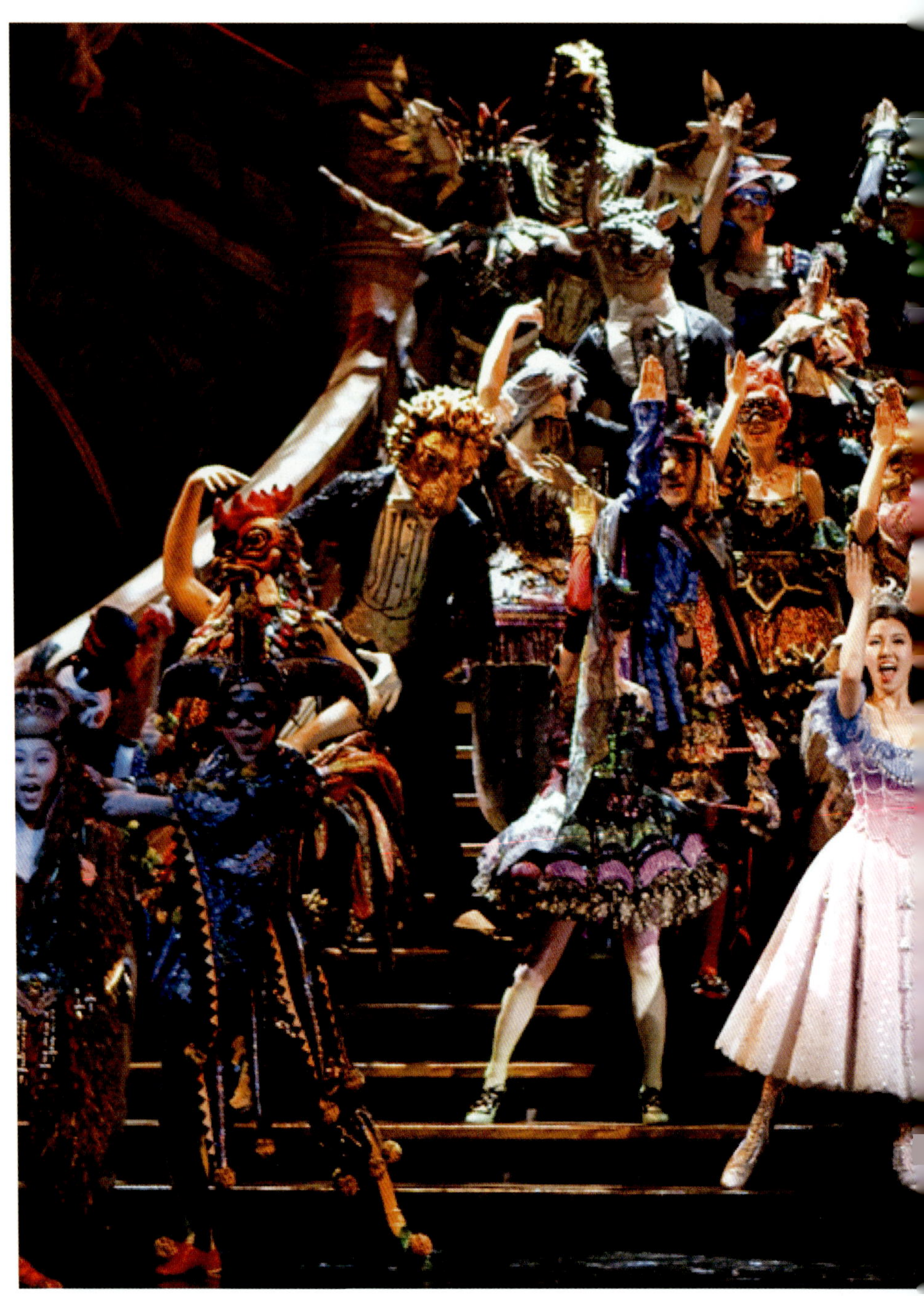

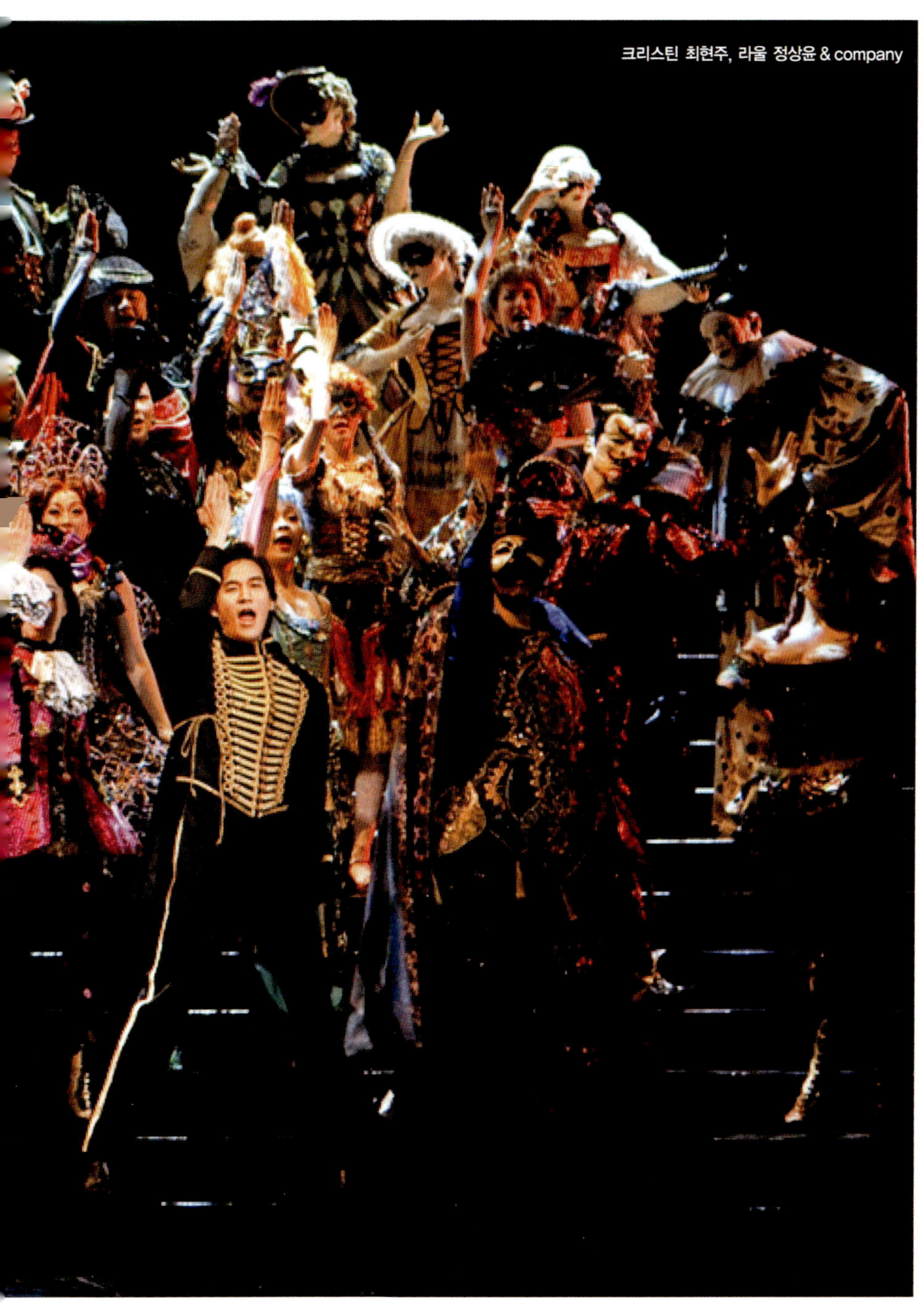

크리스틴 최현주, 라울 정상윤 & company

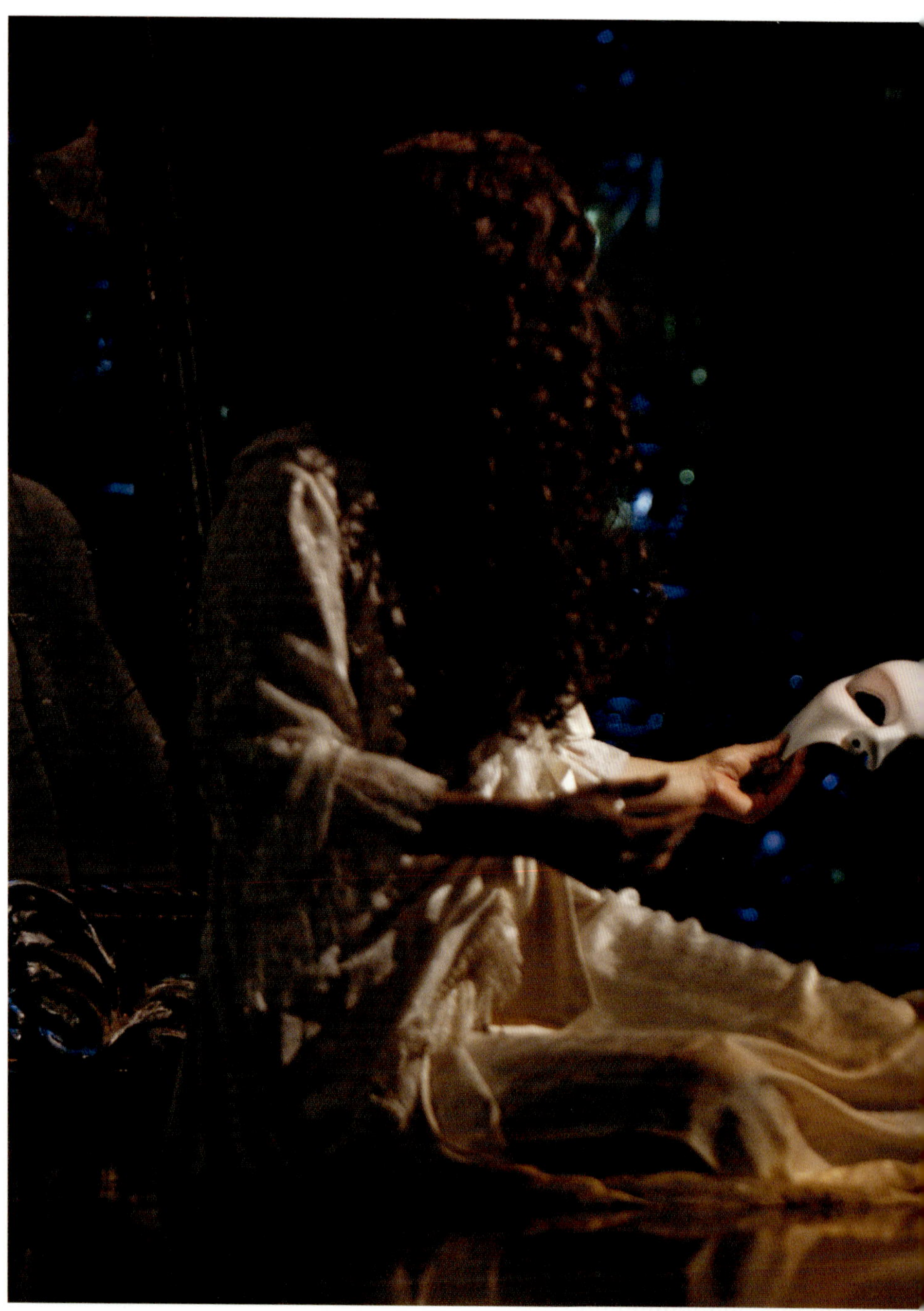

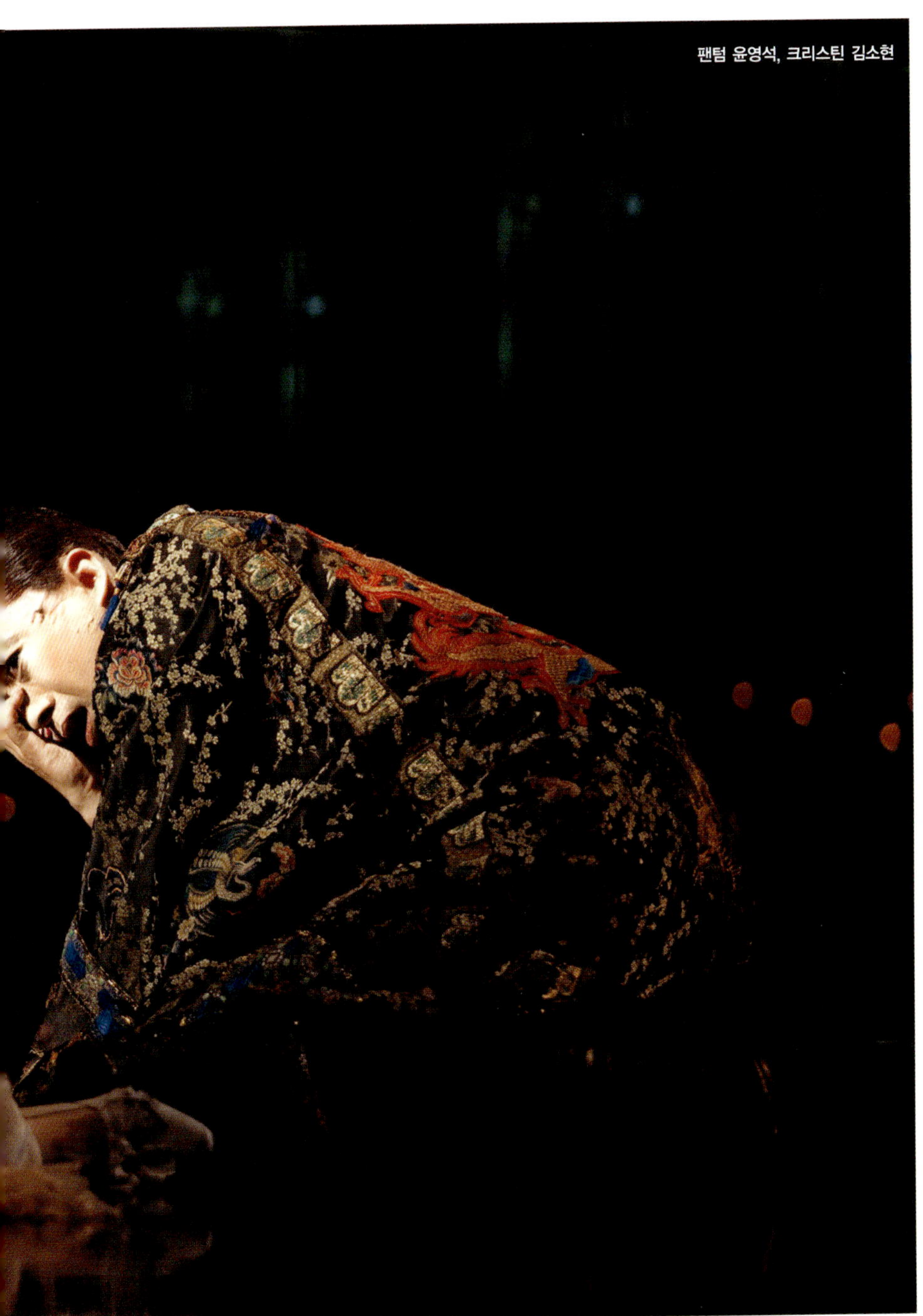

팬텀 윤영석, 크리스틴 김소현

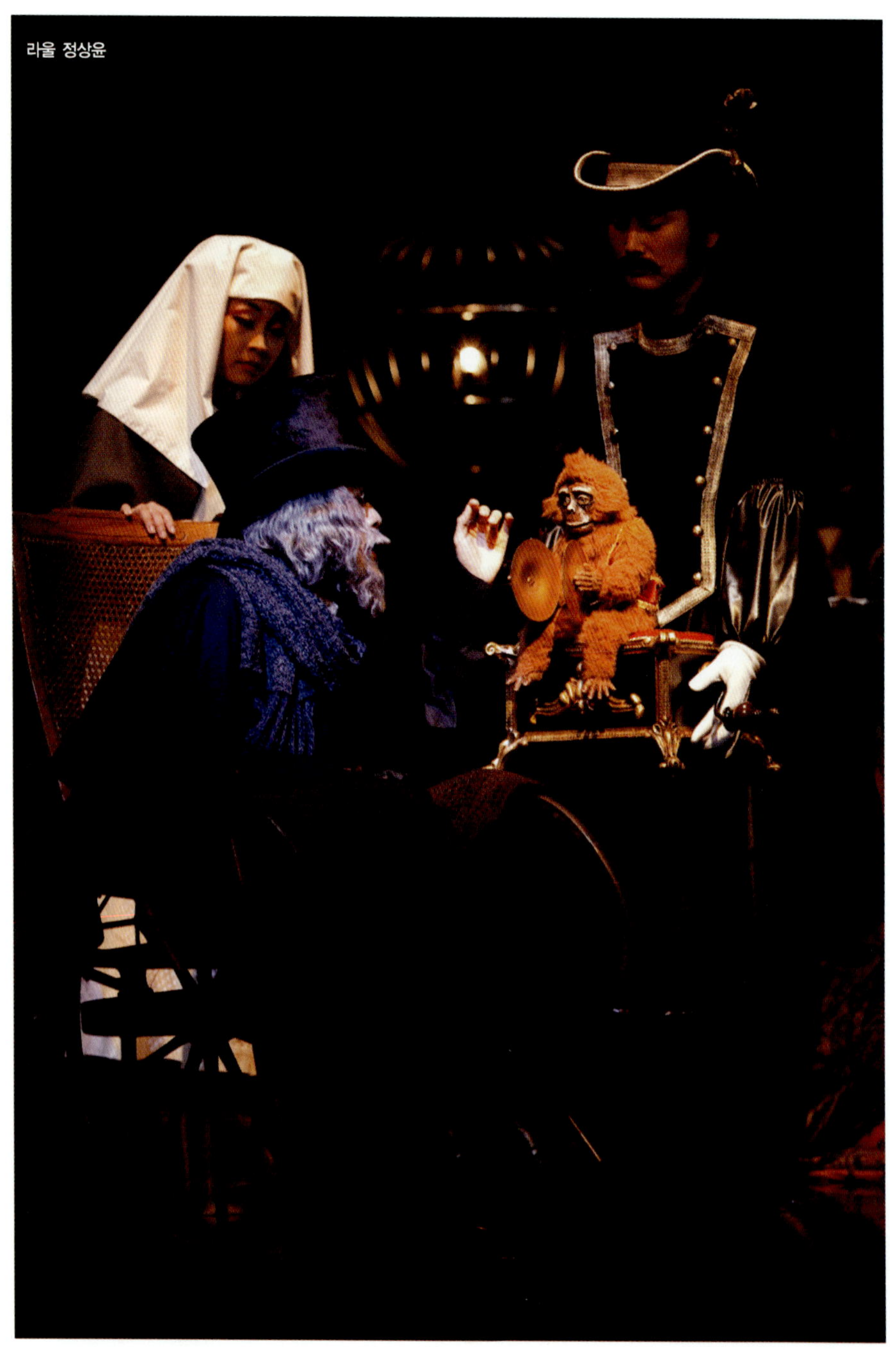

라울 정상윤

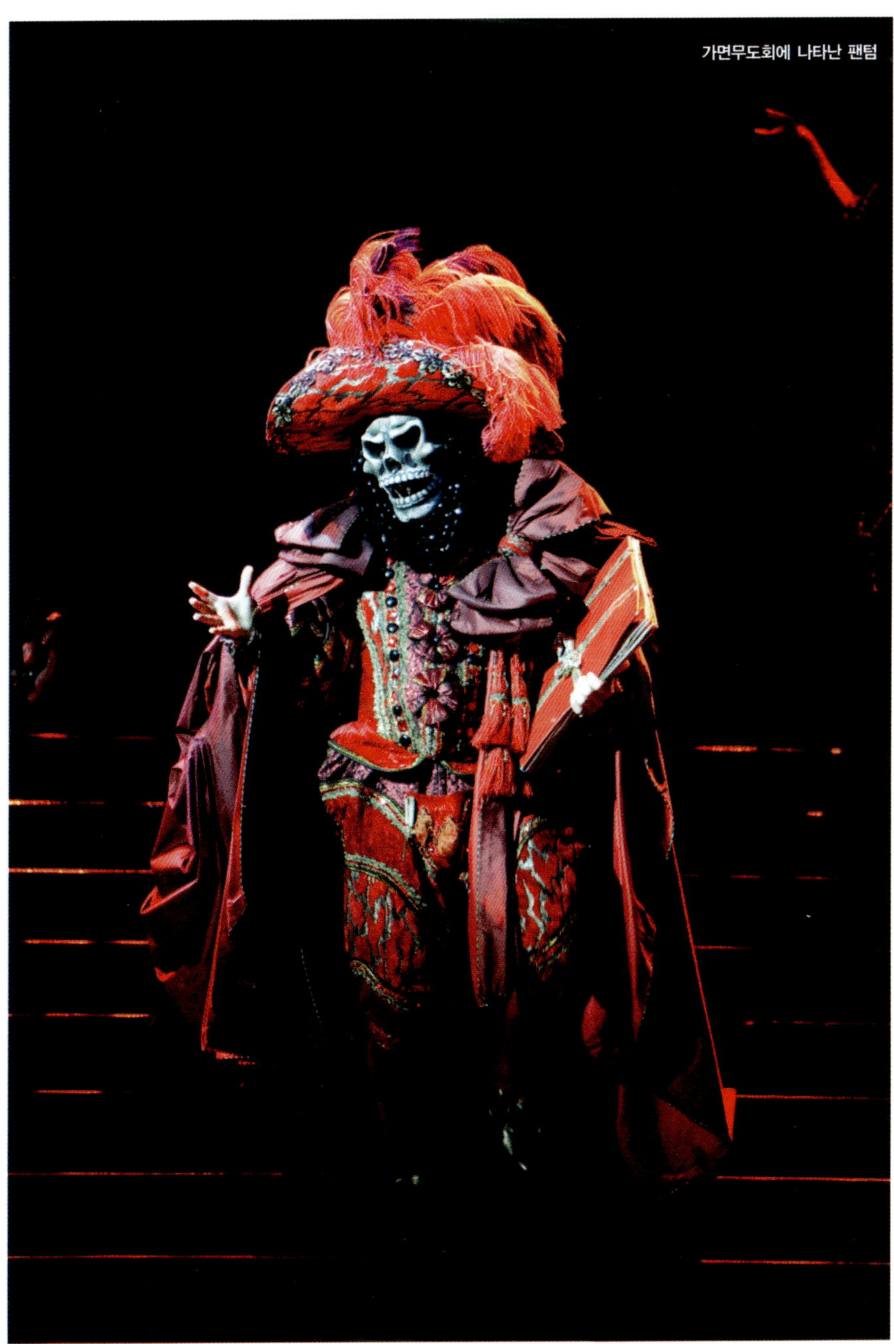

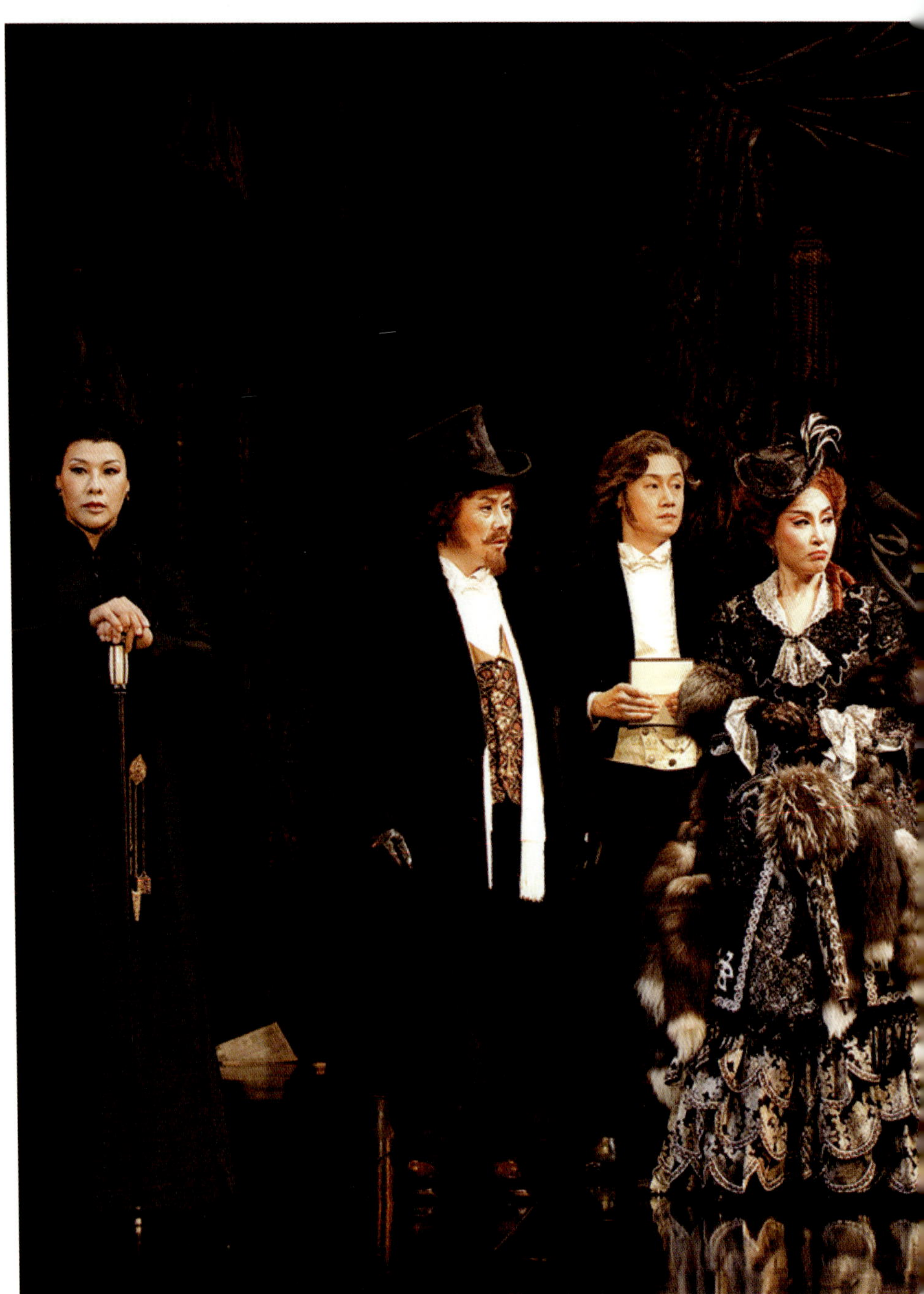

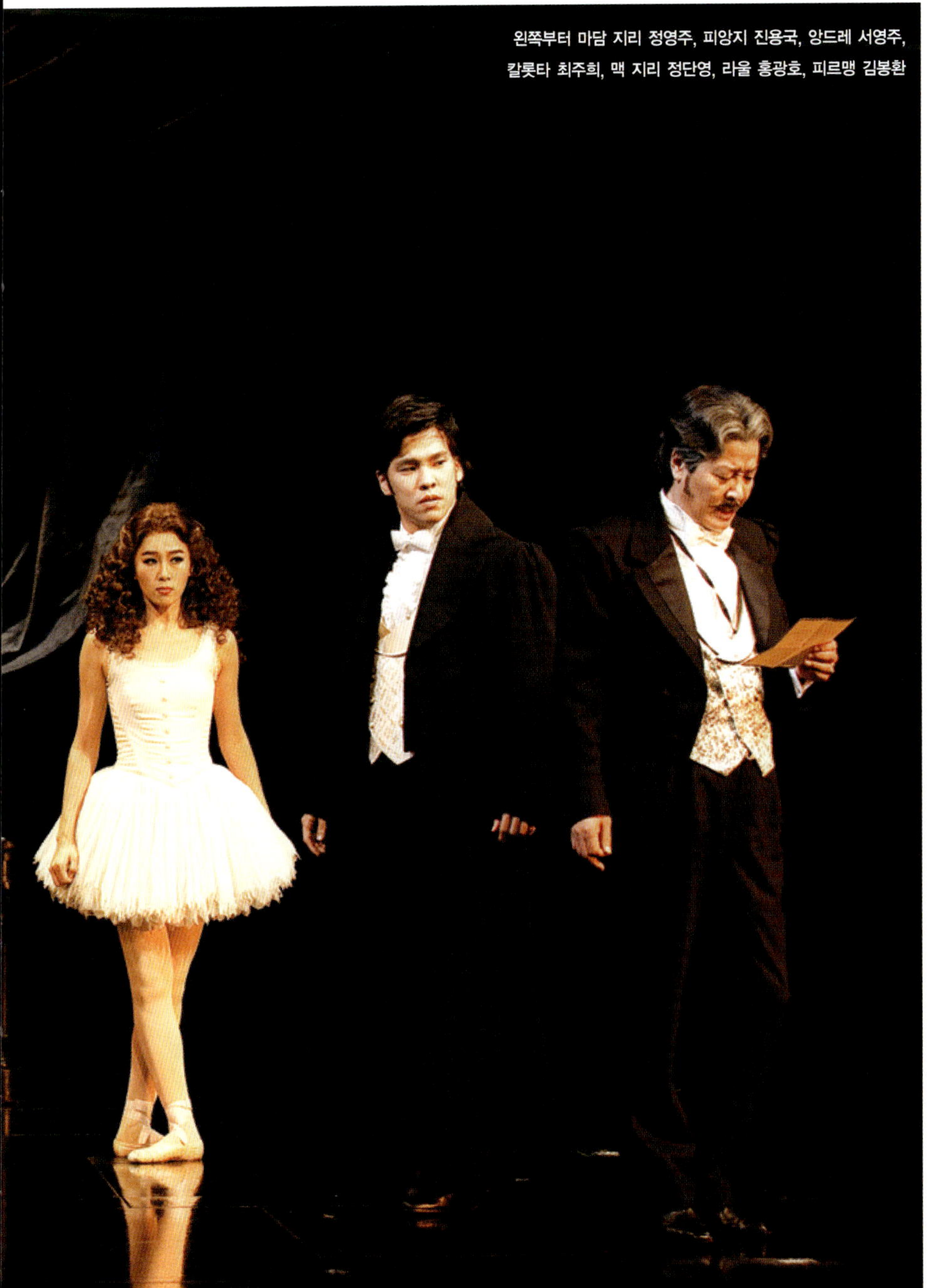

왼쪽부터 마담 지리 정영주, 피앙지 진용국, 앙드레 서영주,
칼롯타 최주희, 맥 지리 정단영, 라울 홍광호, 피르맹 김봉환

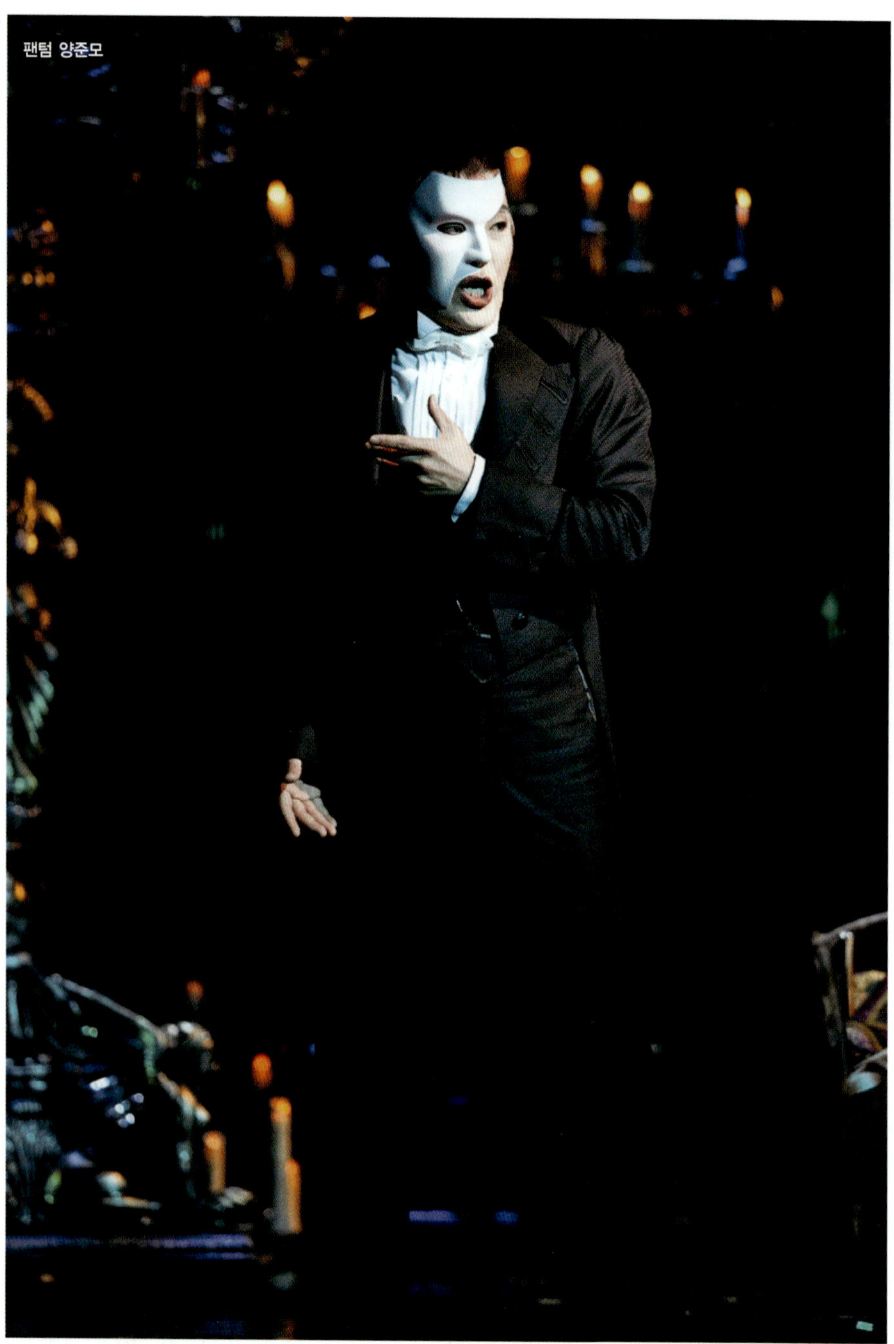

팬텀 양준모

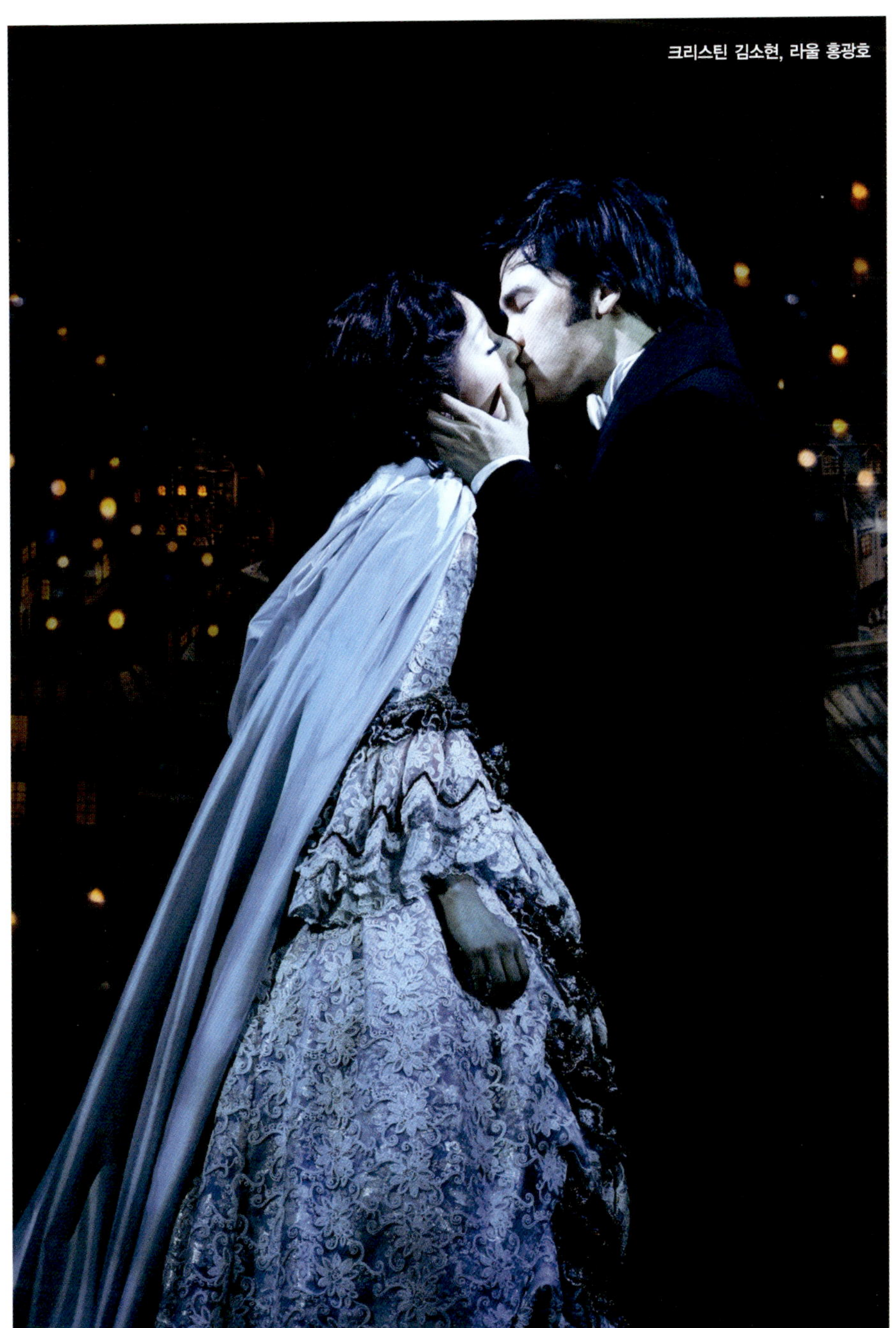

크리스틴 김소현, 라울 홍광호

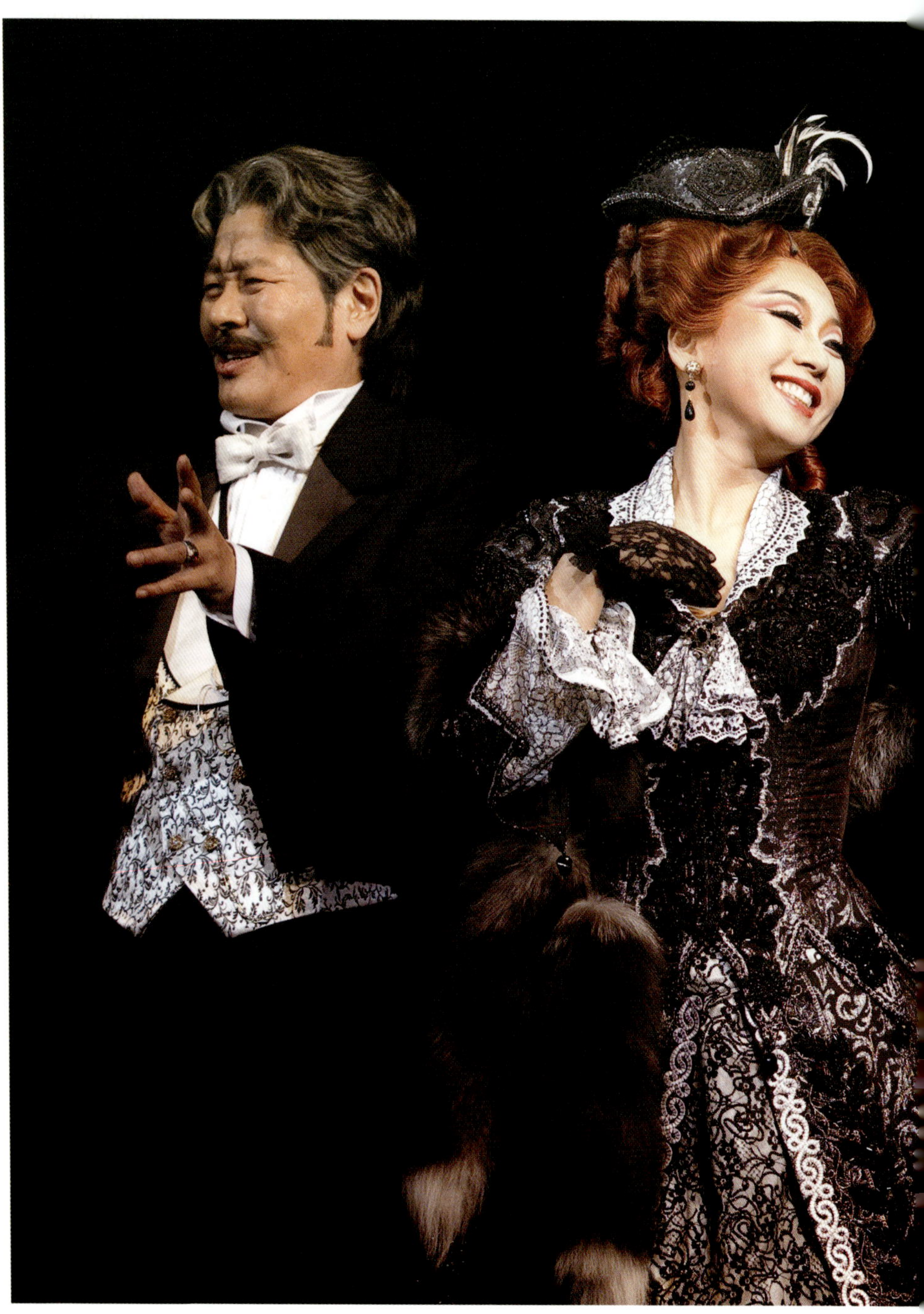

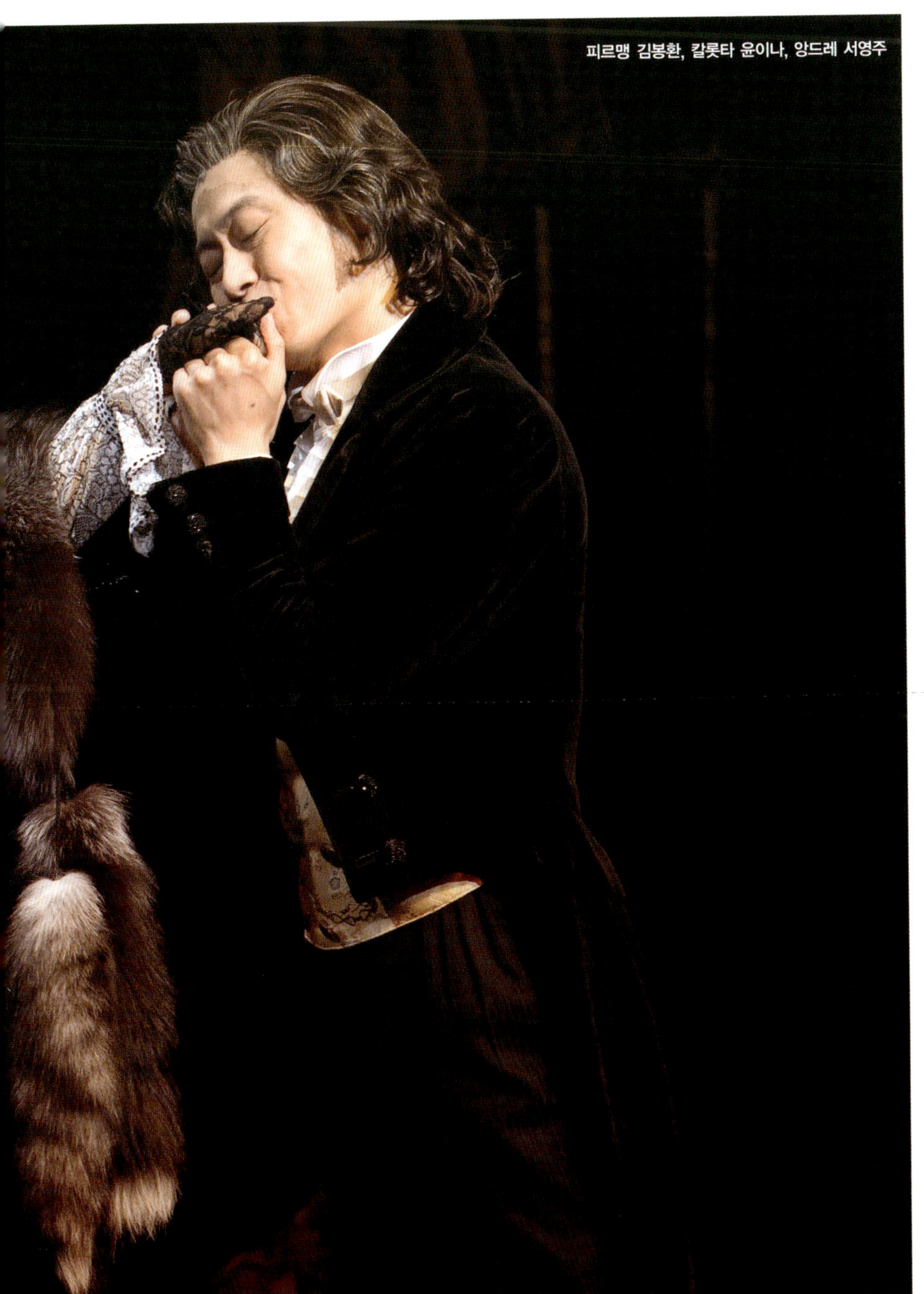

피르맹 김봉환, 칼롯타 윤이나, 앙드레 서영주